EXÉRCITO E FAMÍLIA:
INSTITUIÇÕES DA ESTABILIDADE

EVERTON ARAUJO DOS SANTOS

EXÉRCITO E FAMÍLIA: INSTITUIÇÕES DA ESTABILIDADE

Resende-RJ
Everton Araujo dos Santos
2021

SANTOS, Everton Araujo dos. **Exército e família: instituições da estabilidade.** Resende, RJ: Everton Araujo dos Santos, 2021. 375 p.

Este livro foi escrito a partir da tese de doutoramento do autor, disponível em: https://www.maxwell.vrac.puc-rio.br/34898/34898.PDF

everton_adv@hotmail.com

SOLI DEO GLORIA

Para minhas filhas Isabela e Brenda
Para meus sobrinhos Camila e Thiago

Agradecimentos

Ao Deus triuno, na pessoa de Deus Pai, que pela graça me escolheu antes da fundação do mundo; na pessoa de Deus Filho, Jesus Cristo, que me salvou com a obra da sua vida, morte, ressurreição e glorificação na História da humanidade decaída; e na pessoa de Deus Espírito Santo, que me convenceu do pecado, da justiça e do juízo no tempo devido.

Ao meu professor e orientador do mestrado e do doutorado, Eduardo Raposo, que me abriu as portas das Ciências Sociais e me conduziu na minha trajetória pelo meio acadêmico. Encontrei no Prof. Raposo o mentor que me apresentou os grandes pensadores e as principais correntes de pensamento das Ciências Sociais, me ensinou a desenvolver o olhar sociológico e me introduziu na linguagem científica, e sempre com muito boa vontade, paciência e fina educação, me descortinando um caminho para mim novo e cheio de mistérios. Ao Prof. Raposo, a minha sincera amizade e o meu profundo agradecimento.

Aos professores Eurico de Lima Figueiredo, Fernando Cardoso Lima Neto, Maria Alice Rezende de Carvalho, Ricardo Emmanuel Ismael de Carvalho e Sarita Léa Schaffel, integrantes da Comissão Examinadora da minha banca de doutorado, pelas valiosas sugestões.

Aos professores João Freire Júnior e Paulo Renato Flores Durán, por terem aceito a participação na minha banca de doutorado.

À Ana Roxo, pela boa vontade e competência sempre dispensada a todos os "seus filhos" do Departamento de Ciências Sociais da PUC-Rio e a mim, em particular, pela grande ajuda em tudo, desde o início, ainda no mestrado.

A todos os professores e funcionários do Departamento de Ciências Sociais da PUC-Rio, pelos ensinamentos e pela ajuda.

Aos meus amigos, professores Júlio César Gomes e Sarita Léa Schaffel, pela amizade, pelo ensino, pelo incentivo e pela sempre boa disposição em ajudar, e por me terem aberto a porta que do campo militar me conduziu para o meio acadêmico.

Aos meus queridos amigos e irmãos em Cristo, professores Débora Castilho Duran Prieto Negrão de Souza e Denis de Miranda, pelo apoio firme e pela amizade verdadeira que sempre encontrei neles dois, em todos os momentos, e pelo exemplo que são para mim, exemplo profissional e exemplo de vida.

À Profª Ana Paula de Moraes Teixeira, pela amizade e pelo cordial convívio que tivemos na área de Comunicação Social da Divisão de Pesquisa do Centro de Estudos de Pessoal (CEP – EB).

Ao Ten Cel Távora, Ten Cel Wellington e Maj Felipe Leite, companheiros da Cadeira de Sociologia da AMAN, pela amizade, pelo apoio e pela alegria do convívio diário.

Ao Exército Brasileiro, pela experiência de vida que me proporcionou desde os meus 15 anos de idade, quando entrei para a Escola Preparatória de Cadetes do Exército (EsPCEx).

À Igreja Presbiteriana do Brasil (IPB), pelos ensinamentos que, desde a minha infância, me conduziram aos caminhos do SENHOR.

À Faculdade de Direito da UERJ, e à minha turma, 2004.1, início da minha trajetória acadêmica.

Aos meus 35 companheiros de Cavalaria da turma de 1989 da AMAN – Cav 89 –, amigos da mocidade, que cavalgam comigo nas cargas da vida há quase 35 anos.

Ao Gen Luiz Cesário da Silveira Filho, Cel José Antonio Braga, *in memoriam*, Gen Otávio Santana do Rêgo Barros, Cel Cezar Augusto Skilham Teixeira e Gen Ubitatan Athayde Marcondes, meus grandes comandantes, pelo exemplo de vida e de soldado.

À Dona Tudinha e à Dona Custódia, *in memoriam*, que, na minha infância, tanto me ensinaram da Palavra de Deus.

Ao Rev. Cleómines Anacleto de Figueiredo, meu pastor da mocidade, e ao Rev. Ely Gonçalves, meu pastor da maturidade, exemplos de homens tementes a Deus.

À minha mãe e ao meu pai, Célia e Edmundo, com amor e gratidão.

Às minhas irmãs Érica e Évelin, ao meu cunhado e irmão Cláudio e aos meus sobrinhos Camila e Thiago, minha família, aprisco que aprouve ao SENHOR, na sua infinita misericórdia, me conceder na vida terrena.

Às minhas filhas muito amadas Isabela e Brenda, herança do SENHOR e meu galardão, amores da minha vida e paixões do meu coração.

"Se o SENHOR não edificar a casa,
em vão trabalham os que a edificam;
se o SENHOR não guardar a cidade,
em vão vigia a sentinela."

Sl 127.1

Sumário

PREFÁCIO 19

LISTA DE ABREVIATURAS E SIGLAS 21

INTRODUÇÃO 25

PARTE 1: TRANSFORMAÇÃO: A TRANSFORMAÇÃO COMO VALOR 47

CAPÍTULO 1: A FAMÍLIA MILITAR NA ESPINHA DORSAL DO EXÉRCITO BRASILEIRO 49

1. A CARREIRA DO OFICIAL DE AMAN 49
2. A FAMÍLIA NA CARREIRA DO OFICIAL DE AMAN 52
3. A CONSTRUÇÃO DA AUTORIDADE NA PESSOA DO OFICIAL DE AMAN 55
4. A "SERVIDÃO AO ÊXITO" NA AUTORIDADE MILITAR 60
5. O CADETE FILHO DE OFICIAL DE AMAN 63
6. A FAMÍLIA DE ORIGEM DO CADETE 68
7. A FUTURA FAMÍLIA DO CADETE 74
8. A "CASA" DO CADETE NA AMAN 81
9. O TENENTE SOLTEIRO E O OFICIAL CASADO 87

CAPÍTULO 2: A FAMÍLIA NA "ESCOLHA DA ARMA" E NO DESENVOLVIMENTO DA CARREIRA 91

1. A "escolha da Arma" 91
2. A Arma 96
3. O prestígio da Arma 99
4. Mudança de foco na percepção da carreira do Oficial de AMAN 104
5. Influências da família na "escolha da Arma" 110
6. A família do Oficial de AMAN e a mobilidade geográfica da carreira 118
7. A ECEME e a família do QEMA 123
8. O comando e a família do comandante 134

CAPÍTULO 3: FAMÍLIA MODERNA: UMA INTERFACE ENTRE O EXÉRCITO E A SOCIEDADE 143

1. O Oficial de AMAN, sua esposa e seus filhos 143
2. A possibilidade do divórcio como uma nova realidade 153
3. Família: uma instituição do "mundo de fora" no "mundo de dentro" 157
4. A esposa do Oficial de AMAN também oficial do Exército 162
5. A sociedade mais ampla dentro do Exército 167
6. Família do Oficial de AMAN e novos formatos familiares 170

CAPÍTULO 4: A FAMÍLIA NAS MOTIVAÇÕES DO OFICIAL PARA A CARREIRA 181

1. A instabilidade da família e a disponibilidade do oficial 181
2. Condição socioeconômica e prestígio da família militar 191
3. Participação da família no sucesso da carreira do Oficial de AMAN 194
4. A carreira do QEMA e o QSG especialista 201
5. Mudanças no Exército pela especialização do QSG ...209

PARTE 2: CONSERVAÇÃO: O VALOR DA TRANSFORMAÇÃO **219**

CAPÍTULO 5: MOVIMENTO DE CONSERVAÇÃO **221**
1. A TRANSFORMAÇÃO INSTITUCIONAL E O EMPREENDIMENTO DA CONSERVAÇÃO 221
2. TRANSFORMAÇÕES SOCIAIS E ESTABILIDADE INSTITUCIONAL 237
3. O EMPREENDIMENTO DA CONSERVAÇÃO 242
4. O "AQUI DENTRO" E O "LÁ FORA" 250

CAPÍTULO 6: TRADIÇÃO E AUTORIDADE **259**
1. A TRADIÇÃO DA CARREIRA E A MODERNIDADE DO TRABALHO 259
2. UM OLHAR SOBRE O CONCEITO DE "TRADIÇÃO" 266
3. UM OLHAR SOBRE O CONCEITO DE "AUTORIDADE" 274
4. TRADIÇÃO, AUTORIDADE E LINGUAGEM 281
5. TRADIÇÃO, AUTORIDADE E RAZÃO 299
6. TRADIÇÃO, AUTORIDADE E MODERNIDADE............................305

PARTE 3: UMA TRAJETÓRIA ENTRE A TRANSFORMAÇÃO E A CONSERVAÇÃO **313**

CAPÍTULO 7: TRAJETÓRIA SOCIOLÓGICA DO EXÉRCITO ENTRE A TRANSFORMAÇÃO E A CONSERVAÇÃO **315**
1. O EXÉRCITO HOJE 318
2. A CONSTRUÇÃO SOCIOLÓGICA DE UMA INSTITUIÇÃO..............324
   2.1. O amadurecimento sociológico da Instituição 326
   2.2. Um longo caminho de institucionalização 330
   2.3. A consolidação sociológica da Instituição............................336
3. 1964 342
4. O DESAFIO DE PROSSEGUIR 352

CONCLUSÃO **359**

REFERÊNCIAS BIBLIOGRÁFICAS **365**

Prefácio

O presente livro é fruto da pesquisa que realizei quando da elaboração da minha tese de doutoramento. Estudei o Exército Brasileiro sob a perspectiva das transformações institucionais que se têm operado no seu interior nas últimas três décadas e do trabalho de conservação de valores que a Instituição Militar vem implementando no sentido de preservar seu *ethos* e sua identidade. O universo que pesquisei foi o dos oficiais formados pela Academia Militar das Agulhas Negras – AMAN.

Na primeira parte, discorro sobre a transformação como um valor em si mesmo, independentemente do quê esteja sendo transformado e no quê está se transformando, isto é, o movimento de transformação percebido sempre como um fenômeno positivo, sem levar em conta a qualidade da transformação, bem ao encontro de uma concepção progressista da sociedade.

Analiso, nesta parte, a família do militar, pois, inobstante se tratar de uma instituição conservadora da sociedade civil, tem promovido transformações profundas na Instituição Militar. Isto se deve ao fato de que, ao mesmo tempo em que é público interno do Exército, integra também as demais instituições da sociedade mais ampla, sendo por elas grandemente influenciada. Assim, observo as influências que, advindas da sociedade mais ampla, são exercidas sobre o oficial de AMAN pela via da sua família, o que vem promovendo transformações na sua mentalidade, na sua carreira e, por conseguinte, na própria Instituição.

Na segunda parte, examino, não a transformação como um valor em si, mas o valor que pode ter a transformação. Realizo este estudo por meio do movimento de conservação empreendido pelo Exército Brasileiro no sentido de preservar suas características consideradas essenciais.

Nesta parte, o movimento de transformação é visto como um fenômeno que pode ser positivo, quando significa aperfeiçoamento, aprimoramento, atualização, mas que também pode ser assustadoramente destrutivo se não levar em conta os aspectos essenciais da Instituição, aspectos estes que, se não forem cuidadosamente preservados, podem levar a Instituição à sua extinção. Considero, aqui, a forma como os oficiais de AMAN se veem em face da sociedade mais ampla e os conceitos que, segundo eles, compõem o *ethos* militar: a tradição e a autoridade, e como estes conceitos se manifestam dentro do campo militar.

Por fim, na terceira parte, me aplico a uma síntese das duas anteriores. Discorro sobre a trajetória institucional do Exército em face dos movimentos de transformação e de conservação que configuram seu ambiente social, interno e externo, como se construiu sociologicamente em instituição e os desafios que têm sido enfrentados por instituições tradicionais na sua luta pela sobrevivência nestes dias de transformações galopantes, nos quais a transformação tem sido considerada um valor em si e o valor tem sido percebido somente na transformação.

Resende, 1º de janeiro de 2021.
O Autor

Lista de abreviaturas e siglas

ACE – Alto Comando do Exército

AGM – Auditório General Médice

AMAN – Academia Militar das Agulhas Negras

Art – Artilharia

AVC – Acidente vascular cerebral

Bda – brigada

Btl – batalhão

CAO – Curso de Aperfeiçoamento de Oficiais

Cap – capitão

Cav – Cavalaria

Cb - cabo

CCEM – Curso de Comando e Estado-Maior do Exército

CCIEx – Centro de Controle Interno do Exército

CComSEx – Centro de Comunicação Social do Exército

Cel - coronel

CGAEM – Curso de Gestão e Assessoramento de Estado-Maior

Cia – companhia

CIEx – Centro de Inteligência do Exército

CJCACEx – Consultoria Jurídica Adjunta do Comando do Exército

CMA – Comando Militar da Amazônia

CML – Comando Militar do Leste

CMNE – Comando Militar do Nordeste

CMO – Comando Militar do Oeste

CMP – Comando Militar do Planalto

CMS – Comando militar do Sul

CMSE – Comado Militar do Sudeste

COLOG – Comando Logístico

Com – Comunicações

COTER – Comado de Operações Terrestres

CP – Curso Preparatório

DCT – Departamento de Ciência e Tecnologia

DE – Divisão de Exército

DEC – Departamento de Engenharia e Construção

DECEx – Departamento de Educação e Cultura do Exército

DGP – Departamento Geral do Pessoal

EASA – Escola de Aperfeiçoamento de Sargentos das Armas

EB – Exército Brasileiro

ECEME – Escola de Comando e Estado-Maior do Exército

EME- Estado-Maior do Exército

Eng - Engenharia

EsA – Escola de Sargentos das Armas

EsAO – Escola de Aperfeiçoamento de Oficiais

EsFCEx – Escola de Formação Complementar do Exército

ESG – Escola Superior de Guerra

EsPCEx – Escola Preparatória de Cadetes do Exército

Esqd – esquadrão

EsSEx – Escola de Saúde do Exército

EsSLog – Escola de Sargentos de Logística

Gab Cmt Ex – Gabinete do Comandante do Exército

Gen Bda – general-de-brigada (duas estrelas)

Gen Div – general-de-divisão (três estrelas)

Gen Ex – general-de-exército (quatro estrelas)

GT – grupo de trabalho

IME – Instituto Militar de Engenharia

Inf – Infantaria

Int – Intendência

Maj – major

MB – Material Bélico

MD – Ministério da Defesa

NESIMB – Núcleo de Estudos das Instituições Militares Brasileiras

OM – Organização Militar

P3M – Pátio Marechal Mascarenhas de Morais

PC – posto de comando

PNR – próprio nacional residencial

PTM – Pátio Tenente Moura

QA – quadro de acesso

QCO – Quadro Complementar de Oficiais

QEMA – Quadro de Estado-Maior da Ativa

QFE – Qualificações Funcionais Específicas

QSG – Quadro Suplementar geral

RDE – Regulamento Disciplinar do Exército

Rgt – regimento

RLPOAFA – Regulamento da Lei de Promoções dos Oficiais das Forças Armadas

RM – Região Militar

RP – Relações Públicas

Sd – soldado

SEF – Secretaria de Economia e Finanças

SGEx – Secretaria-Geral do Exército

Sgt – sargento

SIEsp – Seção de Instrução Especializada

SINPDEC – Sistema Nacional de Proteção e Defesa Civil

ST (Sub Ten) - subtenente

STM – Superior Tribunal Militar

TC (Ten Cel) – tenente-coronel

Ten – tenente

VANT – unidade antiaérea e apoio de veículo aéreo não tripulado

Introdução

"O Exército foi, é, e continuará sendo, até o último dia da minha vida, a grande ventura da minha vida. Sempre agradeço a Deus ter me permitido viver a difícil e apaixonante vida de soldado por quarenta e seis venturosos anos da minha vida... valeu a pena... valeu muito a pena..."

"a grande ventura da minha vida... a difícil e apaixonante vida de soldado..."

Gen Ubiratan Athayde Marcondes, *Linha de Frente –*
Gen Ubiratan

O presente livro é fruto de uma investigação sobre o Exército Brasileiro através do conflito entre dois movimentos aparentemente opostos: um no sentido de transformar, fenômeno que tem sido a marca da sociedade ocidental, sociedade esta que parece ver a transformação como um valor em si mesmo; e outro no sentido de conservar, interno à Instituição Militar, que vê não a transformação como um valor em si, mas que busca o valor da transformação, e mesmo assim com cautela e prudência, buscando preservar tudo o que considera essencial à caracterização de uma identidade institucional sem, no entanto, perder de vista o aperfeiçoamento que deve orientar toda instituição que queira manter-se atualizada e em contato com a realidade da sociedade da qual faz parte. A relação entre estes dois movimentos, o da transformação e o da conservação, parece configurar o principal dilema do campo militar brasileiro nos dias de hoje.

O Exército Brasileiro não tem como sair incólume das características do seu tempo. Mas como tem reagido às marcas da modernidade? Que influências tem sofrido dos seus integrantes, os militares, imersos em uma sociedade mais ampla que os impregna não somente dos seus valores em transformação, mas principalmente da transformação como valor? Como a Instituição Militar tem buscado moldar seus membros de maneira a manter sua coesão, sua coerência e sua identidade institucional? E as famílias dos militares, como têm se comportado, mergulhadas que estão simultaneamente em dois mundos aparentemente opostos: de um lado as organizações da sociedade mais ampla, como a universidade, a mídia, a Justiça e a política, organizações supostamente progressistas, igualitárias e com propensão à franca abertura para a mudança, e de outro lado o Exército, uma instituição, ao que parece, conservadora, hierárquica e com tendências ao fechamento?

O que se passa no coração, na mente e na vida desses homens e dessas mulheres, cuja ambiência social abarca esses dois mundos, ou melhor, é concebida por essas duas realidades, a realidade social da pós-modernidade ocidental e a realidade institucional do Exército Brasileiro?

Existe uma instituição da sociedade mais ampla da qual o profissional das Armas não tem como escapar, por mais imerso que esteja no campo militar: a família. Os membros da família, ao mesmo tempo em que transitam livremente dentro da Instituição Militar, sendo considerados público interno, também transitam com desenvoltura pelas demais organizações e instituições da sociedade mais ampla, fazendo a interface não somente do campo militar com a sociedade mais ampla, mas também do próprio militar com as instituições civis, haja vista que este, a um só tempo, é integrante do Exército e também membro da família, e tem apreço tanto por uma quanto pela outra instituição.

Bem por isso, a pergunta geral que pretendi responder neste livro pode ser assim formulada: *Como o Exército Brasileiro tem se posicionado em face das grandes transformações que se têm operado na sociedade ocidental nas últimas décadas?* A resposta a esta pergunta foi desenvolvida por meio da solução de duas outras indagações: *Quais influências da sociedade mais ampla em transformação têm sido exercidas sobre a família militar e desta sobre o Exército Brasileiro?* e *Por quais meios o Exército Brasileiro tem procurado conservar seu* ethos *a ponto de ainda se auto-intitular "O Exército de Caxias"?*

A questão central deste livro toma forma, portanto, a partir da existência de dois mundos aparentemente extremos cuja união faz surgir uma nova realidade, isto é, nasce do contato incontornável entre a sociedade mais ampla, em atordoante transformação de valores, característica da pós-modernidade que parece ver na própria transformação um valor em si; e o campo militar, hierárquico e disciplinado, caracterizado pela valorização da *tradição* e da *autoridade*, mas que, inobstante isto, não tem se mostrado estático, a História do século XX o prova, uma vez que sua dinâmica modernizadora se caracteriza pela busca da preservação da sua identidade institucional sem deixar de reconhecer o valor da transformação. Transformação esta que tem sido vista pela Instituição como o caminho para manter-se em contato com a sociedade mais ampla da qual faz parte.

Levei em consideração o fato de que, em meio a essas duas realidades, a família do militar transita com desenvoltura tanto em um mundo quanto no outro e que o militar integra tanto uma instituição, a família, quanto a outra, o Exército.

Assim, a pós-modernidade da sociedade ocidental e a tradição do Exército, aparentemente dois mundos em aberto confronto, compõem, os dois, um único campo no qual vivem e se movem as pessoas que, ao mesmo tempo, são os cidadãos participantes da sociedade e os militares integrantes da Instituição Militar.

É dessa fricção que nasceu o tema do presente livro. Fricção que se dá no universo desses homens e dessas mulheres que fazem parte de uma sociedade moderna e aparentemente progressista ao mesmo tempo em que integram uma Instituição tradicional e supostamente conservadora.

Transformação e conservação em um mesmo mundo, dúvida e certeza em uma mesma realidade. Fricção oriunda da convivência, em um mesmo campo, de princípios aparentemente inconciliáveis: transformação como valor e valor da transformação, ruptura e continuidade, igualdade e hierarquia, liberdade e disciplina, elaboração conjunta de diretrizes e cumprimento inconteste de ordens, cumplicidade do grupo e solidão do comando. Princípios aparentemente paradoxais e inconciliáveis compondo um único universo social, o universo dos integrantes do Exército Brasileiro também componentes da sociedade ocidental.

O mundo está em movimento. Os temas discutidos no campo político e jurídico, no meio acadêmico e no ambiente social e até na esfera religiosa do dia a dia da vida das pessoas comuns, e que se encontram na pauta diária de todos os meios de comunicação, o provam de maneira viva e marcante. Vive-se uma onda de transformações.

Manuel Castells explica que

> As mudanças sociais são tão drásticas quanto os processos de transformação tecnológica e econômica. Apesar de todas as dificuldades do processo de transformação da condição feminina, o patriarcalismo foi atacado e enfraquecido em várias sociedades. Desse modo, os relacionamentos entre os sexos tornaram-se, na maior parte do mundo, um domínio de disputas, em vez de uma esfera de reprodução cultural. Houve uma redefinição fundamental de relações entre mulheres, homens, crianças e, consequentemente, da família, sexualidade e personalidade. [...] No entanto, a identidade está se tornando a principal e, às vezes, única fonte de significado em um período histórico caracterizado pela ampla desestruturação das organizações, deslegitimação das instituições, enfraquecimento de importantes movimentos sociais e expressões culturais efêmeras. Cada vez mais, as pessoas organizam seu significado não em torno do que fazem, mas com base no que elas são ou acreditam que são.

Os exércitos se constituem em uma instituição milenar que se encontra no meio desse turbilhão de novas e antigas ideias em efervescente ebulição no qual, segundo Castells, as relações familiares, a sexualidade e a personalidade dos homens, das mulheres e das crianças se modificam em ritmo acelerado, as organizações se desestruturam, as instituições se deslegitimam, as expressões culturais tanto de umas quanto das outras são passageiras e a busca por uma identidade tem se tornado a principal ou a única fonte de significado para as pessoas.

O Exército Brasileiro tem se apresentado como uma instituição pública nacional, permanente e regular, que tem por valores primordiais a hierarquia e a disciplina e que fundamenta-se sobre os conceitos de *tradição* e *autoridade*, conceitos pelos quais demonstra devotar imenso cuidado. Instituição que prima pela conservação de seus valores, construídos ao longo de décadas de desenvolvimento organizacional, parece não medir esforços no sentido de mantê-los incólumes às transformações bem como no sentido de transmiti-los às novas gerações. Instituição que fundamenta na força da *tradição* e no respeito à *autoridade* a busca constante por uma identidade e por sua consequente manutenção e transmissão. Identidade na qual todos os seus integrantes, em todas as situações de suas vidas, até mesmo nas mais triviais e inocentes circunstâncias do dia a dia da vida na caserna, ou mesmo fora dela, são instados a estarem absolutamente absorvidos.

José Murilo de Carvalho entende que

> A sociologia tem mostrado exaustivamente [...] que organizações possuem características e vida próprias que não podem ser reduzidas a meros reflexos de influências externas. Isto vale particularmente para as organizações militares que, além de serem de grande complexidade, se enquadram no que Erving Goffman chama de instituições totais. Essas instituições, pelo fato de envolverem todas as dimensões da vida de seus membros, constroem identidades mais fortes. Quando plenamente desenvolvidas, requerem de seus membros uma radical transformação de personalidade. [...] Uma identidade mais forte aumenta o grau de autonomia da organização em relação ao meio ambiente.

Um bom exemplo do quanto valem a *tradição* e a *autoridade* para o Exército Brasileiro está na narrativa que Frank McCann faz da prisão de um coronel realizada por um sargento na Revolução de 30. O sargento enquadrou-se, prestou continência, se apresentou e deu voz de prisão ao coronel. O coronel, entregando sua arma, disse: "O senhor fique com minha pistola, porque preso não deve ficar armado", ao que retrucou o sargento: "Coronel, o senhor pode ficar com a pistola", e pediu permissão ao coronel preso para realizar a troca da guarda. O coronel replicou que não estava mais no comando, ao que o sargento reagiu tomando a posição de sentido e afirmando: "Para mim, o senhor é um coronel do Exército [...] Apenas momentaneamente estamos em campos opostos". Prossegue McCann:

> O fato de essa cena ter realmente acontecido durante a Revolução de 30 põe em xeque ideias comuns sobre rebeliões militares. A *tradição* militar no Brasil incluía normas tácitas que norteavam o comportamento em situações extralegais. Embora nas rebeliões brasileiras ocorresse a transgressão da disciplina como ela é convencionalmente entendida em outros exércitos, mantinham-se certas atitudes. A transgressão da disciplina era transitória, como disse o sargento a seu coronel: "Apenas momentaneamente estamos em campos opostos".

O estudo que realizei do Exército Brasileiro sob o enfoque dessas duas características fundamentais da Instituição Militar, a *tradição* e a *autoridade*, em face das transformações sociais da pós-modernidade dentro da qual encontra-se mergulhada a família do militar e, ao que parece, até ele próprio, mesmo que, no caso dele, de maneira mais atenuada, me levou a conclusões valiosas acerca dos valores e das crenças, das atitudes e dos comportamentos, dos sentimentos e das percepções, das convicções e das disposições, das opiniões e da visão de mundo da Instituição Militar e de seus integrantes.

Erving Goffman define *instituição total*

> como um local de residência e trabalho onde um grande número de indivíduos com situação semelhante, separados da sociedade mais ampla por considerável período de tempo, levam uma vida fechada e formalmente administrada.
> [...]
> Uma disposição básica da sociedade moderna é que o indivíduo tende a dormir brincar e trabalhar em diferentes lugares, com diferentes co-participantes, sob diferentes autoridades e sem um plano racional geral. O aspecto central das instituições totais pode ser descrito com as rupturas das barreiras que comumente separam essas três esferas da vida. Em primeiro lugar, todos os aspectos da vida são realizados no mesmo local e sob uma única autoridade.

Em segundo lugar, cada fase da atividade diária do participante é realizada na companhia imediata de um grupo relativamente grande de outras pessoas, todas elas tratadas da mesma forma e obrigadas a fazer as mesmas coisas em conjunto. Em terceiro lugar, todas as atividades diárias são rigorosamente estabelecidas em horários, pois uma atividade leva, em tempo predeterminado, à seguinte, e toda a seqüência de atividades é imposta de cima, por um sistema de regras formais explícitas e um grupo de funcionários. Finalmente, as várias atividades obrigatórias são reunidas num plano racional único, supostamente planejado para atender aos objetivos oficiais da instituição.

Todas as instituições buscam conquistar parte do tempo de seus integrantes. Goffman chama este fenômeno de "fechamento" da instituição. Algumas buscam absorver todo o tempo de seus membros, satisfazendo, em contrapartida, todas as suas necessidades, de maneira que ele não necessite se relacionar com o mundo social externo. São, dessa forma, impostas barreiras a qualquer relacionamento social exterior à instituição. Quando o grau de "fechamento" de uma instituição se torna muito intenso, esta instituição se aproxima do tipo ideal chamado de *instituição total*, aquela que teria um grau de fechamento máximo, conforme ensina Goffman.

Celso Castro entende que o Exército Brasileiro é uma *instituição totalizante*, pois

Na vida militar, para além do ambiente de trabalho, os locais de moradia, de lazer e de estudo são também, em grande medida, compartilhados. Essa característica estende-se para cônjuges e filhos, englobando toda a "família militar". A interação social endógena é estimulada, tanto formalmente, através (sic) eventos de confraternização organizados pela instituição, quanto informalmente, através de encontros sociais organizados por colegas de "família militar". O papel das esposas (e, em certa medida, dos filhos) é fundamental. Há, inclusive, uma reprodução informal – porém óbvia – da hierarquia dos maridos entre as mulheres de militares.
[...]
O resultado é a representação da carreira militar como uma "carreira total" num mundo coerente, repleto de significação e

onde as pessoas "têm vínculos" entre si.

A relação entre uma instituição com características totalizantes e a família é ao mesmo tempo inevitável e um tanto quanto complicada, haja vista o fato de que a família está inserida na sociedade mais ampla e exerce grande influência sobre o seu membro também integrante de uma instituição com tendências fortes ao fechamento, o que faz dela um obstáculo à instituição que pretenda absorver toda a atenção do seu integrante e conformar a sua personalidade segundo a visão de mundo institucional. Com efeito, Goffman explica que as "instituições totais são também incompatíveis com outro elemento decisivo da nossa sociedade – a família." Bem por isso, prossegue informando que

> a formação de lares dá uma garantia estrutural de que as instituições totais não deixarão de enfrentar resistências. A incompatibilidade entre essas duas formas de organização social deve esclarecer algo a respeito das funções sociais mais amplas de ambas.

Este parece ser um dos motivos pelos quais a família do militar é uma instituição que sempre foi alvo da atenção e do cuidado do Exército. Em meados da década de 2010, a Academia Militar das Agulhas Negras (AMAN) recebeu a visita de despedida de um general-de-exército por ocasião da sua transferência para a reserva remunerada, ocasião na qual, no Teatro General Leônidas (TGL), ministrou uma palestra a uma plateia formada por todo o Corpo de Cadetes e oficiais instrutores e professores da AMAN. Após mais de 48 anos vividos no serviço ativo, período durante o qual galgou todos os postos do Exército Brasileiro, o general iniciou sua palestra destacando a importância da família para o oficial combatente em especial e para o militar de uma forma geral.

Este experiente chefe militar ressaltou, naquela ocasião, que a família é fundamental para o bom andamento da carreira do oficial e para o desempenho adequado das atividades militares, sendo indispensável para a organização da vida em sociedade. Destacou que quando a família é coesa e as relações familiares são fortes, coesa e forte será a sociedade. Enfatizou que a família militar deveria ser observada com muita atenção por parte dos oficiais e incentivou-os a casarem-se, terem filhos e cuidarem de suas esposas e de sua prole, orientando-os a exortarem seus subordinados a fazerem o mesmo.

Alertara, ainda, naquela ocasião, que o casamento duradouro como a base da família é, ainda nos dias de hoje, uma possibilidade real, devendo ser constituído e conservado, e que não se deve dar crédito às mensagens que veiculam na sociedade mais ampla, tanto pela imprensa quanto pelos meios de entretenimento, segundo as quais a família que tem por fundamento o casamento está em um plano inferior que o que dantes ocupava em face de outros arranjos familiares ou de interesses individuais puramente egoísticos.

O experiente chefe militar afirmou que o casamento como base da família não tem nada de ultrapassado ou impossível e apontou para a sua própria, apresentando sua esposa, que o acompanhava naquela ocasião, como sua companheira de toda a vida, namorada desde os tempos de aluno da Escola Preparatória de Cadetes do Exército (EsPCEX), em Campinas, ainda na fase da adolescência, quando cursava o Ensino Médio, antes de ingressar na Academia Militar das Agulhas Negras (AMAN), como cadete.

Aquele respeitado chefe militar se referiu explicitamente ao núcleo familiar composto pelo homem, sua mulher, unidos pelo vínculo indissolúvel do casamento, e seus filhos, apresentando como exemplo a sua própria família, não fazendo nenhuma menção a qualquer arranjo familiar diferente deste. Pelas palavras de um general com o currículo daquele oficial no último posto do Exército, a realidade sociológica do campo militar parece indicar a existência de um conflito de concepções acerca do conceito de família entre os militares integrantes do Exército Brasileiro e os cidadãos participantes da sociedade mais ampla, ou pelos menos do que se vê explicitamente sendo dito na esfera pública.

O Núcleo de Pesquisas Sociológicas sobre as Instituições Militares Brasileiras (NESIMB), do Departamento de Ciências Sociais da PUC-Rio, desde 2008, vem trabalhando na construção de um *survey* que reúne muitas informações sociológicas sobre o campo militar brasileiro, colhidas ao longo dos últimos anos, inclusive através de um questionário de 95 perguntas versando sobre o que pensam os oficiais acerca de temas da atualidade, incluindo o conceito de família. Este questionário foi aplicado a um universo de 20.435 oficiais do Exército Brasileiro, do qual 2.249 oficiais o responderam na sua totalidade, isto é, 13% do universo dos oficiais responderam as 95 perguntas, o que deu origem ao documento intitulado "O que pensam os oficiais do Exército Brasileiro" e ao livro "Para pensar o Exército Brasileiro no século XXI", ambos de autoria de Eduardo Raposo, Maria Alice Rezende de Carvalho e Sarita Léa Schaffel.

Observei, por meio dos dados colhidos neste *survey*, que quase 80% dos oficiais que responderam ao questionário entendem que a transformação da família tradicional equivale à decadência da sociedade. Família, para estes 80% dos oficiais do Exército, é a tradicional, composta por um casal "heterossexual", cuja "união entre os cônjuges é reconhecida socialmente pela cerimônia religiosa ou celebração civil do casamento", o que "contrasta com as uniões muito frequentes e pouco duradouras de agora".

Mais de 51% dos oficiais que responderam ao questionário se posicionaram a favor da exclusão, das bibliotecas públicas, de livros que se manifestam a favor do homossexualismo e quase 40% se posicionaram contra os homossexuais ensinarem em escolas públicas. Em que pese mais de 48% serem a favor dos referidos livros, ou indiferentes a eles, e mais de 60% se posicionarem a favor de homossexuais exercerem o ofício de professor, ou serem indiferentes a esta questão, estes índices de rejeição ao homossexualismo parecem sociologicamente significativos, uma vez que obtidos dentro de um grupo específico que integra uma sociedade que vivencia uma "reformulação dos padrões e arranjos familiares", reformulação esta dentro da qual "estão as famílias que se iniciam com casais homoafetivos", que cogitam, inclusive, da adoção de crianças, e onde também tem sido cada vez mais comum "o registro em cartório da união de mais de dois sujeitos adultos como célula familiar, garantindo os seus direitos civis como qualquer casal, inclusive o registro de filhos com dois pais e uma mãe ou vice-versa", tudo segundo o documento acima referido.

Considero importante, neste preâmbulo, me situar em relação ao objeto de estudo deste livro: o Exército Brasileiro. Sou oficial do Exército, da Arma de Cavalaria, formado pela Academia Militar das Agulhas Negras (AMAN) no ano de 1989, e desenvolvi a carreira de oficial de AMAN, sendo transferido para a reserva remunerada em 2011, no posto de tenente-coronel. Atualmente sou professor de Sociologia da AMAN.

Além disso, participei de um grupo de pesquisas do Departamento de Ciências Sociais da PUC-Rio, composto por professores, alunos e militares. Este grupo, denominado Núcleo de Estudos Sociológicos sobre as Instituições Militares Brasileiras (NESIMB), tinha por objetivo a pesquisa sociológica das Forças Armadas e do campo militar no Brasil. Conforme acima referenciei, o NESIMB vinha, desde 2008, construindo um grande *survey* sobre o Exército Brasileiro. Este *survey* foi uma importante fonte de consulta sobre o pensamento atual dos oficiais do Exército acerca de diversos assuntos que estão em discussão hoje na sociedade brasileira, principalmente nos temas relativos à instituição da família.

A elaboração deste livro contou também com uma profícua pesquisa bibliográfica sobre o tema. Foram analisados e aplicados qualitativamente ao campo militar brasileiro estudos de autores que trabalham as ciências sociais de uma forma mais ampla, como Max Weber, Marcel Mauss, Charles Wright Mills, Erving Gogman, Barrington Moore, Carl Friedrich e Roger Scruton; autores que trabalham as ciências sociais no Brasil, como Roberto DaMatta, Eduardo Raposo, Celso Furtado, Boris Fausto, Celso Lafer, Sérgio Buarque de Holanda e Oliveira Vianna; autores que se dedicam a um estudo mais específico do campo militar brasileiro, como José Murilo de Carvalho, Celso Castro, Edmundo Campos Coelho, Alfred Stepan, Frank McCann, Maud Chirio e Maria Celina D'Araújo; autores que têm trabalhado a questão da família no Exército Brasileiro, como Maria Cecília de Oliveira Adão, Juliana Cavilha, Fernanda Chinelli, Silvana de Fátima Lima Molina, Cristina Rodrigues da Silva e Ester Nunes Praça da Silva; e, ainda, uma nova geração de pesquisadores que vem realizando estudos mais intimamente ligados ao *ethos* militar no Exército Brasileiro e às pressões sofridas pela Instituição da parte da sociedade mais ampla em transformação, como Débora Duran, Camila Bravo Fontoura, Júlio César Gomes e Denis de Miranda, dentre outros autores, conforme se pode observar pelas citações diretas, paráfrases e referências bibliográficas constantes deste trabalho.

O universo de militares estudado foi o universo dos integrantes da carreira da Linha de Ensino Militar Bélico, o universo de oficiais formados pela Academia Militar das Agulhas Negras (AMAN), do cadete ao general-de-exército, passando por todos os postos, universo de oficiais que será, doravante, identificado simplesmente como "oficial de AMAN" ou "oficial de Academia", jargão empregado rotineiramente dentro da caserna para designar o oficial da carreira que, conforme veremos no próximo capítulo, é a espinha dorsal da Instituição, a carreira cujos integrantes são aqueles que diretamente desempenham a atividade fim de um exército: o emprego legítimo da força física, as operações militares, a guerra, em um último estágio. Estes oficiais integram as cinco Armas: Infantaria, Cavalaria, Artilharia, Engenharia e Comunicações, o Serviço de Intendência e o Quadro de Material Bélico, as sete especialidades que atuam diretamente no combate e cuja finalidade última é a realização da guerra.

A escolha desse universo se deve ao fato de que a carreira do oficial de AMAN se constitui na espinha dorsal de toda a Instituição, carreira guardiã dos valores institucionais mais essenciais, na qual esses valores se concentram e se manifestam de maneira mais intensa. Este fato facilita uma pesquisa social sobre o Exército através do estudo dos valores, das crenças, das atitudes, dos comportamentos e mesmo das meras opiniões dos oficiais que a compõem.

O trabalho foi facilitado pela minha condição de oficial de AMAN, tendo desenvolvido esta carreira ao longo de quase 30 anos, de aluno da Escola Preparatória de Cadetes do Exército (EsPCEx) e cadete da Academia Militar das Agulhas Negras (AMAN), passando por todos os postos, até o de tenente-coronel, quando fui transferido, a pedido, para a reserva remunerada, em 2011, e ainda em virtude da minha atual função na reserva remunerada: professor de Sociologia da AMAN.

Esta condição possibilitou, por muitos anos, minha perfeita inserção na rotina da vida na caserna, e ainda no interior da única escola de formação de oficiais combatentes de carreira do Exército, universo aqui estudado, como cadete e como professor, o que me proporcionou um contato direto e diário com cadetes e com oficiais de AMAN, com instrutores e com professores formados por esta Academia Militar, e com seus familiares, tanto em atividades de trabalho quanto de lazer, dentro e fora do ambiente militar.

Ao longo da minha carreira, e mais recentemente como

professor da AMAN, também me foi possível um contato pessoal e contínuo com oficiais professores integrantes de outra carreira, formados em outra escola, a Escola de Formação Complementar do Exército (EsFCEx), sediada em Salvador-BA.

Estes oficiais, conforme veremos mais detalhadamente à frente, têm uma formação muito diferente dos oficiais de AMAN, pois entram no Exército já com a sua formação profissional realizada em uma universidade da sociedade mais ampla e, como militares, realizam um curso de formação de apenas um ano na EsFCEx, que tem por objetivo realizar a formação militar do profissional de áreas específicas que já chega ao Exército moral e profissionalmente formado, a exemplo do Magistério nas suas diversas áreas, do Direito, da Economia e da Administração.

O contato com oficiais professores desta carreira me permitiu um estranhamento entre esses dois grupos sociologicamente muito distintos: os oficiais de AMAN e os oficiais do Quadro Complementar de Oficiais (QCO).

O oficiais QCO vêm, desde os anos noventa, participando da formação do oficial de AMAN na vertente do Ensino Universitário, juntamente com oficiais superiores formados pela AMAN (majores, tenentes-coronéis e coronéis), também professores das diversas disciplinas do Ensino Universitário. A outra vertente do Ensino na AMAN, a do Ensino Profissional, que tem por objetivo a formação do oficial em atividades operacionais, combatentes e de guerra, é da exclusiva competência de oficiais formados pela AMAN.

O período da pesquisa compreende o lapso de tempo que tem início nos anos oitenta, com o afastamento inédito do Exército da política nacional, até os dias de hoje. A razão da definição deste período se deve ao fato de que os oficiais observados e com os quais tive a oportunidade de conviver são os oficiais formados na AMAN dos anos setenta até os dias de hoje, quando, ao final de cada ano, cerca de 450 cadetes têm sido declarados aspirantes-a-oficial pela Academia.

Nessa ocasião, jovens brasileiros prosseguem, a partir do posto de segundo-tenente, em uma carreira institucionalmente estratégica que, perpassando todos os postos, é conduzida por uma trajetória que culmina no generalato, no Alto-Comando do Exército, no Superior Tribunal Militar e no comando da

Instituição.

Este período, pelo que tenho observado, ainda caracteriza o Exército como uma instituição que tenta conservar seus valores, fundamentada nos conceitos de *tradição* e *autoridade* e alicerçada sobre os princípios da hierarquia e da disciplina. Instituição que, deixando o comando da Nação e do Estado em meados dos anos oitenta, se insere em uma sociedade mais ampla em tempos de vertiginosas transformações sociais das quais não tem conseguido sair incólume.

Este livro está dividido em três partes.

A primeira parte vai do capítulo 1 ao capítulo 4, e a chamei de "Transformação: a transformação como valor".

Esta parte trata dos desafios que o Exército enfrenta na atualidade da sociedade brasileira. O grande desafio da transformação como valor está justamente em uma outra instituição da qual o oficial de AMAN não tem como escapar, muito ao contrário, é a todo momento incentivado a dela participar: a família.

A família tem passado por transformações na sociedade mais ampla e essas transformações também afetam a família militar. O oficial de AMAN, integrante que é tanto da instituição familiar quanto da Instituição Militar, sofre influências tanto de uma quanto da outra, o que faz com que elas também se influenciem mutuamente.

A família militar tem características moldadas pelo Exército e o Exército, através do seu integrante também integrado à sua família, sofre pressões que vêm de fora, da sociedade mais ampla, das outras organizações e instituições das quais seus familiares, sua esposa e seus filhos, também fazem parte, como a escola e a universidade, a mídia e a Justiça com suas decisões inovadoras, as diversas profissões, cada uma com um *ethos* que lhe é peculiar.

O Exército tem a família militar como um dos seus públicos internos, o que eu já havia observado em outro livro, "O carisma do comandante":

Pode ocorrer, dessa forma, que uma instituição busque, na sua tendência ao *fechamento*, cooptar outras instituições que ofereçam resistências invencíveis, isto é, quando é impossível fazer com que o indivíduo deixe de integrá-las e de ser por elas influenciado, a exemplo da família. Observa-se, assim, que existem instituições que, por sua própria natureza, não podem ser absorvidas e nem sequer substituídas de maneira absoluta por uma instituição com tendências totalizantes. Mas podem ser transformadas em "público interno", sendo, assim, parcialmente englobadas pela instituição maior, como é o caso da família.

[...]

Assim, o que parece pretender a instituição total ao cooptar a família rotulando-a de "público interno", e a implementar medidas de fato que visem aproximá-la o máximo possível de si, é minimizar sua influência sobre o indivíduo. Ou melhor, busca aproximar os valores, a forma de pensar, agir e ver o mundo, isto é, a visão do mundo dos familiares, da sua própria, de maneira que a influência da família sobre o indivíduo seja um reforço às tendências da instituição, ou, pelo menos, um obstáculo cada vez com menor força. A instituição busca, dessa forma, exercer sua influência não somente sobre o indivíduo, mas também sobre seus familiares, com o objetivo de obter um melhor resultado de *fechamento* sobre seus integrantes.

O Exército é uma instituição que considera, inclusive por meio de documentos oficiais, a família do militar, isto é, seu cônjuge e seus filhos, como "público interno", e prioritário, integrando a "família militar", termo este amplamente empregado no jargão da caserna. Implementa, ainda, inúmeras medidas que fazem com que os familiares dos militares venham a sentir-se realmente como público interno da Instituição.

Inobstante essa realidade, os familiares do militar continuam sendo civis, participando, portanto, das instituições da sociedade mais ampla, sendo influenciados por elas e influenciando o marido e o pai, oficial de AMAN, que, por sua vez, atua dentro da Instituição Militar.

A família parece ser um poderoso instrumento de transformação da Instituição, podendo ser considerada a própria sociedade mais ampla dentro do Exército através das esposas e dos filhos dos militares. Faz, assim, a interface entre o Exército e a sociedade, interiorizando, no Exército, as novas ideias e o pensamento vigente na sociedade mais ampla. Uma verdadeira janela aberta da sociedade para o Exército.

As transformações da sociedade mais ampla estariam, dessa

forma, promovendo, através da família, muitas transformações no campo militar, como se pode observar nestes capítulos 1, 2, 3 e 4, principalmente neste último: "A família nas motivações do oficial para a carreira", que encerra a primeira desta pesquisa: "Transformação: a transformação como valor".

Os capítulos 5 e 6 compõem a segunda parte deste livro, à qual chamei de "Conservação: o valor da transformação".

O capítulo 5 começa por fazer uma interface entre as profundas transformações sociais que se operam na sociedade mais ampla, em função das quais, através da família do militar, não é, ao Exército Brasileiro, dada a possibilidade de sair incólume, e o grande movimento de conservação operado pela Instituição Militar no sentido de preservar sua identidade, construída ao longo de mais de dois séculos.

Pude verificar neste capítulo 5 que o Exército tem se modernizado e vivenciado muitas transformações, porém é uma instituição tradicional que, ao mesmo tempo em que se mostra aberta às novas ideias, se considera o "Exército de Caxias".

Este capítulo 5 ainda discorre sobre a estabilidade do Exército Brasileiro como instituição em meio a uma sociedade que vivencia a experiência de um vertiginoso processo de transformações sociais. A conservação, para o Exército, é uma prioridade e, longe de se confundir conservação com inércia social, o que se vê é o desenrolar de um grande empreendimento não somente no sentido de preservar uma identidade construída ao longo de muitas décadas, mas também no de transmitir às gerações futuras esse legado do passado, legado este que necessariamente tem que ser reconstruído em cada geração.

O conceito de "conservador" neste livro não deve ser confundido com o de "reacionário". "Conservador", aqui, não significa aversão à mudança, mas desvelo na preservação daquilo que de bom e útil foi construído pelas gerações passadas e que tem valor no presente, e prudência na implementação das mudanças, que devem ser antes testadas e confirmadas.

O "reacionário", por sua vez, não reage à mudança, mas romantiza o passado e deseja o seu retorno, como se fosse possível reconstruir no presente e projetar para o futuro uma idade de ouro perdida no passado. Neste sentido, o "reacionário", diferentemente do "conservador", tem por objetivo não a estagnação nem tampouco uma transformação para o futuro, mas um retorno àquilo que era no passado, uma mudança, porém para trás, se assemelhando mais a um revolucionário às avessas do que a um "conservador", uma vez que este reconhece a sabedoria do que foi construído pelas gerações passadas, mas não se opõe à mudança que signifique aperfeiçoamento, aprimoramento ou atualização, conforme ensina João Pereira Coutinho.

Nesta perspectiva, Nikolai Berdiaev esclarece que

O que se pode definir como propriamente reacionário é a vontade de voltar a um passado próximo, ao estado de espírito e às maneiras de viver reinantes até a hora de um recente transtorno. Assim, após a Revolução francesa, era extremamente reacionário querer voltar à organização material e espiritual do décimo oitavo século, organização que tinha, precisamente, gerado a revolução – e não era de forma alguma reacionário querer voltar aos princípios medievais, ao que eles têm de eterno, enfim, ao que o passado comporta de eterno. Não se volta ao que, no passado, é meramente temporal, inteiramente corruptível, mas pode-se voltar ao que, do passado, é eterno. Em nossos dias, o que é mister considerar-se reacionário seria um retorno a esses princípios dos tempos modernos que triunfaram definitivamente com a sociedade do décimo nono século e que hoje vemos decomporem-se. Apelar para uma cristalização dos princípios estabelecidos pelos tempos modernos, eis o que é uma reação, no mais pejorativo sentido do vocábulo, e um obstáculo no caminho da atividade criadora.

O termo "conservador", nesta acepção, tem em si a humildade de reconhecer uma inteligência subjacente à *tradição* construída pelas gerações passadas e uma sabedoria latente na *autoridade* atribuída a determinados símbolos, ritos, cerimônias, instituições, formas de relações sociais e cargos, como, *verbi gratia*, o de general ou o de comandante no Exército Brasileiro, todos cuidadosamente burilados na extensa trajetória histórica de construção cultural percorrida por cada agrupamento humano que tenha se organizado como grupo social relevante.

Observei também, neste capítulo 5, que para o oficial de AMAN, como sói acontecer com os integrantes de instituições fortes e bem organizadas, existe um "aqui dentro" e um "lá fora" com limites muito bem delineados. O Exército se distingue de forma muito nítida da sociedade mais ampla na qual está inserido e o militar se percebe como diferente do cidadão comum.

O capítulo 6 evidencia os conceitos de *tradição* e *autoridade*, caracteres essenciais do Exército Brasileiro. Pude constatar, aqui, como estes conceitos influenciam a conformação das demais características da Instituição.

Tradição e *autoridade* são, dessarte, os conceitos responsáveis por definirem a fisionomia e a identidade do Exército a ponto de ser ele reconhecido como uma instituição tradicional. São estes atributos que subjazem à tendência de preservação e transmissão dos princípios, dos valores e das crenças institucionais às novas gerações. São responsáveis, assim, pelos posicionamentos do Exército e de seus integrantes em face do movimento de transformação que se opera na sociedade mais ampla e na própria Instituição Militar.

Isto significa dizer que a *tradição* e a *autoridade* de um grupo social não são meras invenções, como queria Eric Hobsbawn, mas uma manifestação convencional dos caracteres mais essenciais de qualquer grupo social organizado. Nesta lógica, já ensinara Roberto DaMatta que

> Sendo o mundo social fundado em convenções e símbolos, todas as ações sociais são realmente atos rituais ou atos passíveis de uma ritualização.
>
> Estou, pois, assumindo uma posição radical, em que não procuro ver distinções entre a matéria-prima do mundo cotidiano e aquela que constituiria o mundo ritual. Ambas essas dimensões seriam construídas a partir de convenções mais ou menos arbitrárias e não haveria mudanças de qualidade ou essência nas categorias e relações do mundo diário e aquelas utilizadas no universo dos ritos.
>
> [...]
>
> O que estou dizendo é que os rituais não devem ser tomados como momentos essencialmente diferentes (em forma, qualidade e matéria-prima) daqueles que formam e informam a chamada rotina da vida diária. [...]
>
> Nesse sentido, o estudo dos rituais não seria um modo de procurar as essências de um momento especial e qualitativamente diferente, mas uma maneira de estudar como os elementos triviais do mundo

social podem ser deslocados e, assim, transformados em símbolos que, em certos contextos, permitem engendrar um momento especial ou extraordinário.
Como todo discurso simbólico, o ritual destaca certos aspectos da realidade. Um de seus elementos básicos é tornar certos aspectos do mundo social mais presentes do que outros.
[...]
Minha posição é a de que o rito, como o mito, consegue colocar em *close up* as coisas do mundo social.

Bem por isso, *tradição* e *autoridade* são conceitos considerados essenciais ao Exército Brasileiro tanto para a preservação e transmissão dos seus princípios, valores, disposições e crenças quanto para a implementação das mudanças que se impõem. Mudanças estas que permitem distinguir claramente o Exército do século XIX e do início do século passado para o Exército das últimas décadas do século XX e do início do presente século, sem que, no entanto, o Exército de hoje seja um outro Exército. Exército que se modernizou ao longo do século XX, mas que ainda se autointitula "Exército de Caxias". Um Exército que mantém uma relação harmoniosa com a sociedade mais ampla e com suas instituições em transformação, as pesquisas de opinião realizadas periodicamente o provam, ao mesmo tempo em que mantém viva a memória dos seus heróis, o culto aos seus patriarcas e patronos, o respeito à trajetória na qual se construiu como instituição pública nacional, reproduzindo diariamente suas *tradicionais* cerimônias e ritos e enaltecendo sempre a figura da *autoridade*, representada nas pessoas dos generais, do comandante ou simplesmente do mais antigo.

Busquei esclarecer, dessa forma, neste capítulo 6, o significado dos conceitos de *tradição* e *autoridade* para o Oficial de AMAN e da relação deles com a *modernidade*, com a *linguagem do campo militar* e com a *razão* e, além disso, a maneira através da qual o Exército valoriza a carreira militar perene do oficial de AMAN em uma fase em que a sociedade enfatiza o desapego a empreendimentos de longo prazo.

A terceira parte deste livro, capítulo 7, à qual chamei de "Uma trajetória entre a transformação e a conservação", é uma síntese das duas partes anteriores, relacionando as transformações que se operam no Exército ao empreendimento de conservação que o caracteriza.

Aqui, o Exército é observado como uma organização que, ao longo das décadas, se construiu sociologicamente em Instituição por meio de uma trajetória que ainda hoje tem, de um lado, os desafios da transformação e, de outro, a estabilidade da conservação. O Exército se converteu de mera organização estatal em complexa instituição sociológica, desenvolvendo-se através de uma trajetória social rica em experiências intimamente ligadas à política e ao desenvolvimento das demais instituições públicas no Brasil.

Observei ainda neste capítulo 7 que cedo no século XIX o Exército já era uma instituição com características próprias, com princípios, valores, crenças, atitudes, comportamentos e opiniões em avançado estágio de desenvolvimento, prematuramente organizado em relação às demais instituições públicas brasileiras, motivo pelo qual teve participação direta e ativa na trajetória política da própria Nação brasileira.

Constatei neste capítulo 7 que o Exército iniciou um processo de intensa burocratização a partir dos anos trinta pelas mãos do general Góes Monteiro, processo este mais tarde conduzido pela Escola Superior de Guerra sob a batuta do general Golbery do Couto e Silva. Entra nos anos sessenta com gravíssimos problemas de coesão, porém, no final desta década, por ocasião do AVC do presidente-general Arthur da Costa e Silva, ao enfrentar uma grave crise interna, chamada por Maud Chirio de o "terremoto de 1969", e solucioná-la dentro dos padrões da hierarquia e da disciplina, preservando suas tradições e enaltecendo o princípio da autoridade na figura do mais antigo, dá início a uma fase na qual sua coesão interna não seria mais abalada. Esta fase foi caracterizada por um elemento novo: uma doutrina institucional, sendo identificada por Edmundo Campos Coelho como uma fase de sustentação e aprofundamento do processo de institucionalização.

Este livro bem pode encontrar sua justificativa nas palavras de José Murilo de Carvalho, que já havia chamado a atenção para a necessidade de se estudar sociologicamente o campo militar no Brasil, com suas especificidades e características próprias. Esclarece o referido autor que

Diante de tanta complexidade e tanta incerteza, não se percebe esforço adequado para se enfrentar o desafio. Entre os governantes, não há sinal de mudança substantiva na postura tradicional de conivência e omissão. [...] as discussões sobre o tema militar não têm ido além da esfera orçamentária e salarial, e de escaramuças em torno da abertura, ou da existência, dos arquivos da repressão [*vide* a Comissão da Verdade]. O Ministério da Defesa não dá sinais de se ter firmado como centro de competência formulador de políticas no campo da estratégia. O Congresso mantém sua posição de omissão e incompetência em assuntos militares.

Corremos o risco de sermos surpreendidos pelos acontecimentos como em 1964. Por falta de vontade política, de competência, de capacidade de antecipação, de *virtù*, como dizia Maquiavel, podemos ser novamente atropelados pelas rodas da *fortuna*.

Parte 1: Transformação: a transformação como valor

Capítulo 1: A família militar na espinha dorsal do Exército Brasileiro

"Então, respondeu ele: Não tendes lido que o Criador, desde o princípio, os fez homem e mulher e que disse: Por esta causa deixará o homem pai e mãe e se unirá a sua mulher, tornando-se os dois uma só carne?"

Mt 19.4-5

1. A carreira do Oficial de AMAN

O Exército Brasileiro é uma instituição que se movimenta e se conserva pela força e pela habilidade de uma estrutura semelhante à espinha dorsal de um organismo vivo. Espinha dorsal que, ao mesmo tempo em que dirige o corpo em todas as suas ações, sustenta no topo a cabeça, que é o centro da vida, o órgão definidor da forma essencial de todo o conjunto organizado.

Essa estrutura dentro do Exército, tal qual a espinha dorsal de um organismo vivo em relação à cabeça e ao corpo, é imprescindível tanto ao órgão de cúpula na sua função de direção quanto à sustentação da Instituição na essência da sua forma, pois a forma, ao ser definida, individualiza a Instituição e, com isso, possibilita a existência de um *ethos* portador de princípios e valores, atitudes e comportamentos, crenças e opiniões, *habitus* e disposições, em suma, possibilita uma visão de mundo singular e uma identidade própria. Esse *ethos*, ao delinear atributos essenciais, define na Instituição um modo de ser e um *modus operandi* passíveis de serem identificados e descritos.

A estrutura que no Exército tem a função de espinha dorsal é a carreira do oficial da Linha de Ensino Militar Bélico; a cabeça que do topo lhe dirige os movimentos, o grupo composto pelos oficiais-generais, em cujo ápice encontra-se o Alto-Comando do Exército, constituído pelos generais-de-exército (generais de quatro estrelas), todos oriundos daquela carreira, a carreira do Oficial de AMAN ou Oficial de Academia.

A formação do militar integrante dessa carreira que é a espinha dorsal da Instituição é realizada exclusivamente na Academia Militar das Agulhas Negras (AMAN), situada na cidade de Resende-RJ, cujo ingresso se dá através da Escola Preparatória de Cadetes do Exército (EsPCEx), localizada em Campinas-SP.

Ao ingressar nessa carreira, que se inicia por um curso de formação de cinco anos em regime de internato correspondente à graduação, o jovem noviço é, ao final da sua formação, declarado aspirante-a-oficial de uma das cinco Armas do Exército: Infantaria, Cavalaria, Artilharia, Engenharia e Comunicações, do Serviço de Intendência e do Quadro de Material Bélico, sendo classificado em uma das Organizações Militares (OM) sediadas em todas as partes do território nacional.

Essa é a carreira do oficial combatente, do oficial que comanda, planeja, coordena e executa a atividade fim da Instituição, a atividade operacional, a solução dos conflitos pelo uso da força, se necessário. A guerra, em última instância. É, por isso, a carreira de maior prestígio, a que desempenha as principais funções dentro da estrutura organizacional do Exército, a que personifica os mais altos valores militares, a que tem por missão a preservação do legado imaterial da Instituição construído desde os seus patriarcas e seus patronos, os heróis fundadores do Exército Brasileiro. É a carreira que detém as credenciais para representar o Exército na sua forma mais pura e é imbuída do sentimento de guardiã da identidade e da imagem da Instituição.

A carreira do Oficial de AMAN, ou simplesmente de Oficial de Academia, como é chamada, percorre uma trajetória que vai da formação, como aluno da Escola Preparatória de Cadetes do Exército (EsPCEx) e cadete da Academia Militar das Agulhas Negras (AMAN), ao último posto, general-de-exército (ou general de quatro estrelas), integrante do Alto-Comando do Exército, transitando por todos os postos entre o cadete e o general em um lapso de tempo de aproximadamente 50 anos. Essa trajetória na carreira é bem definida e detalhadamente balizada em cada uma de suas fases, de forma que, ao atingir o generalato, vencido um processo de seleção contínuo que tem uma duração média de 40 anos, iniciado ainda na Academia, o militar se sinta, e realmente se encontre, preparado para representar e comandar a Instituição.

Os Oficiais de Academia estão em todos os postos, do tenente ao coronel, espalhados em todas as Organizações Militares do Exército, desempenhando as funções de comando, direção e chefia, Estado-Maior, assessoria, instrutor, professor e nas missões no exterior. São os oficiais dessa carreira que ocupam mais de 95% das vagas de oficial-general, sendo os únicos a atingirem o último posto, general-de-exército (quatro estrelas), quando passam a integrar o Alto-Comando do Exército, dentre os quais alguns serão selecionados para os cargos de ministro do Superior Tribunal Militar (STM) e um será escolhido para ser o comandante do Exército.

Não é sem motivo que o Exército dá uma atenção toda especial não somente à formação mas também ao desenvolvimento dessa carreira em cada uma de suas fases. Esse Oficial, em todos os ciclos da sua carreira, deverá servir em determinadas Organizações Militares, realizar alguns cursos obrigatórios e outros importantes, vivenciar experiências essenciais, desempenhar funções estratégicas e, no decorrer de todo esse processo, demonstrar continuamente a aquisição de capacidades e habilidades muito específicas que o habilitem a manter-se no quadro dos "generaláveis". Mas não basta apenas fazer isto, importa a maneira como se faz. Conforme ensina Charles Wright Mills,

Na maioria de suas carreiras, generais e almirantes seguiram um padrão mais ou menos uniforme e pré-organizado. Uma vez conhecidos as regras básicas e os pontos nevrálgicos dessa carreira padronizada, teremos conhecido tanto quanto se pode conhecer pelo estudo detalhado das estatísticas de muitas carreiras particulares.

2. A família na carreira do Oficial de AMAN

Os aspectos relevantes na caracterização do oficial integrante dessa carreira que é a espinha dorsal do Exército, a carreira do Oficial de AMAN ou Oficial de Academia, não se restringem à perspectiva profissional. Esses aspectos relevantes, na verdade, compõem uma concepção integral da personalidade do homem e do oficial que reúne e entrelaça todos os pormenores da sua vida, quer sejam profissionais quer sejam pessoais. Sua vida privada e o desenvolvimento de capacidades e habilidades aparentemente desvinculadas da atividade militar são levadas em consideração na sua qualificação para a carreira de Oficial de Academia.

A família é um desses aspectos relevantes da carreira do Oficial de AMAN. Segundo Maria Cecília de Oliveira Adão ao "longo de toda sua carreira, um oficial é estimulado a adquirir e internalizar valores que são tidos como essenciais para a formação, dignificação e distinção de um militar", sendo fácil perceber no campo militar "como a ideia de casamento e formação de um núcleo familiar próprio se relaciona com os valores militares."

Essa autora prossegue afirmando que "o casamento seria, para o militar, uma forma de reafirmar a eficácia da formação que recebeu e exercitar os valores do grupo." Cita a fala de um militar que corrobora suas conclusões:

Dificilmente você vai pegar militares ou qualquer outro aluno saído de outra escola que já não vislumbre um casamento, mesmo com vinte e poucos anos de idade. Por quê? Porque nessa profissão eles garantem que são homens formados. [...] E como ser

um homem formado se não pensar em família? Entende? São valores, são conceitos que não são originários da instituição militar, mas eles se encontram no grupo dos militares.
[...]
Na verdade, essas coisas não são totalmente acaso. E militares tendem a casar com mulheres que vão justamente trazer essa segurança de uma pessoa no lar. Uma esposa dedicada, coisa dessa natureza. [...] Porque isso vai gerar famílias em moldes muito tradicionais. Vai gerar porque a mulher nunca, nesses casos, foi enganada. 'Não sabia que teria que viajar? Teria que morar numa região de selva?' Isso não acontece. Mas gera uma família bastante tradicional. E que vai resolver aquela questão, também, da família militar, se elas são condizentes ou não. Então, essa mulher inicial é muito interessante, isso é a escolha do sujeito militar pela companheira e ainda mais no início da carreira, quando eles são novos. Isso é muito interessante porque acaba gerando esse modelo super tradicional de família: pai, mãe dona-de-casa, mãe ideal, essas coisas assim.

A referida autora cita também a fala de um oficial instrutor da AMAN sobre o que pensa do casamento como fundamento do seu núcleo familiar e como percebe a importância dessa instituição para o êxito da carreira de um Oficial de Academia:

As esposas, normalmente, cooperam sobremaneira. Dificilmente um militar vai passar uma vida e vencer seus desafios profissionais, os seus cursos, o seu caminho de obstáculos – que é natural que existam – se ele não tiver uma companheira. A companheira é uma essência do sucesso das pessoas.
[...]
O militar com suas particularidades... Eu acho que as mulheres avultam de importância porque, na minha leitura, na minha percepção, como na dos meus companheiros [...] eu noto que as mulheres dão uma contribuição, principalmente, na parte emocional. Elas ajudam muito no sucesso, pela abnegação que elas têm, pelos cuidados que elas têm, principalmente, com os filhos, o cuidado com a casa, com as coisas, com o bem estar da nossa família. Então, essa segurança de retaguarda é uma coisa extraordinária.

A autora citada permite vislumbrar, ainda, através da fala de uma esposa de um Oficial de Academia, a percepção da questão da família pelo olhar da mulher e da mãe, revelando como ela vê a sua condição de esposa de oficial e de mãe de filhos de um militar de carreira e como percebe a condição da sua família em função da carreira do marido:

> Apesar das mudanças, apesar das dificuldades, apesar de abrir mão da tua vida. Você vê que ela (a família) é muito mais importante. Esses laços de família são muito mais fortes do que a sua própria vida. É difícil, muito difícil. Hoje em dia, eu reclamo bastante, sempre reclamei, porque a gente sempre abre mão da sua individualidade em troca da família.

Maria Cecília de Oliveira Adão, dessa forma, explica que as esposas dos Oficiais de AMAN voluntariamente renunciam a "seus interesses individuais em favor da manutenção da união da família", o que é essencial, no entendimento do casal, para que o marido prospere na carreira militar e ambos obtenham sucesso na vida familiar.

Os dados levantados e os resultados obtidos pelo *survey* construído pelo Núcleo de Pesquisas Sociológicas sobre as Instituições Militares Brasileiras (NESIMB), do Departamento de Ciências Sociais da PUC-Rio, vêm ao encontro do que demonstra Maria Cecília de Oliveira Adão na sua pesquisa sobre o casamento e a família dos Oficiais de AMAN.

Os dados do questionário revelam que 77% dos Oficiais pesquisados são casados ou compõem relações estáveis por apenas uma única vez, 13% tiveram dois casamentos ou relações estáveis e 3% tiveram três ou mais casamentos ou relações estáveis. São solteiros apenas 7% dos Oficiais pesquisados. Essa informação se torna sociologicamente significativa, conforme atesta Eduardo Raposo, se comparada com o que informa o PNAD 2011 sobre o estado civil dos brasileiros, documento segundo o qual 48,1% dos brasileiros adultos permanecem solteiros e casados são apenas 39,9%.

Essa comparação demonstra, ainda segundo Eduardo Raposo, que "a tradição do casamento é muito arraigada na família militar", mais fortemente estabelecida no grupo de Oficiais de AMAN do que na sociedade mais ampla no Brasil.

Júlio César Gomes esclarece que um Oficial de Academia, até quando avalia uma autoridade pública civil, leva em consideração a organização da família do sujeito e a maneira segundo a qual ele a vivencia. O referido autor apresenta indicações de que

> mesmo quando um civil é citado como referência, é na medida em que reproduz as atitudes e valores militares: "Então ele cuida bastante da família, ele preserva a unidade familiar, ele é uma pessoa que tem sempre esse cuidado. Então, na parte profissional ele é excelente, quanto na parte familiar." (Oficial intermediário de Infantaria).

Todos os aspectos da vida do oficial de Academia, incluindo sua esposa e seus filhos, não serão de muita importância se observados de maneira isolada, mas deverão ser percebidos no seu conjunto, integrados, formando um todo orgânico.

Trata-se de um estilo. Seus hábitos e seus costumes, suas crenças e seu caráter, suas tendências e suas relações, seus posicionamentos e suas ações públicas, seu desempenho social e sua postura pessoal, seus gestos e suas expressões, sua maneira de se posicionar diante dos problemas, analisá-los, verbalizá-los e solucioná-los, sua honestidade e sua lealdade, sua sinceridade e sua responsabilidade, sua dedicação e sua flexibilidade, sua inteligência e sua desenvoltura nas circunstâncias inusitadas, seu porte diante da autoridade...

3. A construção da autoridade na pessoa do Oficial de AMAN

A autoridade na vida do Oficial de AMAN é fundamental.

Sua elegância e sua firmeza ao transitar nas rodas do poder o distinguem como Oficial de Academia. Diante da autoridade, o Oficial de AMAN deverá manter-se estritamente dentro dos limites de um terreno cercado por um mundo movediço e incerto. De um lado, depara-se com a subserviência, de outro, com a displicência. Saber lidar com o poder é essencial para o oficial. Jamais deverá apresentar-se displicente diante da autoridade, como se ela nada devesse impor ao ambiente, negando-lhe a honra devida; de outra forma, também jamais deverá mostrar-se inseguro, tenso, incomodado, pouco familiarizado, tendendo à subserviência, nos momentos em que se encontrar neste círculo que deverá cada vez mais, quanto mais subir na hierarquia militar, ser seu *habitat* natural. Ambiente no qual o trânsito desenvolto é da natureza mesma da têmpera do chefe militar.

Enfim, tudo o que compõe a personalidade e define o caráter do Oficial de AMAN, tudo o que determina a sua identidade e delineia a sua imagem, todo esse conjunto orgânico e integrado que forma a personalidade do Oficial de Academia é essencial para o bom desenvolvimento da principal carreira do Exército e seu coroamento com a ascensão ao generalato. E, após isso, esse conjunto orgânico e integrado que é a base da personalidade de um general-de-brigada (duas estrelas) mantém-se como o fundamento para as promoções subsequentes a general-de-divisão (três estrelas) e a general-de-exército (quatro estrelas), a mais complexa, a mais ambicionada, o ápice do ápice, quando o Oficial de AMAN passa a integrar o Alto-Comando do Exército.

O general Leônidas Pires Gonçalves, ministro do Exército no governo Sarney, em entrevista concedida ao Programa Dossiê, da GloboNews, em abril de 2010, esclarece acerca da ação do Alto-Comando do Exército na promoção a general, vazando um lampejo de ideia de quais sejam as características pessoais que devem fazer parte da personalidade de um oficial qualificado ao generalato, principalmente de um "quatro-estrelas", o general-de-exército, último posto, integrante do Alto-Comando.

> A promoção ao generalato é feita no Alto-Comando. Eu sempre digo uma coisa que pouca gente sabe: a única oportunidade que o Alto-Comando não é submetido ao comando do ministro [hoje comandante do Exército] é nesta oportunidade, ele é um colegiado.

> [...] O general, todos os generais, tem uma característica, agora, o quatro-estrelas tem que ter algo mais... o que é esse algo mais? É algo indefinível, mas é um algo mais de equilíbrio..., de grandeza..., de visão... Quando nós vamos fazer um quatro-estrelas, essas coisas entram em baila.

Não basta ao Oficial de AMAN fazer bem o que tem que ser feito. É de fundamental importância não somente o resultado obtido, mas a maneira como ele faz o que tem que ser feito para obter aquele resultado. Não será somente o desempenho profissional do militar voltado para os fins que irá definir o êxito no desenvolvimento da sua carreira. Os resultados *per se* não definem uma carreira de sucesso, mas dependem em muito do caminho que ele escolhe percorrer para a produção dos resultados. É indispensável uma certa maneira de ser, um talento no posicionar-se e no mover-se, um estilo pessoal.

Charles Wright Mills explica que para uma pessoa ser aceita em um determinado grupo social como um igual necessita desenvolver ao longo da sua vida o estilo de vida daquele grupo. Não basta usar as mesmas roupas, frequentar os mesmos locais ou falar o mesmo idioma. Citando uma classe social em específico, informa que é costume de seus integrantes usar ternos e camisas Brooks Brothers. Porém isso não é suficiente para que alguém seja percebido como um igual por membros daquela classe. Usar aquele terno ou aquela camisa é menos importante do que a maneira como eles são usados. Não basta vestir, há que se demonstrar como proceder ao estar vestido.

> Há outros detalhes externos semelhantes, específicos e comuns ao estilo da classe superior, pois no final das contas qualquer pessoa, com dinheiro e inclinação, pode aprender a só se sentir confortável num terno de Brooks Brothers. O estilo de vida das velhas classes sociais superiores em todo o país é mais profundo do que êsses detalhes.
> A experiência profunda que distingue os ricos da sociedade e os apenas ricos é a sua instrução, e com esta, as ligações, o sentimento e a sensibilidade a que essa rotina educacional leva através de suas vidas.

O jovem, ao ingressar na carreira do Oficial de AMAN, deverá adquirir um capital social e desenvolvê-lo ao longo de toda a sua carreira, capital social próprio do Oficial de Academia, que reúne as características essenciais que distinguem esse oficial e permite que ele seja facilmente identificado como um Oficial de AMAN em qualquer circunstância. Isso depende pouco da origem de cada um, pois a EsPCEx e a AMAN são escolas que recebem jovens de todas as origens e de todos os estratos da sociedade, oriundos dos mais diversos grupos sociais, comprimindo-os em um tal nível de homogeneidade que, ao final dos cinco anos de formação, entrega ao Exército uma turma de aspirantes-a-oficial aptos a vencerem a carreira dentro dos padrões de exigência da Instituição. Ainda segundo Mills,

> As origens sociais e o início de sua formação são menos importantes para o caráter do militar profissional do que qualquer outro alto tipo social. O preparo de um futuro almirante ou general começa cedo, tendo portanto uma influência profunda, e o mundo militar no qual penetra é tão absorvente que seu modo de vida nêle se centraliza firmemente. Nessa medida, tem menos importância o fato de ser filho de um carpinteiro ou de um milionário.

Ao ingressar na carreira do Oficial de AMAN, o jovem, independentemente de sua origem social, é despojado de seus pertences particulares e recebe armário, cama, uniformes e utensílios pessoais padronizados. Passa a ser identificado por um número e, muitas vezes, perde o nome pelo qual se identificara até aqui, passando a ser chamado pelo nome de guerra, que pode ser o de família. Recebe um mesmo tratamento, dispensado de forma idêntica a todos os seus companheiros, enfrenta as mesmas dificuldades, realiza os mesmos exercícios, tira os mesmos serviços, alimenta-se da mesma forma nos mesmos refeitórios nos mesmos horários. Toma banho, dorme, acorda, estuda, faz sua higiene pessoal nos mesmos locais e em conjunto. Recebe o mesmo soldo, corta o cabelo em um mesmo padrão e frequenta os mesmos locais quando tem algum momento livre para descontração. Assiste aos mesmos filmes, lê os mesmos livros, tem os mesmos professores, estuda as mesmas disciplinas, cultua os mesmos heróis, interpreta os fatos de uma mesma maneira, é elogiado pelas mesmas posturas e sancionado pelos mesmos comportamentos, enfim, desenvolve uma mesma linguagem e uma mesma visão de mundo.

Erving Goffman esclarece que os iniciantes em uma instituição trazem do seu mundo doméstico uma concepção de si mesmos que deve ser modificada a fim de que as características específicas do novo grupo social do qual passam a fazer parte possam ser interiorizadas nas suas personalidades. O indivíduo é, assim, submetido a uma série de procedimentos a que chama de processos de mortificação, de profanação ou de despojamento do eu. Esses procedimentos já têm início no processo de admissão:

> obter uma história de vida, tirar fotografia, pesar, tirar impressões digitais, atribuir números, procurar e enumerar bens pessoais para que sejam guardados, despir, dar banho, desinfetar, cortar os cabelos, distribuir roupas da instituição, dar instruções quanto a regras, designar um local para o internado. Os processos de admissão talvez pudessem ser denominados "arrumação" ou "programação", pois, ao ser "enquadrado", o novato admite ser conformado e codificado num objeto que pode ser colocado na máquina administrativa do estabelecimento, modelado suavemente pelas operações de rotina.

O aluno ou o cadete é despojado de sua identidade pregressa e forçado a construir uma nova identidade, padronizada e uniforme, sendo orientado desde cedo que somente uma distinção é possível entre companheiros de uma mesma turma: a classificação obtida em função dos resultados nos estudos. Aprende muito precocemente na sua vida de aluno e de cadete que esta será a única distinção que lhe será possível dentro da sua turma nestes anos de formação e nos anos subsequentes, quando do desenvolvimento da sua profissão, porém uma distinção que definirá toda a trajetória da sua carreira.

4. A "servidão ao êxito" na autoridade militar

A média dos resultados escolares obtida no curso de formação da AMAN colocará o oficial em coluna por um dentro da sua turma, do primeiro ao último, este chamado de "e" e aquele de "zero-um". O "zero-um" por ser o primeiro da turma, o cadete ou oficial detentor do grau mais elevado, o qual, quando da conclusão do curso, será o portador da prestigiosa medalha "Marechal Hermes", a medalha dos "zero-um". E o "e" será assim chamado pelo fato de que, todas as vezes em que se fizer alguma menção aos integrantes da sua turma, os nomes de todos os militares daquela turma serão rigorosamente escalonados em ordem decrescente do grau obtido na formação, do "zero-um" ao último, quando este aparecerá sempre separado dos nomes dos demais companheiros de turma pela conjunção coordenada aditiva "e", motivo pelo qual recebe esta alcunha. Todos os nomes são separados por vírgula, somente o último pelo "e", razão do seu destaque. Assim, toda turma tem em destaque o seu "zero-um" e o seu "e". Este, destaque negativo; aquele, positivo.

Há, dentro de toda turma, por Arma, um grupo privilegiado, chamado de "zeros". Um "zero" é um cadete que está entre os 9 primeiros colocados da turma em cada Arma, e recebe este prestigioso epíteto em virtude da sua classificação anteceder do número "zero", isto é, "zero-um", este um verdadeiro ícone da turma, "zero-dois", "zero-três"..., até o "zero-nove". Ser "zero" é motivo de honra e prestígio.

Todos os processos seletivos dos quais, ao longo da carreira, venham a participar integrantes de uma mesma turma observarão essa ordem de classificação definida pelo grau obtido na AMAN. Processos como o de promoção por merecimento, assunção de funções de maior ou de menor prestígio, escolha de situações mais ou menos cômodas, disposição de condições melhores ou piores, chegando à determinação da precedência em circunstâncias aparentemente insignificantes da rotina da vida na caserna, como, por exemplo, a quem deverá ser cedida a posição da direita quando dois militares estiverem juntos, uma vez que o mais moderno sempre cede a sua direita ao mais antigo, ou a definição do nome de quem aparecerá na frente em uma relação qualquer ou ainda a determinação das posições de cada militar em uma cerimônia ou em uma simples reunião de oficiais, tudo isto, e muito mais, será definido exclusivamente em função da antiguidade e, esta, dentro da turma, pela classificação obtida na AMAN.

O Exército não usa, por exemplo, o critério da ordem alfabética para ordenar seus integrantes, critério este comumente utilizado na sociedade mais ampla. Há, sempre, no campo militar, inúmeros indicativos, por mais prosaicas que sejam as ocasiões, que permitem a identificação imediata e *a priori* da antiguidade de cada um em qualquer situação, em qualquer relação, em qualquer circunstância. Nos exemplos acima, o mais antigo sempre estará à direita do mais moderno, quer estejam em deslocamento, parados, em pé ou sentados; ou no centro, caso o grupo reunido seja superior a dois militares, quando os demais serão rigorosamente distribuídos, sequencialmente pela antiguidade, à direita e à esquerda deste que figura no centro. Quer dizer, todas as posições individuais estão rigorosamente definidas pela ordem de antiguidade. Em uma relação, o nome de cima é do militar mais antigo; o de baixo, do mais moderno. Alfred Stepan explica que

> Uma área muito mais importante de normas profissionais do quadro de oficiais é a sua estrutura de educação e de promoção. As normas burocráticas são obedecidas rigorosamente no tocante aos padrões educacionais do quadro de oficiais no Brasil. Cada promoção na carreira de um oficial exige a passagem por uma escola militar específica. Isto ajuda a imbuir os oficiais de um forte espírito de corporação. No Exército, todos os oficiais com responsabilidade de comando devem cursar os quatro anos da academia (Academia Militar das Agulhas Negras, AMAN). Para ser promovido a capitão[1], o oficial deve frequentar durante um ano a Escola de Aperfeiçoamento de Oficiais (EsAO). Para que possa concorrer à promoção a general, ou para indicação ao Estado-Maior de qualquer dos quatro Exércitos[2] ou escolas militares, o oficial precisa passar no difícil exame de admissão à Escola de Comando e Estado-Maior do Exército (ECEME) e depois

---

[1] *Rectius*, para ser promovido a oficial superior, isto é, major, e não capitão.

[2] Hoje, os antigos Exércitos são chamados de Comandos Militares de Área.

freqüentar um curso de três anos.

[...]

É tentador discutir que o prestígio permanente que advém da graduação em primeiro lugar numa turma da academia constitui um exemplo de "servidão ao êxito" e mais uma vez ilustra o perigo de ver nas variáveis do padrão de Parsons pares antagônicos nos extremos de um *continuum* de tradicional a moderno.

"Antiguidade é posto", conforme se diz na caserna, e posto é prestígio. E oficiais do Exército não são movidos por compensações pecuniárias, como sói acontecer nas organizações e nas instituições da sociedade mais ampla, mas por prestígio. O mais poderoso *leitmotiv* de um oficial do Exército é o prestígio. O prestígio do posto, da posição, do cargo, da função que se exerce. Tudo isto é definido pela antiguidade. E dentro de uma mesma turma, a antiguidade é definida pelo grau obtido no curso de formação da AMAN.

Erving Goffman informa que algumas instituições têm um sistema de pagamento pelo trabalho desempenhado diferente do sistema de pagamento da sociedade mais ampla. Não há um retorno financeiro que corresponda à dedicação ao trabalho ou à entrega de vida à instituição, a recompensa é puramente cerimonial, simbólica, imaterial. Edmundo Campos Coelho já havia observado que

Parece correto afirmar que numa sociedade cada vez mais orientada para os valores de bem-estar econômico, tal como o é a sociedade brasileira atual, haverá lugar exíguo para os valores com os quais o Exército se identifica. Os militares vêem sua profissão como um sacerdócio, uma abdicação voluntária e permanente de comodidades materiais, uma "servidão", como freqüentemente dizem, uma dedicação total ao serviço público. [...] Ainda quando abordam questões relacionadas à sua própria situação material, os militares brasileiros tendem a fazê-lo em termos de valores tais como honra, moral e dignidade: "Nesta hora de renúncia", dizem em documento ao Clube Militar, "não reivindicamos qualquer parcela de benefícios materiais, ou acréscimos de remuneração. É num terreno exclusivamente moral e de pura ética que defendemos a dignidade dos títulos militares."

A classificação obtida na AMAN é, portanto, determinante na carreira do oficial. Não só materialmente, mas também imaterialmente, uma vez que os primeiros colocados de uma turma, os "zeros", são *a priori* considerados bons e competentes e os últimos nem tanto assim. Estes terão que provar que o são e a que vieram ao longo da carreira. O "zero-um" é, dessarte, somente em função desta condição, detentor de poderosíssimo capital social que lhe será creditado ao longo de toda a sua carreira, inclusive na promoção ao posto de oficial-general. O "zero-um" de toda turma é percebido e tratado como um futuro general por seus pares, subordinados e, o que é sociologicamente mais significativo no campo militar, pelos seus superiores. Com efeito, ensina Eduardo Raposo que

> O Ensino Militar é classificatório. O desempenho do aluno nos cursos de formação, aperfeiçoamento, especialização e altos estudos vai balizar a sua classificação e movimentação por toda a carreira. No entanto, o mais importante sempre vai ser a sua classificação na AMAN. A partir dali, as suas opções de seguimento na carreira já ficam, praticamente, estabelecidas.

5. O cadete filho de Oficial de AMAN

Uma turma de formação da AMAN se apresenta como um mundo coeso, integral e homogêneo. Entretanto, essa homogeneidade pode não ser tão hegemônica, pois, de maneira sutil e mesmo imperceptível, podem existir alunos ou cadetes que se diferenciem dos demais por algo que já tragam consigo; algo que, imune a qualquer processo de despojamento do eu, tenha suas raízes fincadas na sua família de origem. Um capital imaterial que não tem como ser retirado do indivíduo mesmo que ele seja literalmente deixado nu.

Esse capital adquirido na vivência das experiências anteriores pode ser valioso para um trânsito mais fácil no campo militar sem que seja percebido como uma vantagem, permanecendo invisível e dando ensejo a uma diferença também invisível mas que efetivamente existe em meio à aparente uniformidade.

Essa diferença, portanto, é proporcionada por um tipo de capital social. Um tipo de capital específico que se evidencia como relevante para o campo militar, pois tem o potencial de efetivamente interferir no processo de inserção do jovem nesse novo mundo, facilitando o seu trânsito em um ambiente desconhecido e hostil. Confere, assim, vantagens de adaptação a quem o possui sobre seus companheiros que o desconhecem, produzindo efeitos concretos a despeito do tratamento igualitário dispensado a todos. Esse capital social se constitui em um atributo monopolizado pelos alunos e pelos cadetes que já haviam sido iniciados na linguagem do campo militar em momentos anteriores ao seu ingresso na Academia. Assim diz Roger Scruton:

> As pessoas nascem num emaranhado de ligações; elas são nutridas e protegidas por forças cujo funcionamento não poderiam nem autorizar nem intencionar. Sua própria existência carrega uma dívida de amor e gratidão, e é ao reagir a essa carga que elas começam a reconhecer o poder do "dever". Não é o "dever" abstrato e universal da teoria liberal – ou pelo menos ainda não –, mas o "dever" concreto e imediato das ligações de família. É o "dever" da piedade, que reconhece a integridade inquestionável dos laços sociais condicionados local, transitória e historicamente. Esse "dever" é essencialmente discriminatório; ele não reconhece nem a igualdade nem a liberdade, mas apenas a reivindicação absoluta do localmente dado.

Por isso, quando o cadete se apresenta para o início do curso de formação, normalmente sem a consciência de que a natureza da sua vida pregressa possa se constituir em uma vantagem substancial em face de seus companheiros, aparentemente em iguais condições para o início da carreira, ele chega, na realidade, com um capital social da carreira do Oficial de AMAN previamente já incorporado em seu patrimônio cultural, conhecendo antecipadamente alguns aspectos fundamentais da linguagem do campo militar.

Isso poderá lhe auferir vantagens em relação aos que adentram o campo sem nenhum conhecimento acerca das suas especificidades. São os jovens que nasceram nos hospitais militares, foram acompanhados por médicos militares e frequentaram as instituições de saúde militares, viveram suas infâncias nas vilas militares e estudaram nos colégios militares, se divertiram nos clubes militares e visitaram as capelas militares, tiveram por amigos filhos de militares e chamaram de tios os próprios militares e de tias as esposas dos tios militares. Estes são os filhos dos militares, especialmente os filhos dos Oficiais de Academia. Charles Wright Mills já havia percebido que

> Dentro e entre os vários grupos que formam, os membros dessas famílias orgulhosas estabelecem amizades íntimas e fidelidades arraigadas. Freqüentam-se mùtuamente os jantares e bailes. Levam a sério e respeitam os casamentos tranqüilos e elegantes, os funerais tristes e as festas alegres. As reuniões sociais que parecem de seu agrado são as informais, embora entre êles os códigos de vestuário e maneiras, a sensibilidade para o que é correto e o que se faz, governem tanto o informal e natural como o formal.

O jovem filho de um Oficial de AMAN, assim, ao ingressar na carreira militar, já é detentor de um capital social adquirido nas experiências da sua vida pregressa em função unicamente de pertencer à sua família. Capital social que ele sequer tem consciência de possuir, mas que lhe será útil nos anos cruciais da sua carreira, os anos de formação na AMAN, anos que irão influenciar o direcionamento e poderão determinar a qualidade do desenvolvimento da sua carreira.

Jessé Souza aborda esse fenômeno ao afirmar que o mais importante na aquisição inconsciente desse capital social é a transferência de valores imateriais dentro do ambiente da família. Os filhos somente "terão a mesma vida privilegiada dos pais se herdarem também o 'estilo de vida', a 'naturalidade' para se comportar em reuniões sociais, o que é aprendido desde tenra idade na própria casa com amigos e visitas dos pais". Explica que um grupo social, por exemplo, se reproduz pela transmissão afetiva, invisível, imperceptível porque cotidiana e dentro do universo privado da casa, das precondições que irão permitir aos filhos dessa classe competir, com chances de sucesso, na aquisição e reprodução de capital cultural. O filho ou a filha da classe média se acostuma, desde tenra idade, a ver o pai lendo jornal, a mãe lendo um romance, o tio falando inglês fluente, o irmão mais velho ensinando os segredos do computador brincando com jogos. O processo de identificação afetiva – imitar aquilo ou a quem se ama – se dá de modo "natural" e "pré-reflexivo", sem a mediação da consciência, como quem respira ou anda, e é isso que o torna tanto invisível quanto extremamente eficaz como legitimação do privilégio. Apesar de invisível, esse processo de identificação emocional e afetiva já envolve uma extraordinária vantagem na competição social, seja na escola, seja no mercado de trabalho, em relação às classes desfavorecidas. Afinal, tanto a escola quanto o mercado de trabalho irão pressupor a "in-corporação" (literalmente tornar "corpo", ou seja, natural e automático) das mesmas disposições para o aprendizado e para a concentração e disciplina que são "aprendidos", pelos filhos dessas classes privilegiadas, ainda que com grande esforço, por identificação afetiva com os pais e seu círculo social.

Esse capital social prévio é, portanto, de natureza familiar, adquirido em função das experiências vivenciadas pelo cadete no âmbito da sua família e das relações da família com o ambiente militar antes e após o seu ingresso na carreira.

Além disso, inobstante o tratamento igualitário dispensado por parte dos instrutores e professores da Academia a todos os integrantes de uma turma, esse capital é continuamente enriquecido pela orientação que o cadete permanece recebendo de seu pai, apto a indicar o "caminho das pedras" à medida que o curso de formação esteja se desenvolvendo. Indicação privilegiada de um caminho que não se restringe às atividades do curso em si, mas que abrange uma gama complexa de orientações, inclusive quanto à maneira como o cadete deve se portar diante das circunstâncias, dos seus comandantes, instrutores e professores.

Ademais, antecipadamente e no decorrer do curso, o pai continua orientando o filho acerca da importância da dedicação ao estudo e da obtenção de um bom resultado em cada avaliação de cada disciplina, não por meio de exortações genéricas, como sói acontecer nas conversas entre pai e filho acerca da necessidade do estudo e dos frutos que isso produz, mas demonstrando efetivamente, por meio da sua própria carreira, da sua vida e da trajetória da sua família, e a de seus companheiros, como a dedicação naqueles quatro anos será determinante para o êxito de toda a carreira do oficial e, por conseguinte, para a tranquilidade e para o prestígio social da futura família do cadete, e tudo isto em função da posição pessoal do oficial na carreira que, por sua vez, está condicionada ao resultado obtido na sua formação na Academia.

Assim, o cadete oriundo de uma família militar tem o privilégio de ver antecipadamente, na experiência concreta da vida, não através da sua carreira, mas através da carreira do seu pai a da dos companheiros deste, o verdadeiro significado dos bons resultados nas provas, tendo uma nítida percepção do que ele estará efetivamente ganhando ou perdendo em função do seu desempenho naqueles quatro anos.

Silvana de Fátima Lima Molina realizou uma pesquisa entre cadetes, todos filhos e netos de militares, e membros de uma família nuclear. Nessa pesquisa, todos os cadetes entrevistados

> afirmaram sofrer a influência do pai como fator importante para sua decisão. A vivência em quartel na infância, o conhecimento da carreira através da família e a admiração pelas atividades que o pai desempenhava, assim como o ingresso no Colégio Militar foi evidenciado nos relatos dos cadetes.
>
> Podemos considerar vários aspectos a partir desses relatos. Um deles seria o próprio contexto que envolve a moradia da família dentro ou muito próxima dos quarteis (os chamados PNR, Próprios Nacionais Residenciais), ou seja, as ditas "vilas militares" das guarnições. O filho do militar, geralmente, nasce e cresce inserido na cultura da instituição e absorve desde pequeno os valores desta, estando inclusive, fisicamente próximo das atividades do quartel.
>
> [...]
>
> A consciência da influência do pai foi apresentada em todos os relatos dos cadetes [...] o pai, sendo militar, influenciou possibilitando o conhecimento detalhado da carreira, na medida em que, desde a infância, existia um maior contato com o meio militar.

[...] foi verbalizada uma influência implícita consistindo na admiração à figura do pai e o desejo de repetir sua história de vida.

E o pai, nesses casos, orienta o filho com conhecimento de causa, pois esse caminho lhe é familiar, foi percorrido por ele alguns anos antes, o que possibilita que ele o refaça na carreira do filho, corrigindo os erros e escolhendo um terreno sólido que possibilite um trânsito seguro, com a sensação de que se lhe tornou possível voltar ao início da sua própria trajetória, recomeçar sua jornada e trilhá-la já com a experiência de quem conhece cada pormenor de um itinerário já familiar. Por isso não é incomum o filho do sargento seguir a carreira do Oficial de AMAN e o do coronel ascender ao generalato.

6. A família de origem do cadete

A família nuclear de origem do cadete revela-se como importante fonte de capital social para o jovem que ingressa na carreira do Oficial de AMAN não somente quando o pai é militar, mas também quando não é, pois a natureza das relações em família, mesmo quando esta for estranha ao campo militar, proporciona ao jovem a aquisição de um capital imaterial que se revelará valioso no momento da adaptação à vida na caserna. Silvana de Fátima Lima Molina percebeu que

> quando falamos sobre "herança familiar" é comum associarmos o termo às questões de patrimônio, riqueza e bens de uma família, ou ainda, à hereditariedade presente nos genes, como fator responsável pela semelhança física entre familiares.
> [...]
> Podemos afirmar que os processos de transmissão, que atravessam gerações familiares, vão além dos aspectos referentes aos bens materiais ou genéticos. Encontramos pesquisas científicas que fazem referência sobre a força da família na sua perpetuação no

que diz respeito, sobretudo, ao reconhecimento das influências que herdamos como fatores que influenciam no nosso comportamento diário. Para alguns estudiosos, não há como negar a importância do passado na construção do presente, pois este faz parte da nossa história. Sabemos, inclusive, que é a partir da família de origem que atribuímos significados aos acontecimentos e construímos outros vínculos afetivos.

[...]

Dessa forma, em todas as famílias existe uma espécie de herança de atribuições e de papéis, que são repassados ao longo das gerações, influenciando o modo de vida do sujeito e, consequentemente, o processo de subjetivação.

As relações desenvolvidas na família são de uma mesma natureza social que as relações típicas da caserna. Não estou afirmando que se tratam das mesmas relações ou que as relações da família sejam idênticas às relações da caserna, mas tão somente que são de uma mesma natureza social. Ambas as categorias de relações, da família e da caserna, incutem sentimentos, percepções, valores e conceitos de uma mesma índole.

No desenvolvimento das relações da caserna, quando as novas experiências surgem para o jovem iniciante integrante de uma família nuclear bem estruturada, as experiências anteriores já vivenciadas no âmbito da família serão resgatadas e atualizadas no novo contexto sempre que tiverem conexão com as novas experiências típicas da caserna.

Assim, jovens provenientes de famílias nucleares bem estruturadas adaptam-se com maior facilidade à vida de cadete do que jovens que não tiveram a experiência de se relacionar desde cedo com o pai, com a mãe e com os irmãos, mais velhos ou mais jovens, em uma situação em que cada um destes familiares interage da maneira condizente com a sua posição na família, isto é, não apenas formalmente, mas agindo efetivamente como pai, mãe ou irmão, mais velho ou mais jovem, em um contexto de relações familiares substanciais.

A integração do jovem com sua família de origem é, dessa forma, uma experiência pessoal que exercerá influência sobre as suas relações futuras dentro dos diversos outros grupos sociais dos quais virá a tomar parte, inclusive na caserna e na constituição da sua nova família nuclear, não mais como filho e irmão, mas como marido e pai.

O Exército é um desses espaços sociais cujas relações familiares dos seus integrantes influenciam grandemente no desenvolvimento das relações institucionais. Isto ocorre pelo fato de que relações militares e familiares têm ambas uma mesma natureza social. Ressalto mais uma vez que não estou afirmando que as relações militares e familiares sejam a mesma e única coisa. Isto é importante ficar claro, pois relações militares não são relações familiares. O que estou afirmando é que ambas têm uma mesma natureza social.

As relações familiares não são relações que se fundamentam em um contrato, como explicavam os contratualistas, a exemplo de Thomas Hobbes no que se referia às relações de poder, ou, conforme se entende hoje na sociedade ocidental, à correspondência que deve existir entre o trabalho realizado e um retorno equivalente para quem o realiza, via de regra pecuniário.

Roger Scruton esclarece que os pais, por exemplo, não cuidam dos filhos na infância esperando em troca que, na velhice, seus filhos venham a cuidar deles. Nem tampouco os filhos, na infância, se submetem à autoridade dos pais por entenderem que, nesta fase da vida, esta submissão irá lhes proporcionar alguma vantagem. As relações familiares não são contratuais, porém existem por uma questão de necessidade para a sobrevivência daquele grupo social que é importante para todos os seus integrantes. Os pais cuidam dos filhos na infância por uma questão de responsabilidade e amor sem que esperem receber qualquer vantagem em troca. Os filhos se submetem a seus pais por um dever de obediência natural que é essencial à sua sobrevivência e ao seu desenvolvimento como seres humanos e à existência da própria instituição familiar.

Carl Friedrich explica que a "complexa relação de lealdade e autoridade e a forma como elas se desenvolvem pode ser compreendida considerando a analogia da família, da relação entre pais e filhos." Analogia esta muito utilizada pelos estudiosos do conceito de autoridade, porém pouco compreendida. No início da vida dos filhos, os pais exercem um poder absoluto sobre as crianças, um poder ilimitado. Com o passar do tempo, quando a criança vai crescendo e se desenvolvendo, os pais vão substituindo o simples comando pela persuasão, procurando responder às perguntas "Por que?" ou "Para que?". Entretanto, haverá ocasiões nas quais essas respostas, por um motivo ou outro, não poderão ser fornecidas, e os filhos terão que se contentar com um "Porque eu mandei!". E prossegue informando que

> A autoridade reside no fato de que a criança ganhará gradualmente um discernimento do significado das ordens e das regras dos pais; torna-se "socializada". Esse processo repete-se na escola e na sociedade mais ampla. Todo esse discernimento vai proporcionando gradualmente – ou deveria proporcionar – a participação da pessoa que se está formando. Ela ajuda, por assim dizer, a formar essas regras e a fazer que também sejam suas. Assim, a disciplina é substituída por autodisciplina. Um processo semelhante pode ser observado em relação com a fundação de organizações.

E entre estas organizações encontra-se o Exército.

Os pais têm a obrigação de cuidar dos seus filhos e a criança tem a necessidade de que isso aconteça, até mesmo exigindo que seus pais assim o procedam, isto é, que exerçam a autoridade de pais sobre elas.

O general, o comandante ou o mais antigo exerce a sua autoridade não porque receberá algum retorno material em troca, mas porque tem responsabilidade sobre seus subordinados e estes, da mesma forma, não se submetem à autoridade de seus superiores hierárquicos porque recebem vantagens financeiras ao assim procederem, mas porque isto é necessário à sobrevivência deles dentro da Instituição e essencial à existência da própria Instituição. No caso do Exército, o seu integrante, o militar, entende que dessa relação depende não somente a sobrevivência dele como indivíduo dentro do grupo social e a existência da própria Instituição, mas a conservação da sociedade como um todo, haja vista o Exército ser percebido pelo seu integrante como responsável pela defesa da sociedade contra qualquer força disruptiva que ameace a sua existência, conforme ensina Roger Scruton.

Bem por isso, observamos que esse tipo de vínculo do militar com a Instituição, longe de ser contratual, ainda segundo Scruton, é um vínculo transcendente de lealdade, isto é, o superior tem o dever de responsabilidade na sua relação com o subordinado e este tem o dever de obediência para com aquele.

A integração do jovem com sua família nuclear de origem é uma experiência pessoal que exercerá influência sobre as suas relações futuras dentro dos diversos outros grupos sociais dos quais virá a tomar parte, inclusive na caserna e na constituição da sua nova família nuclear, não mais como filho e irmão, mas como marido e pai. O Exército é, dessa forma, um desses espaços sociais cujas relações familiares dos seus integrantes irão influenciar o desenvolvimento das relações institucionais, uma vez que relações familiares e militares têm uma mesma natureza, isto é, um polo da relação se caracteriza pelo dever de responsabilidade e o outro pelo dever de obediência, relação que se configura pelo que Roger Scruton chama de vínculo transcendente de lealdade: desce o dever de responsabilidade, sobe o dever de obediência.

Isso explica a observação de Edmundo Campos Coelho com relação ao pagamento do militar, acima citada, segundo a qual os valores vigentes na sociedade brasileira divergem dos valores vigentes no campo militar. Este autor raciocina pelo viés dos valores do bem-estar econômico, partindo do entendimento de que o vínculo que une o membro à sua instituição é de natureza contratual. Com efeito, entende "correto afirmar que em uma sociedade cada vez mais orientada para os valores de bem-estar econômico, tal como o é a sociedade brasileira atual, haverá lugar exíguo para os valores com os quais o Exército se identifica."

Essa dissonância entre as formas de pagamento da sociedade mais ampla e as da Instituição Militar se deve ao fato, portanto, de que lá, o vínculo é contratual, aqui, transcendente de lealdade.

O vínculo que une o oficial de AMAN ao Exército, portanto, não é um vínculo de natureza contratual, porém um vínculo transcendente de lealdade, pois como general, comandante ou simplesmente mais antigo em uma dada situação, este oficial exerce sua autoridade movido pela responsabilidade que tem para com o seu subordinado e, quando na condição de subordinado, o faz pela necessidade de sobrevivência dele dentro do grupo social e da existência da própria Instituição, o que somente pode ser obtido pela obediência, um valor fundamental para instituições cujas relações se realizam por meio desse tipo de vínculo, o transcendente de lealdade. Daí o esforço do militar em trabalhar muito e apresentar resultados de qualidade sem que para isso esteja recebendo qualquer adicional financeiro. Daí também o fato do militar sacrificar voluntariamente a própria vida no cumprimento da sua missão, caso isto se faça necessário.

Somente um vínculo dessa natureza, transcendente de lealdade, seria capaz de fazer com que um homem se entregasse por completo à sua Instituição sem receber um equivalente salarial pela quantidade e pela qualidade do trabalho que realiza, chegando mesmo ao ponto de sacrificar a própria vida em prol do cumprimento da sua missão, se necessário for. Não fosse o vínculo transcendente de lealdade que liga o oficial de AMAN ao Exército, estaríamos diante de mercenários, e não de soldados de um exército regular. Com efeito, prossegue Roger Scruton:

> É a obediência que define a situação da sociedade e que faz desta algo maior do que o "agregado de indivíduos" que a mente liberal percebe. [...] A situação da humanidade exige que os indivíduos, enquanto existem e agem como seres independentes, assim o façam apenas porque podem, primeiramente, considerar-se algo maior: membros de uma sociedade, de um grupo, de uma classe, de um Estado, de uma nação, ou de algum arranjo para o qual eles talvez não designem nenhum nome, mas que reconhecem instintivamente como seu lar. Em termos políticos, esse vínculo da obediência – que, visto das alturas da especulação intelectual como "meu cargo e seus deveres", é vivenciado como uma certeza peculiar na vida cotidiana – tem um valor que transcende o valor da individualidade. Para muitas pessoas, o vínculo da obediência tem autoridade imediata, ao passo que o apelo à individualidade é ignorado.
>
> [...]
>
> Autoridade e responsabilidade surgem da noção de família e a sustentam como algo maior do que o agregado de seus membros, uma entidade da qual os membros participam, de modo que o seu ser e o deles se misturam. As pessoas são engrandecidas, e não diminuídas, por meio de sua participação em arranjos como esses. A mera individualidade, relegada primeiramente à família e em seguida a todo o organismo social, é finalmente substituída pela obediência madura, a única forma de "liberdade" politicamente desejável.

O jovem cadete, ao ingressar na carreira, ainda no início do primeiro ano da sua formação, é submetido a uma investigação sobre a sua família nuclear de origem, à qual, não obstante estar submetido a um regime de internato, ainda permanece integrado. São duas as principais preocupações com relação à sua família: se a família é estruturada ou apresenta desajustes e, neste caso, se esses desajustes poderão afetar o desempenho do cadete no seu curso de formação.

Observamos, assim, que a Instituição vê na família nuclear de origem do cadete um aliado ou um obstáculo para o bom desenvolvimento da formação do oficial. Essa visão que o Exército tem acerca da influência que a família exerce sobre o militar pode ser vislumbrada no fato de ser corriqueira a afirmação de que o cadete já chega à Academia pronto no que diz respeito à sua formação moral, que na verdade já ocorrera no âmbito da sua família nuclear de origem e, no Exército, somente será reforçada.

Os principais valores do cadete: a verdade, a probidade, a lealdade e a responsabilidade, são apenas sistematizados na Academia e serão reforçados no curso, pois acredita-se que eles, e muitos outros, inerentes à condição de Oficial de AMAN, já foram interiorizados no âmbito das suas famílias. As falas e os discursos correntes dos oficiais instrutores, dos comandantes e das autoridades militares revelam a confiança que o Exército deposita na família brasileira no sentido de preparar o jovem para a sua futura carreira, pois são sempre no sentido de reforçar a ideia de que ao ingressar no Exército o jovem tem apenas confirmada e reforçada, em cada circunstância da vida na caserna, os valores incutidos nele pela sua família, desde o seu nascimento.

7. A futura família do cadete

O tema da família militar é muito mais amplo que a família de origem do cadete: seu pai, sua mãe e seus irmãos. Há outras questões que despertam interesse e preocupação da Instituição. A família nuclear a ser constituída pelo futuro oficial é alvo de cuidados.

Desde que ingressa no Exército, o jovem destinado à carreira de Oficial de Academia é orientado por seus comandantes mais próximos, seu comandante de pelotão (um tenente) e de companhia (um capitão), por seus instrutores (tenentes e capitães) e professores (oficiais superiores: majores, tenentes-coronéis e coronéis), da importância da escolha da esposa para a carreira do oficial do Exército. Segundo Silvana de Fátima Lima Molina,

> todos os entrevistados [cadetes da AMAN] falaram sobre a importância da família para o sucesso da carreira militar. A família de origem e a família construída após a formação do oficial funcionam como objeto de apoio e sustentação. A compreensão e a confiança no chefe da família, diante das exigências da carreira, são qualidades, que segundo os cadetes, não podem faltar na família do militar.

Assim, desde muito cedo, fica firmemente estabelecido para o Oficial de Academia, já nos primeiros momentos da sua carreira, quando se encontra no início da sua formação, que a família nuclear do Oficial de AMAN é essencial para o êxito na carreira. Tanto sua família de origem, composta pelo seu pai, sua mãe e seus irmãos, quanto sua futura família, a ser constituída por sua esposa e seus filhos, a sua família de Oficial de Academia e, por isso, a mais importante, ambas, a de origem e a futura, são motivo de grande preocupação na formação do Oficial de AMAN.

Essa futura família nuclear, ainda a ser constituída pelo oficial, é considerada de fundamental importância, pois, se a de origem já está consolidada no tempo e não pode mais ser alvo de ajustes, a futura depende exclusivamente do que vier a fazer o jovem militar nos próximos anos, jovem integrante da geração que está sendo preparado para herdar todo o legado cultural do Exército. E herdar com a missão de conservar, enriquecer sem descaracterizá-lo e transmitir à geração subsequente, da qual seu filho, que ainda não nasceu, poderá vir a ser um integrante. E muito bem vindo, se o for, pois a expectativa é que este chegue moralmente pronto. Ainda Silvana de Fátima Lima Molina, entrevistando cadetes filhos de militares, constatou que

> o grau de ligação emocional entre o cadete e o pai é muito forte e, por isso, há uma repetição de ideais, sem a pretensão de refletir sobre a individualidade. Dessa forma, a perpetuação de valores acontece sem serem indagados os motivos, tornando-se assim um verdadeiro "legado" familiar.
> A aparente passividade implícita na aceitação do filho em repetir a história profissional do pai, pareceu-nos uma condição fundamental e "saudável" para o equilíbrio do grupo familiar e, por isso, algo valorizado enquanto princípio de vida. Repetir implica em manter uma imagem embasada no "sucesso", seja enquanto identidade masculina e/ou identidade militar.
> [...] o pai tem um valor de "pertença e continuidade" pois transmite para o cadete a idéia de prolongamento e de inclusão no grupo familiar, na medida em que esse resolve seguir a mesma carreira profissional.

Os desajustes que porventura existam na família de origem do cadete que possam interferir na carreira do oficial, e com isso interferir no próprio Exército, deverão ser evitados ou sanados na futura família, a definitiva, a que fará parte da sua trajetória de ascensão na carreira.

O Oficial de Academia não é percebido ou qualificado de maneira desvinculada de sua família; antes, ao contrário, ele e sua família formam um conjunto indissolúvel. O militar tem seu desempenho profissional influenciado pela forma como se apresenta e se comporta a sua família.

Assim, não basta o desenvolvimento de uma trajetória profissional brilhante; é de fundamental importância o jeito de ser de sua família: a apresentação da esposa e dos filhos no desempenho das funções que o campo militar espera deles em referência à posição que cada um ocupa dentro da instituição familiar; a integração do marido e do pai com sua esposa e seus filhos e de todos os membros entre si; o desempenho social da instituição familiar e de cada um de seus membros na sua relação com a sociedade mais ampla e com a Instituição Militar.

Tudo isso é percebido de maneira integral na qualificação do oficial e é de importância relevante para o êxito no desenvolvimento da sua carreira, não somente para o exercício de funções de prestígio, como a de comandante, e outras nas quais o oficial ostensivamente venha a representar a Instituição, a exemplo de missões no exterior, o que é fonte de distinção para o militar e para seus familiares na estrutura institucional, mas principalmente para o bom desenvolvimento da carreira, para se cogitar da possibilidade de uma pretensão real de ascensão ao generalato e, uma vez aí, para sua progressão nos postos de oficial-general, com mais ênfase na promoção a general-de-exército (quatro estrelas), quando virá a integrar o Alto-Comando do Exército.

O oficial cogitado para o exercício de qualquer função de prestígio que tenha peso institucional, uma vez que preencha as condições regulamentares, é inserido no universo dos militares aptos a desempenhá-la. São as funções consideradas essenciais para a preservação da identidade e da imagem da Instituição, quer seja por representá-la junto à sociedade mais ampla, quer seja por alçar o oficial a uma posição que o coloca em evidência, servindo de exemplo e modelo a ser seguido pelos demais militares, ou ainda pela possibilidade de tomar decisões estratégicas.

O comandante desse oficial normalmente será consultado acerca das suas características pessoais e da sua aptidão para o desempenho específico daquela função. Essa consulta normalmente consiste no preenchimento de uma ficha com perguntas objetivas sobre ele e sobre sua família, deixando espaço para que o comandante expresse sua opinião sobre o militar e sobre seus familiares. Essa ficha de informações contém perguntas que, mesmo indiretamente, revelam aspectos da relação familiar que dizem respeito à sua esposa: se é discreta, se acompanha o militar nas suas transferências, se tem problemas orçamentários em função da administração financeira da família, se representa bem a família militar, se apresenta algum tipo de problema social, se poderá criar embaraços ou problemas para o marido no desempenho das suas funções, entre outras.

O cadete é orientado desde o primeiro ano da Academia acerca do cuidado que deve ter na escolha da sua futura esposa e como esta escolha será decisiva para a sua carreira. A esposa do oficial deve ter uma boa formação moral, uma razoável educação formal, deve saber se comportar socialmente e com discrição e ter consciência do passo que está dando ao assumir tornar-se esposa de um oficial do Exército, pois não se entende que ela esteja se casando somente com o militar, mas também com a carreira dele. Fernanda Chinelli já havia observado que

> Como a carreira dos maridos é vista como muito absorvente e sacrificante, acaba ocorrendo uma espécie de atrelamento voluntário à trajetória dos maridos e a responsabilidade pela casa e pelos filhos.
>
> Assim é que, além da importância que têm na vida doméstica, as mulheres de militares também desempenham papel relevante no que se refere à trajetória profissional dos maridos, desde o apoio afetivo e o companheirismo até a influência que podem exercer no bom relacionamento de seu parceiro com um superior, o que eventualmente resulta em benefícios (ou prejuízos) concretos para a carreira. Em outras palavras, a pesquisa revelou que as mulheres se percebem em uma posição de igualdade em relação aos maridos, considerando-se personagens ativos e relevantes no desenvolvimento de suas carreiras.

O oficial deve, por conseguinte, antes de qualquer decisão mais séria que possa redundar em casamento, conversar com sua pretendente e esclarecer tudo sobre as exigências da sua carreira, pois afetarão todos os membros da família. Ela deve saber exatamente o que está fazendo ao decidir tornar-se esposa de um oficial do Exército, e é dele a obrigação de informar. Ela deve estar ciente de quais serão suas obrigações como esposa e como mãe, quais as privações a que estará sujeita juntamente com seus filhos em função das exigências da carreira do marido, do papel que terá que desempenhar como esposa de oficial e mãe dos seus filhos, das modestas compensações que poderá esperar, basicamente no campo do capital imaterial na sua realização pessoal como mulher no desempenho dos papeis femininos de esposa, de mãe, de administradora do lar e de esposa de autoridade.

As orientações acerca das qualidades que devem ter uma esposa de oficial e as informações que deverão ser do conhecimento dela antes do casamento são passadas ao cadete em diversas ocasiões, na maioria das vezes com a aparência da informalidade, embutidas nas falas de circunstância dos seus comandantes mais próximos, o tenente comandante de pelotão e o capitão comandante de subunidade (as companhias de uma forma geral, os esquadrões para a Cavalaria e as baterias para a Artilharia).

Esses tenentes são oficiais que há bem pouco tempo estavam na condição de cadetes e cujos passos os cadetes estão seguindo. Por isso, há uma identidade muito forte entre o cadete e esses jovens oficiais, sendo estes suas principais referências, senão as únicas. Esses instrutores, que têm um contato intenso com o cadete, normalmente são casados e têm filhos pequenos. E são muitas as ocasiões nas quais o cadete os vê acompanhados por suas esposas e seus filhos, identificando-se com eles e projetando-se neles.

Essa condição de estabilidade familiar do tenente e do capitão não é determinante na seleção do instrutor de AMAN, mas tem peso no momento da escolha. A função de instrutor é desempenhada por oficiais nomeados, e a nomeação é a designação daquele profissional específico para a ocupação de um determinado cargo. Esse militar não pode ser substituído por um outro qualquer em caso de sua ausência, mesmo que em condições idênticas em termos de antiguidade e capacitação. É uma função de prestígio e de confiança exercida exclusivamente pelo oficial selecionado, convidado e que tenha aceito o convite.

O oficial que tem o seu nome cogitado para o exercício da função de instrutor é submetido a uma investigação no seu desempenho profissional e na sua vida privada e, após esse filtro, é convidado para assumir aquela função. Além da seleção e do convite, é necessário o aceite do oficial proposto. O oficial tem que ser voluntário para "ser" instrutor, pois muito mais se exigirá dele no desempenho desta nobre função e, ao contrário de sentir-se prejudicado por uma carga de trabalho nímia e uma ordem de responsabilidade superna, deve sentir-se honrado com essa sobrecarga sem uma correspondente remuneração financeira.

E o instrutor de Academia, o "frango de ala", deve ser um oficial que já constituiu família, não somente pelo fato de servir de exemplo para o cadete ao apresentar-se socialmente acompanhado pela sua esposa e pelos seus filhos, mas também porque o tenente casado é um oficial que tem um estilo de vida muito diferente do tenente solteiro.

O "frango de ala" solteiro, quando excepcionalmente isso

acontece, desperta a curiosidade do cadete. Esse fato é comentado nos bastidores, nos momentos de informalidade. Cogita-se da vida pessoal do oficial, de como será a sua vida social, quais locais frequenta, como deve ser o seu "desempenho com as garotas" e que tipo de garota sairá com ele. Mas uma coisa é certa, ele não será visto na noite resendense, não frequentará os mesmos locais que possa ter frequentado poucos anos antes, quando na condição de cadete, nem será visto nos ambientes tipicamente frequentados por cadetes. Nada se saberá, na Academia, por parte de seus instruendos, sobre a sua vida privada de solteiro. Assim, a situação de um "frango de ala" solteiro não é muito confortável, nem para ele, nem para a Academia. Por tudo isto, ao se cogitar da escolha de um oficial para ser instrutor na AMAN, o fato de ser casado ou solteiro não será determinante, mas terá um peso considerável no momento da escolha.

O tenente, vencida a fase de tenente solteiro na sua primeira Organização Militar, sua Unidade na qual foi aspirante, ao casar-se, visivelmente muda o estilo da sua vida, tornando-se um chefe de família. Tem, assim, uma família por atrás de si, com todas as responsabilidades que disto resultam, passando a ser percebido como um oficial maduro, equilibrado, experiente. Ao casar-se, muda de *status* dentro do campo militar. Muitas missões devem ser prioritariamente destinadas a oficiais casados. E, de fato, a experiência do campo tem demonstrado que, normalmente, suas atitudes e seus comportamentos passam a corresponder, após o casamento, a uma nova forma de ser, pensar e agir, de maneira que a imagem do oficial casado corresponde, na realidade, à sua identidade de oficial moderado nos seus posicionamentos e prudente nas suas ações.

A relação do oficial com sua família interessa ao Exército a ponto de algumas falhas neste âmbito privado se constituírem em transgressões à disciplina passíveis de punições militares. Isto é o que prevê o Regulamento Disciplinar do Exército (RDE) no seu Anexo I, Anexo no qual consta a relação de todas as possíveis violações das normas militares na esfera administrativa.

ANEXO I
RELAÇÃO DE TRANSGRESSÕES

3. Concorrer para a discórdia ou a desarmonia ou cultivar inimizade entre militares ou seus familiares;
36. Não atender à obrigação de dar assistência à sua família ou dependente legalmente constituídos, de que trata o Estatuto dos Militares; (PRESIDÊNCIA DA REPÚBLICA, Decreto nº4.346, 2002).

Os oficias instrutores chamados de "frangos de ala" são os tenentes comandantes de pelotão e os capitães comandantes de subunidade que, na AMAN, enquadram os cadetes. São os superiores imediatos, os oficiais mais próximos dos cadetes e a quem, por estarem diretamente subordinados, eles se dirigem para a solução de qualquer problema, inclusive os mais prosaicos da rotina da vida acadêmica. Estão presentes dia e noite na vida do interno, sendo os responsáveis tanto pelas instruções voltadas para a atividade de combate, as mais importantes na formação do profissional das armas, quanto por tudo o mais que se refira à vida moral, administrativa, disciplinar, familiar e pessoal do futuro oficial.

Os locais de trabalho dos "frangos de ala", seus Postos de Comando (PC), conforme se fala na caserna, são localizados nas próprias alas das subunidades. E as alas são os espaços onde os cadetes vivem, onde estão localizados os apartamentos, os armários, as camas, as salas de estudo, os banheiros, o grêmio, os objetos pessoais, as roupas civis, enfim, são os únicos locais dentro da Academia nos quais os cadetes têm seus momentos de descontração, passam suas horas de descanso, de estudo e de preparo para as jornadas seguintes.

8. A "casa" do cadete na AMAN

A ala é a casa do cadete na Academia, o lugar onde ele tira a farda e põe o calção, a camiseta, o chinelo e o pijama, anda descalço e sem camisa, tem acesso aos seus pertences pessoais, assiste televisão, faz a sua higiene pessoal, passa as suas fardas, engraxa os seus sapatos e coturnos, limpa os metais das suas insígnias, se diverte, lê, e, na sua leitura, sai da Academia e viaja o mundo, acessa a internet e fala com a namorada, com a mãe, com o pai e com o irmão; é onde o cadete, dentro da Academia, pelos livros, pela web e pelos sonhos, tem contato com o mundo lá de fora.

É na ala que o cadete sonha com a formatura, com a despedida da AMAN, com os mistérios da vida de oficial e com as aventuras que ainda vai viver. É na ala que ele descansa, dorme, fala o que quer na hora que bem entente do jeito que lhe apetece; sente-se à vontade, na sua casa, em um ambiente íntimo no qual não é cadete, mas amigo, companheiro e igual. É na ala que o cadete se encontra entre pares, entre cadetes iguais a ele em idênticas condições, companheiros para toda a sua vida que ainda está no início, que ele acha que ainda não começou, mas que quando começar, não vai mais acabar, pois é lá, na ala, que ele acha que ela, a sua vida, não vai ter fim, porque a crê eterna.

É na ala que ele está com os seus amigos, companheiros da juventude que vencem com ele as mesmas dificuldades, sofrem os mesmos sofrimentos, se alegram nas mesmas alegrias, sonham os mesmos sonhos e temem juntos os mesmos temores. São com os companheiros da sua turma que ele desfruta a ala, é com eles que ele sai da ala tanto para as suas diversões da mocidade quanto para as árduas atividades militares, e é com eles que ele chega à ala, vindo delas.

Sempre que sair da Academia ou chegar a ela, por qualquer que seja o motivo, seja para uma atividade lúdica, como uma viagem para casa em um licenciamento ou uma saída à Resende para espairecer, seja para uma árdua atividade militar, como um exercício no campo do tipo de uma SIEsp[3], a ala será, para o cadete, o seu ponto de partida e o seu ponto de chegada.

---

[3] SIEsp significa Seção de Instrução Especializada. É a seção da AMAN responsável por quatro estágios operacionais que visam iniciar o cadete nas operações de montanha, selva, patrulhas de longo alcance e contra forças irregulares. São exercícios no campo realizados um em cada ano do curso de formação do oficial com duração de uma semana em que muito é exigido do cadete em termos intelectuais, físicos e psicológicos, e que marcam profundamente a formação profissional e moral do oficial.

No primeiro caso, o de uma atividade lúdica, sairá aliviado e retornará preocupado. Seu afastamento da ala lhe instiga um sentimento de leveza no ser; sua aproximação, de peso na alma. No segundo caso, o de um exercício no terreno, seu afastamento da ala é o peso na alma; sua aproximação, a entrada no paraíso. São paradoxais os sentimentos que a ala provoca no cadete. A ala é o *locus* de todos os sentimentos. Nela se misturam o relaxamento e a tensão, o trabalho e a diversão, a organização e a confusão, o caos e a harmonia, a segurança e a incerteza, a solidão e a comunhão, a amizade e a inimizade, a indiferença e a emoção, a partida e a chegada, enfim, é o universo da paz e da guerra, o cadinho do amor e do ódio, e de todos os intermédios possíveis, e suas combinações, entre estes extremos mais perceptíveis.

É na ala que o cadete está só com a sua turma, seus companheiros que começaram juntos, que caminham juntos e que vão continuar caminhando juntos uma caminhada que na cabeça dele, cadete, não tem fim, pois, naquele momento, parece tão grande que chega a ser eterna. É na ala que o cadete deixa de ser cadete e vira pessoa novamente, pessoa de carne e osso, que tem intimidade e pessoalidade. É na ala que essa pessoa, que fora dela não é pessoa, mas cadete, se acha na segurança de uma família e no aconchego da sua casa.

Roberto DaMatta emprega os termos *casa* e *rua* como categorias sociológicas e não unicamente como espaços geográficos. São "entidades morais, esferas de ação social, províncias éticas dotadas de positividade, domínios culturais institucionalizados e, por causa disso, capazes de despertar emoções, reações, leis, orações, músicas e imagens esteticamente emolduradas e inspiradas."

> Em todo caso, se a casa distingue esse espaço de calma, repouso, recuperação e hospitalidade, enfim, de tudo aquilo que define a nossa ideia de "amor", "carinho" e "calor humano", a rua é um espaço definido precisamente ao inverso. Terra que pertence ao "governo" ou ao "povo" e que está sempre repleta de fluidez e movimento. A rua é um local perigoso.
> [...]
> Tudo isso revela gritantemente como o espaço público é perigoso e como tudo o que representa é, em princípio, negativo porque tem

um ponto de vista autoritário, impositivo, falho, fundado no descaso e na linguagem da lei que, igualando, subordina e explora.

DaMatta explica que a *casa* tem como figura central a *pessoa* e não o indivíduo, pois a *pessoa* tem uma identidade própria que a caracteriza pelas relações pessoais que desenvolve. Essas relações a colocam em uma posição social que só pode ser ocupada por ela própria, ocorrendo uma hierarquização entre as *pessoas* pela humanização e personalização das situações formais.

Prossegue informando que a *rua*, ao contrário da casa, tem por figura central não a pessoa, mas o *indivíduo*. Para o indivíduo as relações pessoais deixam de ter importância. Desaparece, assim, a hierarquia social fundada na pessoalidade e prevalece a igualdade perante a lei, a norma, o regulamento. Indivíduos são tratados de forma igualitária dentro de suas categorias e nivelados segundo a vontade da lei. Com o desaparecimento da identidade personalizada, desaparecem as relações pessoais e com elas o privilégio.

Explica assim que, "Por tudo isso, não se pode misturar o espaço da rua com o da casa sem criar alguma forma de grave confusão ou até mesmo conflito.", uma vez que o "traço distintivo do domínio da casa parece ser o maior controle das relações sociais, o que certamente implica maior intimidade e menor distância social." E prossegue:

> Mas a rua implica uma certa falta de controle e um afastamento. É o local do "castigo", da luta e do trabalho. Numa palavra, a rua é o local daquilo que os brasileiros chamam de "dura realidade da vida". A rua como categoria genérica em oposição a casa, é o local público, controlada pelo "Governo" ou pelo "destino", essas forças impessoais sobre as quais o nosso controle é mínimo.

A Academia é a rua; a ala, a casa do cadete dentro da Academia, o lugar para o qual um dia, muitos anos mais tarde, ele vai voltar para fazer uma visita, mesmo prometendo agora que isso ele nunca vai fazer. Mas vai, é certo, todos fazem. E aí, ele vai olhar, tanto tempo depois, para a sua cama, para o seu armário, para a sua mesa e para a sua cadeira, e vai achar tudo no lugar, igualzinho ele deixou no dia do seu aspirantado, quando estava com todos os seus companheiros de turma, que ele nunca mais vai ver reunidos como naquele tempo em que isto era tão comum, tempo que se encerrou naquele dia do aspirantado, o dia do coroamento dos quatro anos de AMAN. Vai olhar para aqueles cantos tão conhecidos e tão carregados de lembranças, hoje ocupados por jovens cadetes que ali, naquela ala, são pessoas como ele foi um dia, que usam as mesmas fardas, os mesmos objetos e ocupam os mesmos lugares que ele usou e ocupou um dia juntamente com os seus companheiros de turma. E ele vai ver que aqueles que hoje estão ocupando a sua ala estão fazendo tudo igualzinho ele fez um dia, e, ao olhar para eles, ele vai ter consciência de que, um dia, daqui há muito tempo, eles vão voltar ali exatamente como ele está voltando agora, e eles, aqueles jovens que estão ali, admirados, olhando para ele com muito respeito, naquele dia, em um futuro ainda distante, cada um deles, vai sentir tudo aquilo que ele está sentindo agora. Ele vai até lembrar de uns coronéis velhos que, há muitos anos, quando ele ainda era um daqueles jovens cadetes, fizeram o mesmo que ele está fazendo agora, que voltaram e fizeram tudo o que ele está fazendo agora, igualzinho, só que naquele tempo ele não tinha entendido muito bem o que aquilo significava e o que exatamente aqueles velhos coronéis estavam fazendo e sentido quando olhavam do mesmo jeito que ele está olhando agora e falavam as mesmas palavras que ele está falando agora. E nessa hora ele vai lembrar das suas histórias e de cada companheiro de turma que viveu aquelas histórias com ele naquele mesmo local. Vai lembrar, com saudade, dos seus amigos, dos seus momentos, dos quatro anos de AMAN, da sua mocidade, dos seus sonhos da juventude e da sua trajetória na vida. Vai, ele vai lembrar de tudo. Vai tirar uma foto e vai mandar para o *whatzap* da turma, e vai mandar junto aquela foto velha tirada naqueles mesmos lugares, com todos os seus companheiros em volta, todos jovens e muito diferentes do que são hoje, e todo mundo vai dizer que nada mudou, que tudo está exatamente no mesmo lugar e do mesmo jeito que todos eles deixaram naquele dia perdido de tão distante no tempo, o dia da formatura, do aspirantado, aquele dia de festa quando eles disseram uns para os outros exultantes de alegria: "hoje passamos para o outro lado do muro". Dia durante o qual nenhum deles poderia imaginar que aquele lado do muro que ficou para trás, onde eles nunca mais poderão voltar nem para fazer uma visitinha, iria arquivar tantas lembranças boas, iria deixar uma saudade tão grande, uma saudade tão gostosa de ser lembrada. E todos irão dizer que nada mudou, que tudo continua exatamente como foi deixado por eles algumas décadas atrás. Até aqueles garotos que estão lá agora ocupando os lugares que eram deles e usando as coisas que foram deles são iguaizinhos a eles mesmos algumas décadas antes. Nada mudou, só eles mudaram. E eles vão sentir no fundo do coração aquilo que um velho general de Cavalaria disse no dia 11 de março de 2009, no Salão Nobre do Palácio Duque de Caxias, dia em que se despediu do serviço ativo do Exército Brasileiro após 47 anos de carreira militar, mesmo que não tenham a consciência dessa realidade nem a perspicácia que teve aquele velho chefe militar ao formular a síntese da trajetória de um velho soldado de carreira: "Não sou eu que pertenço ao passado. O passado é que me pertence." Precisas as palavras do general-de-exército Luiz Cesário da Silveira Filho, meu primeiro comandante nos tempos do 1º Regimento de Carros de Combate, na Avenida Brasil, em frente ao Hospital Geral de Bonsucesso, a unidade dos meus tempos de aspirante de Cavalaria.

A ala é para o cadete o seu canto pessoal em um mundo de impessoalidades. E o tenente comandante de pelotão e o capitão comandante de subunidade são os únicos oficiais constantemente vistos nestes locais do cadete, inspecionando-os, fiscalizando-os, vigiando-os, orientando-os e, com isso, lembrando, com suas presenças constantes e inquietantes, que não existem locais nos quais o militar deixa de ser militar. Interiorizam, assim, no cadete, o sentimento de que nem mesmo na intimidade do lar um oficial do Exército deixa de ser um oficial do Exército. Os únicos oficiais que vivem "ciscando" no terreiro do cadete são os "frangos de ala", o tenente e o capitão instrutores da AMAN. E é importante registrar que aquele velho coronel que voltou para ver a sua ala tanto tempo depois lembrou até dos "frangos de ala" do seu tempo, dos seus "frangos de ala", dos seus instrutores, e pensou naquele momento, em que visitava a sua ala tantos anos depois, no quanto os seus instrutores ensinaram para ele, somaram na vida dele e contribuíram para que ele fosse hoje o homem que ele é. E pensou ainda no quão importantes eles foram para o desenvolvimento da sua trajetória de vida. Naquele momento, aquele velho coronel teve a clara consciência do quanto ele respeita e admira os seus instrutores de AMAN, e de um jeito que ele jamais imaginaria naquele tempo em que aquela ala era mesmo dele e dos seus companheiros de turma.

9. O tenente solteiro e o oficial casado

O cadete, ao ser declarado aspirante-a-oficial, normalmente apresenta-se solteiro na sua primeira Organização Militar. Há bem pouco tempo era mesmo expressamente proibido o casamento de cadetes e de aspirantes-a-oficial. Entretanto, com um veto da presidente da República à Lei nº 12.705, de 08 de agosto de 2012, que regula o ingresso nos cursos de formação de militares de carreira do Exército, a partir do advento desta lei, o cadete pôde contrair matrimônio. Mas ainda assim, a maioria se mantém na condição de solteiro, não somente pelo fato de que as características de um curso de formação de oficial do Exército em regime de internato não favorecem o desenvolvimento do relacionamento familiar com esposa e filhos, mas também porque o jovem é induzido a crer que a melhor fase para contrair matrimônio e estabelecer a sua família é a de primeiro-tenente. Nem antes nem depois.

É recorrente a frase no Exército, no âmbito da oficialidade de AMAN, informalmente repetida em tom de brincadeira desde a fase de cadete, que "oficial que chega à EsAO solteiro é viado". A EsAO é a Escola de Aperfeiçoamento de Oficiais, escola na qual o oficial realiza seu Curso de Aperfeiçoamento enquadrado dentro da sua turma de Academia. Curso obrigatório da carreira, pré-requisito para promoção a major, é realizado no segundo ano de capitão. Assim, informalmente e em tom de gracejo, é assente no círculo dos Oficiais de AMAN não ser conveniente que o oficial se mantenha solteiro após o primeiro ano de capitão, ideia que vai sendo sinalizada desde os tempos de cadete e reforçada ao longo da carreira. Essa frase é comumente ouvida em tom de galhofa por companheiros e superiores na presença de oficiais que chegam à EsAO solteiros e permanecem nesta condição mesmo após a realização desse curso, sempre arrancando sorrisos constrangidos dos "suspeitos".

Por outro lado, o aspirante, o segundo-tenente e até o primeiro-tenente solteiros são socialmente muito bem vistos. Essa condição, nessa fase da carreira, se observadas as atitudes e as condutas sociais que se esperam de um tenente de Academia, denotam virilidade e aptidão para o comando. Quando o aspirante, oriundo da AMAN, se apresenta na sua primeira Organização Militar, na sua recém-adquirida condição e com o *status* de oficial, é muito bem recebido pelos tenentes mais antigos, alguns, companheiros de Academia, que se formaram um, dois ou três anos antes, mas que já são velhos conhecidos de "ala", uma vez que esse grupo é sempre composto por tenentes de uma mesma Arma (Infantaria, Cavalaria, Artilharia, Engenharia e Comunicações), de acordo com a natureza de cada Organização Militar.

Mas o tenente solteiro, para ser socialmente bem visto e ser percebido como um homem viril e dotado de aptidão para o comando, deve observar as atitudes e as condutas sociais que o campo militar espera dele nessa fase da vida e da carreira. Os tenentes solteiros se reúnem com frequência para sair, para beber, para festejar, para flertar, para conhecer e para se relacionar com as garotas. Tenentes que não fazem isso, a não ser que por motivos muito claros que o justifiquem, como, por exemplo, um relacionamento sério com a namorada ou noiva ou um credo religioso que exija pureza ou discrição, são olhados com desconfiança e incentivados a ajustar suas posturas, não somente pelos companheiros, mas também pelos superiores. Não é incomum um capitão que recebe um "aspira" na sua subunidade, o superior responsável, dessa maneira, pela iniciação do jovem oficial à sua nova vida, sondar os tenentes mais antigos sobre a conduta social do seu "aspira", para saber se "está tudo certo" com ele. Da mesma forma, o tenente-coronel comandante da Organização Militar tem uma preocupação muito grande com os aspirantes que recebe, os quais serão sempre lembrados por ele como os "meus aspiras".

Um aspirante que se enquadre nesse perfil de tenente solteiro demonstra que está bem encaminhado na carreira. Mas esse período é curto. Em até quatro ou cinco anos o tenente deverá demonstrar o seu amadurecimento como Oficial de AMAN por meio do estabelecimento de um relacionamento duradouro com uma namorada séria que apresente uma conduta social aceitável e uma condição moral condizente com a de esposa de oficial. Ela começará a frequentar as atividades sociais de oficiais e paulatinamente estará sendo integrada ao campo, sendo conhecida por ele e conhecendo-o. Em seguida, o tenente deverá casar-se, solicitar sua entrada na fila do PNR (próprio-nacional-residencial, casas das vilas militares) e gerar filhos, estabelecendo a sua família.

Denis de Miranda esclarece acerca do exercício de uma constante "vigilância" sobre o Oficial de AMAN por parte de seus superiores hierárquicos mesmo nos locais e nas situações afetas à sua vida privada, e também sobre sua esposa e seus filhos. Observa que

> É comum essa vigilância se estender aos familiares dos militares que passam a ter restrições até mesmo na forma de se vestir ou de se comportar em eventos sociais da localidade, mesmo os que não são organizados por militares. [...] mesmo sem estar fardado, a aparência do militar deve diferenciá-lo dos civis em qualquer momento. [...] Em alguns eventos a presença dos subordinados é obrigatória e a dos familiares é "recomendada" em grau quase que de exigência, sendo comum o registro das faltas refletir-se em uma conceituação negativa para os militares. Existe um item na conceituação anual dos militares que é denominado "conduta civil". Qualquer fato que se refira à vida do militar fora do quartel pode refletir-se nessa conceituação. Até dívidas financeiras ou multas de trânsito de um militar podem dar motivo para uma avaliação negativa nesse critério do conceito.

A família muda substancialmente o jeito de ser do oficial, seu *status* social é alterado, passando a ser percebido de uma forma diferenciada. Transforma-se, no imaginário do grupo, em um profissional emocionalmente estabilizado e comedido no seu modo de ser e de agir. Um oficial socialmente ajustado e apto, juntamente com a sua família, a representar bem a Instituição, orientar e servir de exemplo para os oficiais mais modernos, que vêm chegando após ele, e a desempenhar funções mais complexas, que exijam experiência, moderação e uma maior confiança da parte dos seus superiores e do seu comandante. Abrem-se, a partir daí, as possibilidades de proposta para as funções nobres da carreira: instrutor em alguma escola militar, inclusive a mais importante para o tenente e para o capitão: a de instrutor da AMAN, missões no exterior ou, ainda, a realização de cursos de especialização ou extensão próprios do ciclo da carreira no qual se encontra naquele momento.

Capítulo 2: A família na "escolha da Arma" e no desenvolvimento da carreira

1. A "escolha da Arma"

A Academia Militar das Agulhas Negras (AMAN) forma o oficial da Linha de Ensino Militar Bélico, o combatente, o profissional apto ao emprego da força física e a atuar em conflitos armados, aquele que executa a atividade fim de um exército: as operações militares; em última instância, forma o especialista na arte da guerra.

O Exército Brasileiro possui sete áreas especializadas no combate que, atuando em conjunto, realizam diretamente as operações militares e, por meio destas, em uma circunstância limite, levam avante o empreendimento da guerra. A carreira do Oficial de AMAN necessariamente tem que abarcar essas sete áreas e a Academia Militar das Agulhas Negras (AMAN), como única escola de formação do oficial combatente de carreira, forma o especialista em cada uma dessas áreas necessárias à realização da atividade fim de um exército: as operações militares e a guerra.

Essas sete áreas que executam diretamente a atividade fim da Instituição consistem em cinco Armas, um Quadro e um Serviço, constituindo-se estes dois últimos na área de Logística das operações militares. As Armas são a Infantaria, a Cavalaria, a Artilharia, a Engenharia e as Comunicações, e a Logística Militar compreende o Serviço de Intendência e o Quadro de Material Bélico.

O termo "Armas", entretanto, quando empregado na rotina da vida na caserna, engloba estas sete áreas. Em situações mais formais se fala "as Armas, o Quadro e o Serviço", porém, na linguagem coloquial usa-se a expressão "Armas" com sentido abrangente, que engloba as cinco Armas, o Quadro e o Serviço.

Atualmente, o primeiro ano do curso de formação do oficial combatente é realizado na Escola Preparatória de Cadetes do Exército (EsPCEx), em Campinas-SP. O segundo ano de formação corresponde ao primeiro ano da Academia Militar das Agulhas Negras (AMAN), localizada em Resende-RJ, quando os cadetes realizam o Curso Básico. A primeira atividade do segundo ano da AMAN, no atual currículo terceiro de formação, é a cerimônia de "escolha da Arma", evento significativo no qual todos os cadetes egressos do Curso Básico são reunidos no Teatro General Leônidas (TGL) e posicionados do "zero-um" ao "e"[4], isto é, do primeiro ao último na ordem de classificação de acordo com a média dos graus obtidos nas provas das disciplinas do primeiro ano da formação, realizado na EsPCEx, e do Curso Básico, primeiro da AMAN e segundo de formação.

O número de vagas destinado a cada Arma dentro de uma turma é previamente estabelecido em função das necessidades do Exército, sendo que o somatório das vagas de todas as Armas corresponde exatamente ao número de cadetes da turma que escolhe a Arma naquele ano. Nesta escolha, os cadetes melhor classificados têm precedência sobre os pior classificados.

Assim, cada Arma possui um número de vagas preciso e o somatório das vagas de cada Arma corresponde exatamente ao número total de cadetes daquela turma que fará a escolha naquele ano. Isso significa dizer que os cadetes mais bem classificados terão a liberdade de escolher a sua Arma de preferência, os mais mal classificados irão, à medida em que as vagas de cada Arma forem sendo preenchidas, perdendo as opções pelas Armas já fechadas, sendo certo que os últimos cadetes da turma, no

---

[4] No jargão da caserna, "zero-um" é o primeiro da turma e "e" o último, pelo fato de que, em qualquer relação, todos os nomes dos integrantes de uma turma, sempre dispostos em ordem decrescente de classificação, são separados por vírgula, à exceção do último, separado pela conjunção coordenada aditiva "e".

momento em que a sexta Arma fechar, restando apenas uma ainda aberta, não terão opção nenhuma de escolha, sendo compulsados para esta última Arma ainda com vagas a preencher.

A classificação na Academia é determinante para o desenvolvimento de toda a carreira do oficial. Com efeito, Débora Duran já esclareceu que

> a classificação dos alunos depende da nota final, e esta, por sua vez, impõe a ordem de escolha para as transferências ao término da graduação em Ciências Militares realizada na AMAN. Apesar dos esforços envidados pela instituição no intuito de valorizar o desempenho profissional ao longo da carreira, a classificação ainda impera em certos processos de transferência, promoção e escolha para missões no exterior. A *aristocracia do grau* revela-se, inclusive, no processo de socialização entre os próprios militares.

O cadete, ainda bem no início da sua formação, por experiência própria, tem um primeiro contato com a influência da classificação sobre os rumos da sua carreira e da sua vida. A importância da classificação na AMAN se evidencia de maneira marcante pela primeira vez na vida do jovem militar quando ele vai escolher a Arma, pois, em função da sua classificação, poderá escolher a Arma do seu gosto ou do seu interesse, com a qual se identifica, ou ser escolhido pelo sistema para uma Arma na qual não se sinta confortável. Vive, neste momento, de forma definitiva, a realização de um sonho ou a frustação de um projeto.

Essa cerimônia, chamada de "escolha da Arma", é um dia de festa na Academia. Oficiais de todos os setores da AMAN, e mesmo de outras Organizações Militares, se reúnem no Teatro General Leônidas (TGL) para assistirem a este evento. Cadetes do terceiro e quarto anos, já integrados às suas Armas, também se dirigem ao local para acompanhar o desenvolvimento deste "rito de passagem". Rito de passagem que consuma o Curso Básico e abre a carreira do militar para a sua especialidade. Especialidade criadora de uma realidade inescapável ao oficial durante toda a sua vida, mesmo na reserva ou reformado.

O aluno da Escola Preparatória de Cadetes do Exército (EsPCEx) e o cadete do primeiro ano da Academia Militar das

Agulhas Negras (AMAN) vão sendo, permanentemente, desde o seu ingresso, preparados para a "escolha da Arma". São realizadas apresentações e visitas a Organizações Militares das diversas Armas. Diuturnamente os cadetes mais antigos e os oficiais instrutores de cada uma delas vão apresentando as peculiaridades, o material típico, a natureza das missões e das atividades de rotina, o perfil dos integrantes, os locais para servir, o emprego e o papel que a Arma desempenha no contexto das operações militares e na guerra. Enfim, é apresentado ao noviço tudo o que se refere às características de cada uma destas grandes áreas do combate que se abrem diante do cadete e que, no momento mesmo da sua entrada, se fecharão definitivamente, sem a possibilidade de retorno. Em tudo isso, há uma ênfase para o "espírito" da Arma e o tipo de personalidade dos seus integrantes. E, desde o princípio, a pergunta mais comum feita pelos militares mais antigos ao jovem ainda sem Arma é: "Você é piru de qual Arma?"

No primeiro ano da AMAN são realizadas baterias de testes psicológicos em todos os integrantes do Curso Básico que, um a um, são chamados à Seção Psicopedagógica para conversas que têm por objetivo orientar o cadete no seu processo de decisão que redundará na escolha da sua Arma. Essa orientação se volta para a elaboração de uma ordem de prioridades na qual o "espírito" da Arma seja adequado à personalidade do militar.

Fala-se todo o tempo na importância da classificação para a carreira do Oficial de AMAN. Débora Duran chama a atenção para esta especificidade da carreira do oficial combatente: "Nos demais cursos que envolvem classificação, a avaliação define a vida do militar e a de sua família e, por esse motivo, há grande preocupação com a objetividade dos instrumentos de avaliação."

Ressalto, *in casu*, a necessidade imediata do estudo e do sucesso nas provas das disciplinas acadêmicas para a escolha que irá definir a vida do cadete nos próximos três anos da sua formação e, depois da sua formatura, no prolongamento da sua vida na condição de oficial. A expectativa é grande e a ansiedade vai aumentando à medida em que o dia da escolha se aproxima, principalmente para aqueles que, pela sua classificação, não têm a certeza da vaga na Arma da sua preferência.

Nesse dia, o da "escolha da Arma", dia que está entre os três mais importantes de toda a trajetória acadêmica do cadete juntamente com o dia do espadim e o da espada, diante de uma assistência composta de oficiais e cadetes mais antigos, os cadetes do segundo ano são reunidos no Teatro General Leônidas (TGL), em coluna por um e em ordem rigorosa de classificação, do primeiro, o "zero-um", ao último, o "e", segundo o grau obtido nos dois anos precedentes, o primeiro na EsPCEx e o segundo no Curso Básico da AMAN.

Os cadetes do segundo ano ocupam, dentro desta ordem, as cadeiras do TGL. Todos ouvem o nome do "zero-um" sendo chamado através do som do auditório, momento no qual tem início a cerimônia de "escolha da Arma". O "zero-um" se levanta da sua poltrona, sobe o proscênio, no qual se encontram sete mesas, cada qual com a bandeira de uma Arma na sequência da antiguidade das Armas, atrás da qual se posiciona o futuro comandante de pelotão daqueles que em breve receberão nas golas dos seus uniformes o símbolo da sua Arma. Um a um, são chamados todos os cadetes daquela turma, na sequência de classificação de cada um segundo a média dos graus obtidos nos dois primeiros anos de formação.

Cada Arma na sua mesa, com sua bandeira e seu oficial representante, na sequência, da esquerda para a direita do cadete que se aproxima, da antiguidade das Armas, do Quadro e do Serviço: Infantaria, Cavalaria, Artilharia, Engenharia, Intendência, Comunicações e Material Bélico, de forma que cada Arma, Quadro ou Serviço mais moderno ceda a sua direita ao imediatamente mais antigo.

Preenchidas as vagas de uma determinada Arma, remove-se a bandeira, retira-se o oficial, permanece somente a mesa, estéril e sem vida. Após o "zero-um", um a um dos cadetes vão sendo chamados, as vagas vão sendo preenchidas, as Armas vão sendo fechadas e o "e" da turma, e os que porventura ainda estejam com ele após o fechamento da sexta Arma, aguarda ansiosamente para tomar conhecimento daquela que o escolheu, com sua bandeira de pé e seu comandante de pelotão, solitários, prontos para recebê-lo. Dia de júbilo para muitos, de pesar para alguns, e para uns poucos, de desespero.

2. A Arma

A Arma é, juntamente com a turma de formação do oficial, a maior referência do militar dentro do Exército. Arma e turma de formação, conforme já tratei em outro livro (O carisma do Comandante), se constituem nos componentes básicos da identidade do oficial. A Arma é muito mais do que uma especialidade, é um jeito de ser, uma forma de sentir e perceber o mundo, uma maneira muito particular de se posicionar diante dos aspectos da realidade, de se expressar nas diversas situações dentro e fora do quartel, de reagir diante das circunstâncias da carreira, do comando e da vida. A Arma define a forma segundo a qual a realidade é interpretada, as decisões são tomadas e os problemas solucionados.

A Arma é uma rede de relações. Ela define, a partir da sua escolha, os vínculos pessoais do oficial, vínculos estes que serão mantidos por toda a sua vida a partir daquele dia, o dia da "escolha". Ao entrar para a Arma, o oficial se afasta de muitos companheiros, até ali seus melhores e mais íntimos amigos, e forma novas amizades, que não serão mais interrompidas, mas seguirão por toda a sua vida.

Essa rede de relações pessoais é espontaneamente formada em função de dois aspectos da nova realidade que a Arma estabelece na vida do militar.

O primeiro aspecto diz respeito à proximidade física proporcionada pelo convívio diário. Os cadetes de uma mesma Arma estão sempre juntos nos mesmos espaços físicos: nas alas das subunidades, nos apartamentos, nas mesas dos refeitórios, nas salas de estudo, nas salas de aula, nos parques dos cursos, no campo, nas saídas lúdicas da mocidade e, depois de concluído o curso de formação na AMAN, como oficiais de uma mesma Arma, prosseguirão juntos pelas mesmas Organizações Militares (OM) do Exército Brasileiro espalhadas Brasil afora, caminhando lado a lado na carreira e na vida.

O segundo aspecto da realidade inerente à vida na Arma deflui do primeiro, consequente que é da trajetória profissional e da história de vida comuns. Este aspecto consiste na identidade da

Arma e na coesão do meio, haja vista que os cadetes passam a realizar em conjunto as atividades peculiares à sua Arma, que são substancialmente distintas das demais. Vivem, assim, as mesmas experiências, continuamente interagindo entre si em todas as circunstâncias. Veem-se sempre juntos diante dos mesmos problemas; desenvolvem as mesmas conversas em torno dos mesmos assuntos; evidenciam-se para eles os mesmos aspectos da realidade e são também os mesmos aspectos da realidade, tão evidentes para outros grupos, que passam despercebidos a todos os integrantes de uma mesma Arma.

Os mesmos *habitus* experienciados e interiorizados entre companheiros de uma mesma Arma têm o condão de criar uma atmosfera social única, habilitando uma forma peculiar de ver o mundo, de sentir e perceber as coisas que estão no mundo e as coisas que acontecem no mundo. Vemos, assim, a prevalência de um *ethos* que une os integrantes de uma mesma Arma por laços mais consistentes que os laços que os unem, muitas vezes, a conhecidos pessoalmente mais próximos e mais íntimos, porém que não comungam desse *ethos* próprio de cada Arma.

Ocorre na Arma um fenômeno próximo ao que Mannheim já havia explicado:

> a derivação de nossos significados, quer sejam falsos ou verdadeiros, desempenha um papel indispensável, que é o de socializar os acontecimentos para um grupo. Pertencemos a um grupo não apenas porque nêle nascemos, não porque professamos a êle pertencer, nem finalmente porque a êle prestamos nossa lealdade e obediência, mas principalmente, porque vemos o mundo e certas coisas no mundo do mesmo modo que o grupo os vê (isto é, em têrmos dos significados do grupo em questão). Em cada conceito, em cada significado concreto, está contida uma cristalização das experiências de um certo grupo.

Companheiros de uma mesma Arma, mesmo que de turmas diferentes, mesmo ainda que sequer se conheçam pessoalmente, partilham valores essenciais que estruturam a personalidade de cada um em um mesmo sentido, sentido este orientado para uma mesma visão de mundo. Esta ligação, portanto, não se limita apenas aos anos de convívio dentro da Arma na Academia, mas prosseguem pelas Organizações Militares (OM) Exército afora e por toda a vida profissional e pessoal. Até a Academia passa, vira lembrança, a Arma jamais, sempre estará efetivamente presente na vida daquele que, no dia da "escolha da Arma", lá na Academia, no Teatro General Leônidas (TGL), voluntariamente, ou não, adentrou um dos sete portais que se interpunham no seu caminho, passagem inescapável de uma viagem sem volta.

A Arma é tão forte na vida de um oficial que, com o passar do tempo, ele terá maior identidade com companheiros de Arma de outras turmas do que com companheiros de turma de outras Armas.

Este fato é tão marcante na vida de um Oficial de AMAN que Juliana Cavilha, intuitivamente, já o havia percebido simplesmente conversando com alguns oficiais. Diz ela que

> Nesta pesquisa observei que os militares de armas diferentes não se conheciam; em contrapartida, os militares da mesma arma se conheciam ao menos pelo nome. Suponho que as armas constituem caminhos razoavelmente isolados ao longo da carreira, diferenciando-se umas das outras, e que estão em constante competição, estimulada na Aman, por exemplo, na forma dos jogos (olimpíadas internas) entre as armas.

Com efeito, a Arma define uma maneira peculiar de pensar, de agir e de sentir porque cada uma tem um *ethos* próprio e exclusivo. As disposições de um militar bem como as suas relações pessoais são definidas pela sua Arma. A visão de mundo e a maneira de se posicionar e agir no mundo de um infante é diferente da visão de mundo e da maneira de se posicionar e agir no mundo de um cavalariano. Os mundos de ambos diferem do mundo do artilheiro e os destes do mundo do engenheiro, e assim igualmente ocorre em relação ao comunicante, ao matibeliano e ao intendente. Sete mundos substancialmente consolidados. Sete mundos essencialmente distintos.

A Cavalaria cunhou uma frase que pode facilitar a compreensão do significado da Arma para o militar: "Cavalaria, mais que uma Arma, um estado d'alma!" Há mesmo quem diga que a "escolha da Arma" é mais importante que a escolha da mulher, pois a mulher pode ser trocada, a Arma, jamais. O sentimento de pertencimento de um militar em relação à sua Arma é menos qualificado pela interiorização, nele, do *ethos* da Arma, do que pela necessidade que ele tem de demonstrar que fora naturalmente aquinhoado com esse *ethos*. É uma ofensa dizer para um militar que ele não evidencia as características da sua Arma assim como um louvor destacar essas características na sua pessoa. A Arma, assim, mais do que uma especialidade ou o mero desenvolvimento de uma atividade, é uma forma de identificação que determina as relações pessoais dentro e fora do campo militar e revela muito sobre o tipo de pessoa com quem se está tratando.

3. O prestígio da Arma

O fato de a AMAN ser a escola de formação do oficial combatente, cuja carreira é voltada para a atividade fim da Instituição, para a solução de conflitos armados e, em um caso extremo, para a realização da guerra, faz com que as Armas mais diretamente envolvidas com a atividade operacional sejam as mais valorizadas.

A Infantaria e a Cavalaria são as duas Armas base do Exército Brasileiro, sendo reconhecidas como os atores principais do Teatro de Operações, pois se constituem nas peças de manobra que o comandante tem a seu dispor para atuar diretamente sobre o inimigo, dando, por meio delas, andamento às operações. Estas duas Armas são os únicos meios, no que diz respeito a um exército, à conquista dos objetivos táticos e estratégicos em uma guerra.

A Artilharia é detentora de grande prestígio, pois, inobstante ser uma Arma de apoio às duas primeiras, apoia pelo fogo, isto é, também envolve-se diretamente no combate, mesmo que à distância, por meio dos fogos de longo alcance dos seus canhões.

A Engenharia e as Comunicações vêm em seguida, pois são Armas de Apoio que, malgrado não terem por missões a intervenção direta no curso das operações, são as responsáveis por criar as condições indispensáveis à atuação das demais, agindo diretamente no campo de batalha e entrando muitas vezes em contato direto com o inimigo para o cumprimento das suas missões de rotina.

E, por fim, o Serviço de Intendência e o Quadro de Material Bélico se constituem na Logística do Teatro de Operações que permite o desenvolvimento das atividades peculiares de cada uma das Armas.

Assim como estas duas últimas compõem a Logística do Exército, sem a qual as Armas sequer subsistem dentro dos quarteis, as duas anteriores, a Engenharia e as Comunicações, consistem nas chamadas Armas técnicas, pois são Armas que exigem um estudo aprofundado de questões que não são exclusivamente afetas ao combate, porém também aplicadas a ele, diferentemente da Infantaria, da Cavalaria e da Artilharia, que, no Ensino Profissional, estudam prioritariamente assuntos atinentes à guerra.

Como não poderia deixar de ser, o prestígio da Arma é comunicado ao seu integrante. E esse prestígio se reflete também no desenvolvimento da carreira. As carreiras mais proeminentes dentro da estrutura do Exército são igualmente as dos infantes, cavalarianos e artilheiros, seguidas das carreiras dos engenheiros e dos comunicantes que, por sua vez, têm precedência sobre os intendentes e os matibelianos.

Essa precedência é sociológica, não declarada e nem admitida, correspondendo a três blocos de antiguidade das Armas (1: Infantaria, Cavalaria e Artilharia; 2: Engenharia e Comunicações; 3: Intendência e Material Bélico). A antiguidade estabelecida oficialmente tem por fundamento exclusivo a data de criação de cada Arma, Quadro e Serviço e, conforme podemos observar, está muito próxima da antiguidade sociológica.

Observamos, assim, pela experiência, que o critério oficial da antiguidade das Armas em função da data de criação de cada uma também se manifesta sociologicamente por meio do prestígio que emana de cada uma delas. Um infante e um cavalariano, por exemplo, oficiais de Arma base, sentem um orgulho visível de serem identificados por suas Armas. Fazem mesmo questão disto. São os oficiais que ostentam a certeza de terem sido preparados para atuar diretamente no combate, sentindo-se mais aptos para o comando, para a tomada de decisões e para a resolução dos problemas. Sentem que este é o seu *métier*: decidir e liderar, assumir o comando e conduzir os homens à conquista do objetivo, qualquer que seja ele. Este sentimento que determina um posicionamento diferenciado na ação, mesmo que uma ação simples da rotina dentro de uma Organização Militar (OM), pode ser observado claramente já na formação do oficial, nos exercícios conjuntos de toda a turma, as SIEsp[5], ou nas competições esportivas, como as Olimpíadas Acadêmicas, por exemplo.

Infantaria e Cavalaria são mais acirradamente rivais nas competições esportivas, sentindo-se cada uma na obrigação de vencer as diversas modalidades, tanto em competições simples, isoladas, a exemplo de um jogo de futebol, de bola militar ou uma pista de orientação, quanto em competições complexas, que envolvem diversas modalidades, como acontece nas Olimpíadas Acadêmicas, que são disputadas por Armas, do segundo ao quarto ano, e por companhias (Cia), no primeiro ano.

Neste caso, os cadetes do Curso Básico, participando pela primeira vez de uma Olimpíada Acadêmica, ao observarem o clima de competição entre as Armas, porém participando isoladamente, exclusivamente dentro da sua turma de formação, cujas equipes são compostas pelas companhias do primeiro ano, projetam com ansiedade as Olimpíadas do ano seguinte, quando, integrando uma das Armas, estarão no autêntico clima das competições acadêmicas, que se dão entre as Armas, prerrogativa daqueles cadetes que já passaram pelo rito de passagem do "dia da escolha".

As SIEsp, conforme já salientado, são estágios especiais para combatentes dos quais participam todos os integrantes de uma mesma turma de formação, em condições de igualdade, sem que se leve em conta as especificidades de cada Arma, Quadro ou Serviço. A turma de formação, assim, realiza uma SIEsp em duas levas, chamadas turnos. O primeiro turno é realizado com três ou

---

[5] SIEsp significa Seção de Instrução Especializada. É a seção da AMAN responsável por quatro estágios operacionais que visam iniciar o cadete nas operações de montanha, selva, patrulhas de longo alcance e contra forças irregulares. São exercícios no campo realizados um em cada ano do curso de formação do oficial com duração de uma semana em que muito é exigido do cadete em termos intelectuais, físicos e psicológicos, e que marcam profundamente a formação profissional e moral do oficial.

quatro Armas, do qual uma delas, normalmente, será a Infantaria ou a Cavalaria. O segundo turno compõe-se das Armas que não realizaram o estágio no primeiro turno, sendo que uma delas, via de regra, será a Infantaria ou a Cavalaria, a que não participou do turno anterior. Isto garante que cada turno, sempre que possível, conte com a presença de uma Arma base: ou a Infantaria ou a Cavalaria.

A presença de uma Arma base em um turno da SIEsp é importante para o seu bom desenvolvimento porque as Armas base, Infantaria e Cavalaria, tendem a se encarregar, cada qual a seu modo, da liderança das ações operacionais na realização do estágio. Os infantes e os cavalarianos se sentem na obrigação de assumirem o comando dos exercícios em todas as suas atividades, quer sejam instruções quer sejam oficinas e patrulhas, pois é para isto que são formados e é justamente em função disto mesmo que ficam mais à vontade em fazê-lo. Assim, o fato de a Infantaria ser colocada em um turno e a Cavalaria em outro tem por consequências a presença de uma Arma que lidera com destreza o desenvolvimento das atividades operacionais em ambos os turnos e evita conflitos entre estas duas Armas base, conflitos estes que normalmente ocorrem quando se juntam grupos que se sentem, ambos, na obrigação e com a aptidão de assumirem o controle da situação.

A Arma do oficial se faz sentir em todos os aspectos dentro do campo militar, tanto no que diz respeito às possibilidades do dia a dia dentro das atividades triviais próprias da vida na caserna quanto no que se refere à posição do militar na rede de relações institucionais e ao prestígio e ao *status* conferido a cada um nos contextos mais amplos dos quais possa participar. Em suma, a Arma é determinante no juízo que se faz de um oficial, no conceito que se tem a seu respeito, tanto no sentido das suas possibilidades quanto no das suas limitações. E isto é válido tanto para o âmbito do microssocial, na rotina do oficial dentro da sua Organização Militar, quanto para o macrassocial, nos contextos sociais mais amplos aos quais o oficial possa ser alçado, mesmo que nem saiba disso, quando, por exemplo, seu nome for cogitado para o desempenho de alguma função ou para o cumprimento de alguma missão, seja ela qual for.

Isto quer dizer que a Arma é levada em consideração quando

da seleção para o desempenho de funções, para a realização de cursos, para a credibilidade que se dá ao parecer ou mesmo à opinião de um oficial que assessora uma autoridade na tomada de uma decisão, para a assunção de comando, para o cumprimento de missões estratégicas para a Instituição e de prestígio para o oficial, para a promoção ao generalato e o ingresso no Alto-Comando do Exército, que se dá quando da promoção ao último posto, general-de-exército (quatro estrelas), e para a assunção do comando do próprio Exército.

Assim, a Arma também é fundamental para o acesso ao generalato e, uma vez lá, para a progressão do general-de-brigada (duas estrelas) a general-de-divisão (três estrelas) e deste a general-de-exército (quatro estrelas). Oficialmente um general não tem Arma, é oriundo de uma. Entretanto, todos sabem qual a Arma da qual o general é oriundo e, na rotina da vida na caserna não se fala que um general é oriundo de uma determinada Arma, mas que ele é daquela Arma. O termo "oriundo da Arma tal" só tem ocasião em documentos e em falas oficiais, em ocasiões formais. Os comandos assumidos por um general são determinados pela sua "Arma de origem". Seu jeito de ser, sua personalidade, a maneira como toma as decisões e conduz as ações posteriores para o seu cumprimento e até a sua força pessoal para levar adiante um desígnio ou um empreendimento e enfrentar e resistir um intento ou uma aventura podem ser vislumbrados pela sua "Arma de origem".

A "Arma de origem" mostra a sua importância ao se verificar a regularidade delas nas mais altas autoridades militares dos últimos anos. Vejamos as Armas dos comandantes do Exército: o atual, general Edson Leal Pujol (desde janeiro de 2019): *Cavalaria*; general Eduardo Dias da Costa Villas Bôas (2015-2019): *Infantaria*; general Enzo Martins Peri (2007-2015): *Engenharia*; general Francisco Roberto de Albuquerque (2003-2007): *Artilharia*; general Gleuber Vieira (1999-2003): *Artilharia* (primeiro comandante do Exército e último ministro do Exército). Ministros do Exército e da Guerra: o último, conforme já observado, general Gleuber Vieira (1999), era de *Artilharia*; general Zenildo de Lucena (1992-1999): *Cavalaria*; general Carlos Tinoco Ribeiro Gomes (1990-1992): *Infantaria*; general Leônidas Pires Gonçalves (1985-1990): *Artilharia*; general Walter Pires de Carvalho Albuquerque (1079-1985): *Cavalaria*; general Fernando

Belfort Bethlem (1977-1979): *Cavalaria*; general Sylvio Couto Coelho da Frota (1974-1977): *Cavalaria*; general Vicente de Paulo Dale Coutinho (1974): *Artilharia*; general Orlando Geisel (1969-1974): *Artilharia*; general Aurélio de Lyra Tavares (1967-1969): *Engenharia*; marechal Adhemar de Queiroz (1966-1967): *Artilharia*; general Arthur da Costa e Silva (1964-1966): *Infantaria*.

Presidentes-generais e suas Armas: marechal Humberto de Alencar Castelo Branco (1964-1967): *Infantaria*; general Arthur da Costa e Silva (1967-1969): *Infantaria*; general Emílio Garrastazu Médici (1969-1974): *Cavalaria*; general Ernesto Beckmann Geisel (1974-1979): *Artilharia*; general João Batista de Oliveira Figueiredo (1979-1985): *Cavalaria*.

Isso acontece também com generais de renome, como o marechal Luís Alves de Lima e Silva, o Duque de Caxias, patrono do Exército: *Infantaria*; o marechal Manoel Luis Osorio, o Marques do Herval, patrono da Cavalaria: *Cavalaria*; o marechal Eurico Gaspar Dutra: *Cavalaria*; o general Pedro Aurélio de Góes Monteiro: *Cavalaria*; o marechal João Batista Mascarenhas de Morais: *Artilharia*; o general Golbery do Couto e Silva: *Infantaria*.

Observamos uma quebra na regra segundo a qual as mais altas autoridades militares são de Infantaria, Cavalaria e Artilharia no caso do general Aurélio de Lyra Tavares, ministro da Guerra de 1967 a 1969, e, recentemente, quando da nomeação do general Enzo Martins Peri para comandante do Exército em 2007, ambos da Arma de Engenharia.

4. Mudança de foco na percepção da carreira do Oficial de AMAN

Levando-se em consideração que a Academia Militar das Agulhas Negras (AMAN) é a única escola de formação de oficiais da Linha de Ensino Militar Bélico do Exército, dos oficiais combatentes voltados para o desempenho da atividade fim da Instituição: as operações militares e a guerra, e ainda o caso de que os oficiais que se projetaram na História via de regra integram este universo de carreiras de Armas combatentes, conforme visto acima nas Armas dos comandantes e ministros do Exército e da Guerra, dos generais presidentes e ainda de generais que realizaram feitos dignos de memória, é de se esperar que as Armas mais vocacionadas às operações militares e ao combate, e por isso as mais prestigiadas dentro da Instituição, como a Infantaria, a Cavalaria e a Artilharia, sejam as mais procuradas pelos cadetes da Academia Militar das Agulhas Negras (AMAN), seguidas das Armas técnicas (Engenharia e Comunicações) e da Logística (Intendência e Material Bélico).

Isso de fato aconteceu até o início dos anos noventa, quando a Infantaria, a Cavalaria e a Artilharia se destacavam no interesse dos cadetes, sendo muito procuradas e, por conseguinte, fechando bem no dia da "escolha da Arma".

Entretanto, de meados dos anos noventa para cá, podemos observar uma mudança na prioridade das Armas por parte do cadete. O Serviço de Intendência e o Quadro de Material Bélico, isto é, a Logística Militar, começaram a se destacar como alvo de interesse, sendo mais procurados pelas novas gerações de cadetes no dia da "escolha da Arma" do que as Armas combatentes, inobstante se tratar de uma escola que tem por objetivo formar o combatente, o oficial voltado para as operações militares e para a guerra e o fato de que as carreiras de maior proeminência dentro da Instituição são as carreiras combatentes.

Para termos uma ideia do ganho de prestígio da Logística Militar e das Armas técnicas em detrimento das Armas combatentes, vejamos em sequência, da primeira à ultima na ordem de classificação, o fechamento das Armas, do Quadro e do Serviço, por ano de escolha, entre os anos de 1994 e 2018.

Ordem	1994	1995	1996	1997	1998	1999	2000	2001
1ª	MB	MB	MB	INT	INT	INT	MB	INT
2ª	INT	INT	INT	CAV	ENG	MB	INT	COM
3ª	ART	CAV	COM	INF	CAV	ART	COM	MB
4ª	COM	INF	INF	ART	ART	INF	ENG	ART
5ª	ENG	ART	CAV	MB	MB	COM	INF	INF
6ª	INF	COM	ENG	ENG	COM	CAV	CAV	ENG
7ª	CAV	ENG	ART	COM	INF	ENG	ART	CAV

Ordem	2002	2003	2004	2005	2006	2007	2008	2009
1ª	MB	MB	MB	MB	MB	MB	COM	INT
2ª	ART	ART	ART	INT	INT	COM	MB	MB
3ª	INT	INT	INT	ART	COM	INT	INT	INF
4ª	COM	COM	INF	CAV	ART	ART	ART	ART
5ª	INF	INF	COM	COM	CAV	INF	INF	COM
6ª	ENG	ENG	CAV	ENG	ENG	CAV	CAV	ENG
7ª	CAV	CAV	ENG	INF	INF	ENG	ENG	CAV

Ordem	2010	2011	2012	2013	2014[6]		2015	2016
1ª	INT	INF	INF	INT	COM	INT	INF	INT
2ª	MB	INT	CAV	COM	INF	COM	ENG	CAV
3ª	INF	COM	ART	MB	MB	MB	COM	ART
4ª	COM	MB	INT	ART	INT	INF	INT	MB
5ª	ENG	ENG	COM	INF	ART	ART	CAV	COM
6ª	ART	CAV	MB	ENG	CAV	CAV	MB	INF
7ª	CAV	ART	ENG	CAV	ENG	ENG	ART	ENG

Ordem	2017	2018	2019	2020	2021	2022	2023	2024
1ª	INT	COM						
2ª	COM	MB						
3ª	ART	INT						
4ª	MB	ART						
5ª	CAV	ENG						
6ª	INF	CAV						
7ª	ENG	INF						

Obs: INF: Infantaria
CAV: Cavalaria
ART: Artilharia
ENG: Engenharia
INT: Intendência
COM: Comunicações
MB: Material Bélico

---

[6] Duas turmas escolheram a Arma no ano de 2014 tendo em vista a extinção do Curso Avançado, criado em 1989, realizado no segundo ano da AMAN, e o consequente aumento do curso na Arma de dois para três anos. Assim, a primeira coluna do ano de 2014 é do 3º ano e a segunda coluna do 2º ano.

Relatos de oficiais que servem na AMAN informam que houve um aumento na preferência pelas Armas combatentes a partir de 2010 em função de um trabalho de comando no sentido de valorizar as atividades militares operacionais. Temos que investigar, entretanto, se este trabalho terá prosseguimento e quais os efeitos que serão produzidos nos próximos anos.

Inobstante essa variação na preferência dos cadetes pelas Armas operacionais a partir de 2010, que passam a disputar lugar com a Logística e com as Armas técnicas, observamos uma constante preferência pelo Serviço de Intendência e pelo Quadro de Material Bélico, seguidos pela Arma de Comunicações, por mais de 20 anos consecutivos.

Mesmo assim, esta alteração em favor das Armas combatentes a partir dos anos de 2010 é muito tímida. Exceção mesmo verificamos apenas no ano de 2013, cujas três primeiras Armas a fecharem foram a Infantaria, a Cavalaria e a Artilharia, nesta sequência. Para chegarmos a esta conclusão, basta observarmos que a Logística continua em proeminência, diferenciando-se dos anos anteriores apenas por uma melhor classificação, em um ano ou em outro, da Infantaria e da Cavalaria.

Esse fenômeno de ganho de prestígio da Logística e das Armas técnicas em detrimento das Armas base a partir de meados dos anos noventa inicialmente gerou uma certa perplexidade entre a oficialidade. Indagava-se acerca do que estaria ocorrendo. Seria isto o prenúncio de um problema ou uma fase passageira? Alguns chefes militares, possivelmente apostando na possibilidade de que esta preferência seria fugaz, tentaram esvaziar o significado deste fenômeno afirmando tratar-se de um fato novo muito positivo, haja vista se constituir em uma evidência de que o Serviço de Intendência e o Quadro de Material Bélico estavam finalmente sendo reconhecidos pela sua importância de apoio ao combate, o que beneficiava até mesmo as Comunicações, uma Arma de apoio eminentemente técnica. O que os chefes militares na verdade pareciam estar fazendo era inverter o entendimento geral de que, antes de se constituir em prestígio a "Armas" menos expressivas, este fato parecia denotar um desprestígio às Armas que atuam diretamente na atividade fim do Exército e em função das quais todas as outras operam.

Esse fenômeno, no entanto, é uma realidade, como

evidenciam os fatos. Hoje, na Academia Militar das Agulhas Negras (AMAN), as primeiras "Armas" a fecharem, as preferidas pelos cadetes e que têm sido consideradas as "Armas" de prestígio pelas novas gerações, as "Armas" dos "mais inteligentes", são justamente as "Armas" que na verdade não são Armas, mas o Serviço de Intendência e o Quadro de Material Bélico, isto é, a Logística Militar, e as chamadas Armas técnicas, como é o caso das Comunicações.

Esse fenômeno de consequências ainda imprevisíveis, pois as turmas com essas características ainda levarão alguns anos para começarem a atingir os postos mais altos da Instituição, e também por se tratar de um fato novo que ainda não se manifestou na sua integralidade, parece dizer respeito a uma nova realidade que não veio de dentro da Instituição. O Exército Brasileiro não promoveu essa mudança, pelo contrário, foi pego de surpresa por ela, uma vez que os valores do soldado mais enaltecidos na Academia são os mais característicos do combatente. Os maiores heróis da Instituição são Caxias e Osorio, um infante e um cavalariano, dois guerreiros forjados nos campos de batalha cujos atributos mais louvados se evidenciaram no exercício da atividade da guerra. Os chefes militares de maior expressão no Exército, que obtiveram as posições de maior destaque, desempenharam funções-chave, tomaram decisões estratégicas, realizaram feitos históricos e inscreveram seus nomes na memória da Instituição e da própria Nação brasileira, são, a maioria esmagadora, pertencentes às Armas combatentes, quais sejam, Infantaria, Cavalaria e Artilharia, as Armas que preparam e alçam à honrosa condição de general o maior número de Oficias de AMAN.

Os versos de Camões acerca dessa atividade principal do soldado são conhecidos de todos os cadetes e ganharam destaque de honra em uma placa de bronze cunhada pela Casa da Moeda e colocada, em 1947, na entrada do Corpo de Cadetes, de frente para o principal pátio de formaturas da AMAN, o Pátio Ten Moura (PTM), conhecido, em outras gerações, pelo nome de Pátio Marechal Mascarenhas de Moraes (P3M). Esta placa é um dos inúmeros instrumentos acadêmicos hábeis a incutir no cadete o respeito e a vontade pela atividade militar combatente.

"A DISCIPLINA MILITAR PRESTANTE
NÃO SE APRENDE, SENHOR, NA FANTASIA;
SONHANDO, IMAGINANDO OU ESTUDANDO
SENÃO VENDO, TRATANDO E PELEJANDO."
Camões
Canto X Estrofe CLIII
Lusíadas
Casa da Moeda Rio 1947

Esse fenômeno de menor procura pelas Armas base, as Armas combatentes, não parece, assim, ter vindo de dentro da Instituição. Ao que parece, veio de fora, da sociedade mais ampla. É uma mudança no perfil do Oficial de AMAN que, na Instituição, somente se fará sentir a médio e longo prazos. Mudança que parece refletir as grandes transformações pelas quais vem passando a sociedade. E parece ainda chegar no jovem cadete por meio da família e em função da família. Por meio da família porque é na sua família de origem que o cadete busca conselho sobre o seus destinos no Exército. A Arma não somente define a natureza das atividades que o oficial realiza durante toda a sua vida mas também determina os locais nos quais poderá servir.

A Infantaria, a Cavalaria e a Artilharia são as Armas da guerra. Suas atividades são eminentemente voltadas para as operações militares, sem possibilidade alguma de emprego fora do campo militar. A Infantaria é a Arma que está presente em todas as regiões do território nacional, tanto nos grandes centros quanto nos mais distantes e inóspitos rincões do país. As Organizações Militares de Cavalaria concentram-se no Mato Grosso, no Mato Grosso do Sul e no Rio Grande do Sul. A Artilharia, em matéria de local para servir é mais atraente, porém a natureza da atividade igualmente restringe a sua aplicação exclusivamente ao campo militar.

As outras Armas e a Logística são técnicas. Tanto a Engenharia quanto as Comunicações abrem um leque de aplicações dos seus conhecimentos e das suas atividades à sociedade mais ampla. A Intendência e o Material Bélico, além destas mesmas características, têm a facilidade de uma atuação mais distanciada do campo, dos exercícios operacionais, do Teatro de Operações, com suas atuações voltadas mais para as áreas de manutenção e administração.

5. Influências da família na "escolha da Arma"

A família de origem do cadete, ajustada à realidade da sociedade mais ampla, proporciona a ele um convívio social na intimidade do seu lar com pessoas que transitam no mercado de trabalho e no meio universitário. Seu pai e sua mãe normalmente se encontram no mercado de trabalho e seus irmãos, na universidade. Participam, dessa forma, do pensamento e do estilo de vida da modernidade, pensamento e estilo que em muitos aspectos se distanciam do ambiente austero, regrado e hierárquico do campo militar. A guerra pode parecer algo que se perdeu em algum lugar do passado, que não é mais uma realidade para o Brasil.

A trajetória normal de um cadete inclui uma namorada que, como os membros de sua família, vive na sociedade mais ampla com seus novos conceitos e seus valores em constante atualização. Sociedade para a qual a guerra parece uma realidade distante e irreal feita para pessoas de outro mundo e por pessoas com as quais seus familiares, sua namorada e os familiares da sua namorada pouco se identificam. A guerra, diante das inúmeras possibilidades oferecidas pela sociedade moderna, parece mesmo, para o jovem ocidental de hoje, uma perda de tempo, uma contingência remota que pode ser facilmente evitada em face de aventuras muito mais promissoras e instigantes, à disposição de todos, em um mundo que parece não conhecer limites.

O cadete e sua namorada, que normalmente é uma universitária como ele, porém uma universitária que, diferentemente dele, estuda em uma universidade da sociedade mais ampla, a partir das suas famílias e das famílias dos comandantes e instrutores dele na Academia, projetam a sua futura família. E essa futura família que sonham formar em um futuro não tão distante, que já existe nos seus planos, por ser uma projeção das famílias do convívio de ambos, mesmo que ainda somente em forma de projeto, também influencia na escolha da sua Arma, pois esta terá grande peso na dinâmica das relações familiares.

Segundo Eduardo Raposo no *survey* "O que pensam os oficiais do Exército Brasileiro", 45% dos pais e 29% das mães dos oficiais são pós-graduados ou têm nível superior completo e 28% dos pais e 35% das mães concluíram o Ensino Médio.

Quer dizer, 73% dos pais e 64% das mães dos oficiais cursaram pelo menos o Ensino Médio.

Com relação ao cônjuge do oficial do Exército, 80% é pós-graduado ou tem nível superior e 17% concluiu o Ensino Médio. Ou seja, 97% dos cônjuges dos oficiais concluíram, pelo menos, o Ensino Médio.

Isso significa, ainda segundo Eduardo Raposo, que a maioria dos oficiais do Exército tem no seu círculo íntimo de relações sociais pessoas que estão integradas ao meio acadêmico e ao mercado de trabalho da sociedade brasileira.

O referido *survey* demonstrou que os oficiais mais modernos têm pais, mães e cônjuges com nível de educação formal superior aos dos oficiais mais antigos, o que, por sua vez, parece indicar que as pessoas dos círculos sociais mais íntimos dos cadetes têm uma educação formal mais elevada que a média revelada no *survey*, estando melhor integrados ao meio acadêmico e ao mercado de trabalho da sociedade mais ampla do que as pessoas da intimidade dos oficiais mais antigos.

As Armas base, Infantaria e Cavalaria, e a Arma de apoio de fogo, Artilharia, as três Armas combatentes, além de exigirem uma maior disponibilidade de tempo, demandam uma imersão muito mais profunda na Instituição, o que reflete diretamente na família do oficial e afeta a dinâmica das relações familiares. Com efeito, Débora Duran observou que

Como consequência de um processo de profissionalização peculiar, ocorre um gradativo distanciamento do mundo civil e, em certo sentido, o direcionamento do repertório profissional e cultural. As poucas oportunidades para o confronto entre diferentes perspectivas acabam por gerar uma certa dificuldade na compreensão de problemas e de suas possíveis soluções numa perspectiva complexa.

Assim, o que o cadete apreende das famílias do seu convívio social e a projeção que faz, a partir delas, sobre a sua futura família, o levam a buscar uma abertura que lhe permita um contato com o mundo exterior. Uma porta que possibilite uma comunicação do "lado de dentro", o Exército, com o "lado de fora", a sociedade. E este contato tem sua primeira possibilidade em uma Arma técnica ou no âmbito da Logística Militar, áreas do Exército que se utilizam do conhecimento desenvolvido na sociedade mais ampla e que se aplicam a atividades eminentemente civis, só que, *in casu*, voltadas para o emprego militar.

As Armas técnicas: a Engenharia e as Comunicações, e a Logística: o Serviço de Intendência e o Quadro de Material Bélico, se aplicam precisamente às atividades de engenharia, comunicações, administração e manutenção. Áreas do conhecimento desenvolvidas não somente no campo militar, mas aí aplicadas como suporte às Armas base, Infantaria e Cavalaria, e à Arma de apoio de fogo às operações, a Artilharia, as três Armas diretamente envolvidas com as atividades da guerra. Áreas do conhecimento também desenvolvidas na sociedade mais ampla para a qual o Exército com frequência se volta no sentido de se aperfeiçoar e de se manter atualizado. E este aperfeiçoamento e esta atualização são feitos pelos oficiais dessas áreas na sociedade mais ampla com a finalidade de emprego no Exército.

Assim, se o cadete, e por incrível que pareça até mesmo muitos oficiais de Armas base, se deixou convencer de que a guerra convencional é coisa do passado e, hoje, o oficial pode abrir suas possibilidades de locais para servir e ainda desenvolver uma atividade que seja uma porta aberta que lhe possibilite estar, em plena atividade profissional, atuando na sociedade mais ampla, por que ele iria se voltar para uma atividade muito mais exigente e exclusivista que o fecharia cada vez mais dentro do campo militar, distanciando-o do que ele vê na sociedade mais ampla, convencido que está de que jamais será empregado na atividade da guerra?

As transformações da sociedade mais ampla estão promovendo mudanças dentro do Exército. Neste caso, mudanças apenas levemente perceptíveis porque seus efeitos ainda não se fazem sentir, pois promovidas tão somente na formação do Oficial de AMAN. Porém são transformações profundas, haja vista que a mudança no perfil do cadete promoverá uma mudança gradual no perfil do Oficial de AMAN na medida em que este for avançando na sua carreira até atingir os postos mais elevados. Avanço que tem uma duração de quarenta e sete anos para os que atingem o último posto, e ainda mais alguns anos para os que chegam ao Superior Tribunal Militar (STM) e ao comando do Exército.

Mudança substancial observada no perfil do Oficial de AMAN cujos efeitos ainda não se fazem sentir e nem se farão nos próximos anos. Por isso, mudanças praticamente imperceptíveis à Instituição, com a aparência de pouca relevância, são, na verdade, mudanças substanciais cujas raízes se fincam na sociedade mais ampla e cuja seiva é levada para dentro do Exército pela família do militar, que, ao mesmo tempo em que está dentro, tendo livre acesso ao campo militar e trânsito desimpedido no interior da Instituição, é de fora, se constituindo em uma legítima instituição autônoma da sociedade mais ampla.

A mudança de enfoque das Armas combatentes para a Logística e para as Armas técnicas chama a atenção para um outro aspecto relevante no que diz respeito às mudanças promovidas no campo militar pelas transformações da sociedade mais ampla via família do oficial: uma correlata mudança de enfoque da atividade operacional-militar para a atividade acadêmico-universitária.

Essa discussão é antiga. José Murilo de Carvalho observa a existência, no final do Século XIX, de duas categorias de oficiais: os bacharéis e os tarimbeiros. Os bacharéis eram oficiais cuja formação se restringia unicamente à Escola Militar. Não se pareciam com militares vocacionados, mas com bacharéis fardados. Os tarimbeiros eram oficiais forjados no campo de batalha, a maioria composta por ex-combatentes que participaram da Guerra do Paraguai, da guerra contra Rosas ou de campanhas internas. Benjamin Constant e Euclides da Cunha eram oficiais do primeiro grupo; Deodoro da Fonseca, um genuíno representante do segundo. As relações entre estes dois grupos eram difíceis. Os tarimbeiros eram operacionais, valorizavam a arte da guerra e a prática em campo; "os bacharéis, ao contrário, adeptos do pacifismo positivista, desprezavam as façanhas bélicas e consideravam a Guerra do Paraguai um desastre. Na Escola Militar, medalha de Guerra era motivo de deboche."

O Oficial de AMAN tem sido confrontado com a transferência de prestígio entre essas duas perspectivas: de um lado os acadêmico-universitários e de outro os combatentes, os operacionais-militares. A antiga disputa entre bacharéis e tarimbeiros parece estar sendo atualizada nos últimos anos. Pode ser que os oficiais das Armas técnicas e principalmente os da área da Logística, caso persista a tendência de uma maior procura por elas na carreira do Oficial de AMAN, passem a ser percebidos como os mais inteligentes, os melhores classificados, os mais capazes da turma, os cabeças, os que lograram êxito na "escolha da Arma", os vencedores, enfim, uma elite, e podem mesmo já estarem se percebendo a si mesmos dessa forma.

Isso ocorre justamente porque, segundo Débora Duran, "como as provas definem a vida profissional dos oficiais, é evidente que os esforços de estudo são direcionados com vistas ao melhor resultado possível num processo altamente competitivo."

Se, em virtude de tudo o que tem sido discutido no meio acadêmico-universitário, na mídia e na própria política em geral, a guerra convencional, a atividade fim de um exército, for percebida pelo cadete, e até mesmo por boa parte da oficialidade, como uma miragem no imaginário do oficial do Exército, os cadetes de Infantaria e Cavalaria ainda assim serão considerados os mais aptos aos exercícios no campo, às atividades que exigem um melhor condicionamento físico, às missões ligadas à força física e às habilidades práticas, porém não mais com o viés do prestígio que essas características carregavam há bem pouco tempo, mas com o viés de uma pura funcionalidade para o cumprimento de uma missão específica. A capacidade para raciocinar, planejar e decidir, perceber o mundo e as coisas que acontecem no mundo, pode estar sendo sutilmente creditada pelas novas gerações ao técnico e ao logístico, ao acadêmico-universitário. O operacional executa, e executa bem, mesmo que não saiba o porquê de estar executando. E quando pensa que sabe, será que sabe mesmo? Ou será apenas coisa de infante ou cavalariano?

Não que se pense no infante e no cavalariano como inferiores ou de alguma forma ineptos. Não é isso. São os melhores nas suas áreas, ninguém é capaz de executar as suas tarefas tão bem como eles. Mas é precisamente isto, executar a sua tarefa e cumprir a sua missão. É esta a sua função. Enquanto o oficial técnico e logístico, o acadêmico-universitário, é o estudioso, o oficial combatente é o executante, que se dedica à atividade prática e operacional-militar.

Pode ser que o técnico e o logístico, o acadêmico-universitário, segundo essa tendência, no imaginário das novas gerações, seja o que pensa, reflete, planeja, decide, replaneja e decide de novo em estreita ligação com a sociedade mais ampla. É o que melhor domina o "pensamento crítico" e tem a "cabeça aberta" para os novos tempos com seus novos valores em constante transmutação, expressões tão em voga hoje em dia no campo militar. Detém, dessa forma, uma mais apurada capacidade de estudar as variantes, alterar seu delineamento de acordo com as novas perspectivas ou as novas realidades e reprojetar suas intenções. Se habilita à política da nova sociedade, com suas sutilezas e armadilhas, e com seus caminhos a serem descobertos sem se "queimar" com ninguém, nem mesmo com o inimigo declarado.

O combatente executa, cumpre precisamente o aprazado, vendo à distância a política e em meio à nebulosidade os seus caminhos. Permanece imerso no campo militar, desempenhando as atividades exclusivamente militares. Política, para este, não é assunto para militares, e os seus caminhos são as estradas, as trilhas e as vias de acesso para suas tropas e seus carros de combate, e para as do inimigo, através do campo, da caatinga, dos pântanos ou da selva. O combatente, o operacional-militar, dentro dessa linha de pensamento, seria o tático por excelência; o técnico e o logístico, o acadêmico-universitário, o oficial da estratégia.

Essa mudança lenta, mas que tem se firmado desde os meados dos anos noventa, pode estar produzindo um novo Exército. Um Exército que não priorize somente as operações militares, mas que enxergue na política o caminho para a sua atuação, e, com isso, volte a se interessar cada vez mais pelos acontecimentos que têm ocasião na sociedade mais ampla e nos rumos a que esta se tem lançado. É esta mudança de enfoque do operacional-militar para o acadêmico-universitário que pode estar produzindo um outro fenômeno: infantes, cavalarianos e artilheiros, a partir do posto de capitão ou do início da fase de oficial superior, isto é, major, têm procurado a universidade para realizar cursos de graduação e pós-graduação, *lato* e *stricto sensu*. É comum hoje encontrar majores, tenentes-coronéis e coronéis destas Armas combatentes graduados em uma universidade e realizando mestrados e doutorados, conforme se verá mais detalhadamente no capítulo 4.

Edmundo Campos Coelho, referindo-se aos oficiais "científicos", cita a ascendência, entre eles, de Benjamin Constant. Militar sem nenhuma vocação para a carreira das Armas, priorizava para o Exército "uma ciência muito mais nobre e fecunda que a ciência da guerra: a ciência da paz". Mais importante que a instrução militar era a instrução científica, moral e cívica, esta sim capaz de preparar o oficial para o exercício de funções sociais e políticas a que seria chamado a desempenhar nos novos contextos sociais. E prossegue:

> Neste sentido é que os militares se tornaram políticos. Apossaram-se da administração de dez estados e muitos tomaram assento no parlamento. Registrou uma testemunha da época que "na imprensa da capital e dos estados [os militares] exerceram a crítica sobre os atos políticos do governo; o Clube Militar criou delegações suas pelos estados, onde se organizaram corpos semelhantes e dirigidos pela mesma orientação de onde saía a palavra do Exército sobre os fatos de maior importância do país (...)[7]". Era a doutrina do *soldado-cidadão* em plena vigência.

O citado autor alerta que, até mesmo nos Estados Unidos, são muitos os casos de resistência militar à obediência civil. A subordinação dos militares ao poder civil, nem nas democracias consolidadas, é algo da natureza da política. O controle civil é sempre problemático, devendo ser conquistado e permanentemente monitorado, haja vista que mesmo uma pequena margem de autonomia militar dá ensejo ao desenvolvimento de interesses institucionais próprios. Edmundo Campos Coelho prossegue:

> [sobre a criação do Ministério da Defesa] Certamente o país ganhará uma fisionomia mais assemelhada à cara da democracia, mais "moderna", como dela gostam sociólogos nacionais

---

[7] Fala de Felisberto Freire.

globalizados e globalizantes; e, consultando sua lista de prerrogativas militares, também Stepan não hesitará em alinhar o Brasil com nações nas quais os soldados encontram-se sob controle do poder civil. Pura maquiagem, mera aparência! Nada que afete a autonomia das Forças Armadas! Ainda assim, o mais provável é que a propensão a condutas protagônicas permaneça "discreta" (segundo a escala do Almirante Flores), por falta de outras condições catalisadoras que levem os militares a intervir para o que, *a seu juízo*, seja "a defesa da ordem constitucional e legal". A questão é: "discreta" por quanto tempo?

E o que faltaria para o disparo da undécima hora?

[...]

...a receita [para a democracia] certamente não é a do controle civil ou da subordinação militar, as duas faces da mesma ficção, mas, possivelmente, a de um diálogo responsável e generoso que integre o soldado na sociedade e ponha um fim à sua secular orfandade.

O sucesso desse diálogo dependerá substancialmente menos dos soldados do que da competência dos civis.

José Murilo de Carvalho entende que tem sido comum, na Nova República, considerar a tutela militar como um fenômeno corriqueiro da política, e que esta provavelmente continuará sendo exercida. "É como se houvesse concordância tácita de que ela [a tutela militar] não pode ser evitada ou de que não pode ser dispensada." Prossegue informando que

A omissão civil, não haja dúvida, contribui para a volta dos militares ao governo. Vinda a intervenção, muitos ficarão talvez felizes por poderem novamente culpar os militares. Mas será mais inteligente, embora menos atraente, se nos corrigirmos agora para reduzir a probabilidade de nova intervenção no futuro.

Ainda é muito cedo para se fazer uma previsão quanto ao posicionamento do Exército Brasileiro sob a ótica da transferência de prestígio do operacional-militar para o universitário-acadêmico: (1) se terá por consequência uma maior integração do campo militar com o meio acadêmico e daí com a sociedade como um todo, promovendo uma progressiva adequação da Instituição às transformações da sociedade mais ampla, como tem acontecido desde os anos oitenta; (2) se, uma vez vislumbrados os novos rumos, buscará proteger-se, preservando seus valores antigos, a fim de resguardar seus interesses institucionais e, segundo sua visão de mundo, os da própria Nação brasileira; ou, ainda, (3) se, de alguma forma, tentará influenciar o próprio processo de transformações da sociedade. Isso parece ser uma incógnita, mas uma coisa é certa, o Exército, assim como a sociedade, está em movimento.

Mas por meio de tudo isso que disse aqui, o que gostaria mesmo fosse desenevoado em lampejos por entre os laivos das palavras em cotejo com o mundo da vida é o que não foi dito, nem pode ser, e ainda a estereotipação pós-moderna da atividade militar: guerra é coisa de maluco, o bonito é ser moderno; ou melhor, bonito mesmo é ser pós-moderno.

6. A família do Oficial de AMAN e a mobilidade geográfica da carreira

O Oficial de AMAN aprende desde muito cedo que a sua carreira é nômade, que não irá fixar residência em parte alguma do território nacional, pois de dois em dois, de três em três anos, estará sendo transferido, se não a pedido, *ex officio*. Esta é a trajetória típica da carreira. Em poucos anos deverá ter servido em pelo menos três ou quatro Regiões do Brasil.

Esse sistema de transferências é garantidor da unidade nacional e da homogeneização do Exército Brasileiro por pelo menos dois motivos. O primeiro, porque o oficial normalmente não é da Região onde está servindo, é de outro lugar, para onde sonha retornar um dia, quando for possível, por um período entre duas transferências, ou definitivamente, quando da sua transferência para a reserva remunerada.

O segundo motivo é porque não tem tempo para firmar raízes. Conhece pessoas em todos os lugares, mas mal a intimidade começa a dar seus sinais e lá vem outra transferência, todos os laços mais uma vez são repentinamente rompidos, tudo se inicia novamente para o oficial, para a sua esposa e para seus filhos. Às vezes a família sofre, as crianças se ressentem e, desde cedo, aprendem a se defender, não se permitindo um maior envolvimento nas relações com seus colegas, pois a experiência, desde a mais tenra idade, ensina que em breve a relação será rompida, definitivamente desfeita. Outras virão e, da mesma forma como vieram, irão.

O Oficial de AMAN, normalmente, se torna um brasileiro de todas as regiões sem vínculo pessoal com nenhuma delas. Não faz amizades duradouras, a não ser as de dentro da caserna. Conforme se diz nos quartéis: "O mundo é pequeno, o Exército é menor ainda". Os oficiais que se conhecem estão sempre se esbarrando em uma Organização Militar ou em outra, de tempos em tempos, e com o passar dos anos e o acúmulo de transferências, ao círculo de amizades, outras novas vão sendo acrescentadas. Um Oficial de AMAN tem companheiros chegados em praticamente todos os Estados, se não na amplitude do interior, pelo menos em todas as capitais, mas ainda assim, em inúmeras outras localidades.

O sonho do início da carreira de um dia retornar à sua terra natal, com o passar dos anos, muitas vezes também vai se dissipando. Os pais envelhecem e morrem, os irmãos se dispersam e se afastam, a esposa às vezes é de outro lugar e cada filho de uma cidade. No final da vida, o que sobra são os amigos da caserna, os companheiros de turma e as lembranças da carreira. Carreira feita Brasil afora, amigos e companheiros longe no espaço, espalhados pelas Regiões do país, cada qual no local que escolheu para viver os anos conclusivos das suas vidas de nômades. Porém eles, mesmo distantes no espaço, estarão sempre presentes na vida do velho oficial.

Os interesses, dessa forma, são os institucionais, são abrangentes, são nacionais. Mas o perfil da família tem mudado e a esposa e os filhos têm se imposto. Isso tem trazido muitas dificuldades para alguns oficiais com trajetórias promissoras, haja vista o prosseguimento da carreira exigir, de tempos em tempos, a transferência de Organização Militar, a mudança de localidade e de função, a realização de cursos, a nomeação de instrutor, a assunção do comando, a missão no exterior e, o que talvez seja menos significativo nessa fase da vida, mas não deixa de ser importante para a família, a disponibilidade do tempo.

A família tem exercido pressões quanto ao local onde irá residir. Os filhos em idade universitária não estão mais dispostos a acompanhar o pai nas suas transferências e os pais priorizam a formação dos filhos, que fica muito prejudicada com a transferência durante a realização de um curso superior. Eles acabam por ficar precocemente pelo caminho. Os jovens hoje em dia são muito mais independentes e os pais mais desprendidos quanto aos filhos. A esposa, por vezes, também cansada de uma vida de mudanças, aproveita para ficar com os filhos em uma boa cidade na qual a família já planeje se aquietar com o encerramento da carreira do oficial.

Assim, o oficial vai só. Porém isso é um desestímulo, ele vai com o corpo, mas deixa a alma. Sempre que pode retorna para junto da sua família: nos finais de semana, se isso for possível, nos feriadões, com mais frequência, e em algumas dispensas, que o seu comandante se sente na obrigação de conceder de tempos em tempos; afinal de contas, o militar está só, desacompanhado da sua família, dedicando-se exclusivamente ao seu trabalho; precisa arejar de vez em quando. A Instituição começa a pesar sobre os seus ombros. Pesando na balança da vida, pode ser que uma carreira um pouco mais modesta, porém que melhore a qualidade das relações familiares, proporcionando uma maior satisfação pessoal, dê retornos mais substanciais.

A família, considerada pela Instituição como suporte para o militar no desempenho do seu papel de Oficial de AMAN, instituição parceira e principal colaboradora na integração das relações sociais do campo militar, passa a competir com o Exército pela disponibilidade do militar. De parceira se transforma em concorrente.

Cristina Rodrigues da Silva menciona uma entrevista realizada com a esposa de um coronel da ativa servindo na AMAN que retrata bem esse quadro que se tem configurado na família do Oficial de Academia. A esposa do coronel relata que durante os 27 anos de casados, vivenciaram 13 mudanças de cidade.

Houve momentos em que família e marido moraram separados, como no caso em que a esposa estava se preparando para iniciar o doutorado e ficou no Rio de Janeiro com os filhos enquanto o marido trabalhava em Lorena. Atualmente também vivem em lugares separados, enquanto o marido serve em Resende, a família está "explodida" (gíria militar que significa espalhado): esposa mora no Rio de Janeiro devido ao término do doutorado; um dos filhos mora em São Paulo; e o filho mais velho e o coronel moram em Resende, mas em locais distintos – o coronel mora numa "casa funcional" na vila militar da Aman enquanto o filho mora no alojamento da Aman. O marido ressalta que, mesmo morando na mesma cidade, encontra pouco o filho, pois os horários de cada um não batem [...] Mas marido e esposa passam o fim de semana juntos em Resende.

A Instituição não vê com bons olhos o oficial que se apresenta desacompanhado. Isso é sinal de desajuste. E desajuste no tempo se transforma em desgaste. E o desgaste permanente com o passar dos dias tira o brilho da carreira. Consome a disposição e a vontade, altera o humor e limita a disponibilidade. E ser Oficial de AMAN é estar sempre disponível. Ostensivamente disponível para o seu comandante e para o cumprimento da sua missão. E disponibilidade ostensiva é demonstrar um humor agradável e respeitoso, discreto e solícito, interessado e desimpedido em qualquer situação, por mais incômoda, inoportuna ou desnecessária que esta possa ser.

O comandante e os companheiros, e também os subordinados, começam a sentir no militar desacompanhado da sua família uma certa perda de naturalidade no convívio diário, um certo artificialismo nas relações que se desenvolvem no ambiente de trabalho. Isso sem levar em consideração as atividades sociais, que não contam mais com a presença espontânea do militar acompanhado da sua família, reunida não somente para o desempenho de um papel social, mas também para a fruição de momentos lúdicos. A presença do oficial nestas ocasiões se torna puramente formal, um ato de serviço, um encontro mecânico, o desempenho de um papel social sem envolvimento pessoal. Isso quando o oficial se comporta bem, mantém-se no seu lugar, integrando a rede de relações da Organização Militar e dando o suporte que lhe cabe àquela estrutura social sob a autoridade do seu comandante. Enfim, o Oficial de AMAN não é mais aquele

Oficial de AMAN. A família mudou-lhe a natureza.
Conforme salienta Fernanda Chinelli,

> As transferências dos maridos influenciam radicalmente a vida de suas esposas. Os deslocamentos geográficos dos oficiais determinam boa parte das condições que possibilitam os projetos pessoais de suas esposas. A frequência das mudanças é quase sempre apresentada como o principal motivo pelo qual as mulheres raramente constroem uma carreira profissional, já que o pouco tempo de permanência em cada localidade torna muito difícil o mínimo de estabilidade necessário para tanto. Como a carreira dos maridos é vista como muito absorvente e sacrificante, acaba ocorrendo uma espécie de atrelamento voluntário à trajetória dos maridos e a responsabilidade pela casa e pelos filhos.
> Assim é que, além da importância que têm na vida doméstica, as mulheres também desempenham papel relevante no que se refere à trajetória profissional dos maridos, desde o apoio afetivo e o companheirismo até a influência que podem exercer no bom relacionamento de seu parceiro com um superior, o que eventualmente resulta em benefícios (ou prejuízos) concretos para a carreira. Em outras palavras, a pesquisa revelou que as mulheres se percebem em uma posição de igualdade em relação aos maridos, considerando-se personagens ativos e relevantes no desenvolvimento de suas carreiras.

Entretanto, a família militar na qualidade de família moderna, a partir de uma determinada fase, normalmente aquela na qual os filhos entram na idade universitária, tem manifestado o anseio por estabelecer-se definitivamente em alguma cidade que lhe satisfaça as necessidades. Necessidades outrora inexistentes, porém hoje fundamentais, quais sejam, o estudo dos filhos em uma boa universidade e uma atividade profissional para a esposa.

Nessa fase da vida, a mulher, que muitas vezes dedicou-se exclusivamente ao desempenho do papel de esposa de oficial e de mãe, tendo, no máximo, concluído um curso superior e trabalhado em uns poucos empregos temporários, se arranjado em subempregos ou realizado alguns estágios, começa a ansiar pelo desenvolvimento de uma carreira profissional.

Os filhos, em uma universidade, amadurecidos, mudam suas posturas, suas atitudes e suas conversas, o que altera a dinâmica das relações familiares. Intensifica-se, assim, o anseio da mãe por um desenvolvimento profissional que preencha o vazio deixado pelo distanciamento dos filhos, que não requisitam mais as atenções dela como outrora. Esta nova realidade na vida da mãe precipita a concretização do sonho de uma realização profissional. Ela, assim, é levada ao anseio de permanecer com os filhos em função do duplo objetivo de ficar com "as crianças" e iniciar uma trajetória profissional. A família, de repente, não deseja mais seguir o marido e o pai nas suas transferências. Ele vai só. Ou sua família vai com ele, mas leva junto o sentimento de que está abrindo mão de algo, que está perdendo alguma coisa valiosa. Tanto em um caso quanto em outro, ele sofre pressões para encerrar sua vida de peregrinações e arrumar um jeito de se aquietar.

7. A ECEME[8] e a família do QEMA[9]

Há outras questões importantes para o desenvolvimento da carreira do Oficial de AMAN que envolvem a família do militar e que vão além das simples transferências de rotina. Questões que surgem quando se aproxima a época do ingresso do oficial no círculo dos oficias superiores, o que se dá quando da sua promoção ao posto de major.

A primeira delas é o concurso para a Escola de Comando e Estado-Maior do Exército (ECEME), situada na Praia Vermelha, no Rio de Janeiro. O Curso de Comando e Estado-Maior do Exército, realizado naquela escola pelos Oficiais de AMAN mediante concurso a partir do último ano no posto de capitão, é imprescindível para o prosseguimento da carreira.

Ao concluir esse curso, o oficial superior ingressa no Quadro

---

[8] Escola de Comando e Estado-Maior do Exército

[9] Quadro de Estado-Maior da Ativa

de Estado-Maior da Ativa (QEMA). Os Oficiais de Academia que não logram êxito no concurso da ECEME ou decidem não enfrentá-lo, ao serem promovidos a major, ingressam e permanecem no Quadro Suplementar Geral (QSG). Camila Bravo Fontoura explica que

> A ECEME é como um filtro institucional que, ao selecionar seus alunos determina a formação de uma elite de oficiais com possibilidades de chegarem ao generalato. A própria ideia de comando de grandes unidades, sendo a ECEME o instrumento de chancela, é a característica que diferencia os oficiais de carreira no Exército.

O círculo de oficiais superiores, composto pelos majores, tenentes-coronéis e coronéis, tem, dessa forma, duas categorias de oficiais: os QEMA e os QSG. Os QEMA são assim chamados por integrarem o Quadro de Estado-Maior da Ativa (QEMA) e os QSG por serem do Quadro Suplementar Geral (QSG).

Esses termos se apegam à imagem do oficial, passando a qualificar sua identidade. Uma das primeiras informações que se busca em um oficial superior é se ele é QEMA ou QSG. Nesta fase da carreira, esta informação é fundamental, mais importante até do que a turma e a Arma como dados que informam acerca das características do militar: qual a sua personalidade, a sua trajetória na carreira e na vida, suas capacidades, quais as formas de lidar com as situações de rotina e reagir diante de circunstâncias excepcionais, enfim, seu jeito de ser e sua visão de mundo.

A partir do posto de major, normalmente a informação mais importante acerca do oficial é se ele é QEMA ou QSG, seguidas da turma e da Arma. É uma qualificação tão forte que jamais deixa de acompanhar o oficial, agregando-se à sua identidade. Sempre quando o oficial se apresenta, pessoalmente ou através de documentos, o "termo" "QEMA" constará após o posto e antes do nome, *v.g.*, Cel (coronel) QEMA João dos Santos. Isto ocorre mesmo quando em uma situação em que não esteja integrando o Quadro de Estado-Maior da Ativa, quando na reserva, por exemplo. Se não consta a informação "QEMA" após o posto e antes do nome, deduz-se tratar-se de um QSG. Generais, integrantes de seus estados-maiores e comandantes de Organizações Militares valor Unidade são QEMAs, isto é, fazem parte deste grupo denominado QEMA.

É comum, ao se referir a um oficial da reserva, aqueles que não o conhecem perguntarem se é QEMA ou QSG. Um oficial da reserva formalmente não integra nem um quadro nem outro, mas isso é sociologicamente irrelevante, pois no imaginário militar ou ele é QEMA, dotado de um perfil específico construído por uma escolha pessoal na qual ele conduziu a sua carreira e a sua vida por um caminho rico e enriquecedor, ou é QSG, beneficiado por outro tipo de perfil bastante diverso, desenvolvido em uma trajetória através da qual fora levado pelas imposições da vida combinadas com suas capacidades pessoais.

QEMA, dessa forma, deixa sociologicamente de significar Quadro de Estado-Maior da Ativa para, metonimicamente, designar um grupo muito específico de oficiais, composto por aqueles que um dia ingressaram na Escola de Comando e Estado-Maior do Exército (ECEME) para a realização do "curso dos comandantes e dos generais" e prosseguiram por um caminho muito específico dentro da Instituição, compondo um grupo dotado de uma identidade própria que sobrepuja todas as outras dentro do campo militar.

A ECEME é o prosseguimento natural da carreira do Oficial de AMAN na fase de oficial superior (major, tenente-coronel e coronel), pois todas as funções importantes do Exército são exercidas por QEMAs: oficial de Estado-Maior de Grandes Unidades e níveis superiores, como, por exemplo, as brigadas, as divisões de exército, as regiões militares, os comandos militares de área, todas comandadas por generais, isto é, as funções de assessoramento de generais; comando de Organização Militar valor Unidade, privativo de tenentes-coronéis e coronéis, comando este considerado o coroamento da carreira do Oficial de AMAN, haja vista a promoção a general ser um *plus* que vai muito além de uma carreira de sucesso, considerada completa no posto de coronel, o que de fato ocorre para a grande maioria; cursos e missões no exterior para oficiais superiores, dentre outras funções e atividades privativas de oficiais do QEMA. É o curso da ECEME que habilita o oficial superior ao comando de Organização Militar valor Unidade (batalhões para a Infantaria, regimentos para a

Cavalaria e grupos para a Artilharia) e, por fim, ao ingresso no Quadro de Acesso à promoção a oficial-general.

Podemos observar, assim, que o Curso de Comando e Estado-Maior do Exército, na ECEME, é a porta que dá acesso ao prosseguimento da carreira do Oficial de AMAN a partir do posto de major, quando passa a integrar o círculo de oficiais superiores (majores, tenentes-coronéis e coronéis). Essa carreira, a carreira do "QEMA", se distingue por uma nova realidade que se manifesta de duas maneiras: a primeira pode ser chamada de material ou substancial e a segunda, intimamente relacionada à anterior, pode ser chamada de simbólica ou social.

A primeira manifestação dessa nova realidade na carreira do oficial superior, a material ou substancial, pode ser observada no fato de que esse oficial passa a desempenhar as funções privativas do QEMA, as mais importantes da Instituição, as estratégicas, as de maior prestígio e poder, pois são as de assessoramento e decisão, as que exigem a reflexão e a capacitação intelectual e que, por isso, representam a Instituição e estão aptas a revelarem o seu pensamento em qualquer situação, dentro ou fora da Instituição, no interior do país e mesmo no exterior.

É nessa manifestação da realidade da carreira do QEMA que estão incluídas as duas possibilidades fundamentais da carreira do oficial. A primeira é o comando, função para a qual o oficial, desde o seu ingresso na EsPCEx/AMAM para a sua formação, vem sendo preparado. Função que coloca o oficial na nobre posição de comandante de Organização Militar valor Unidade: os batalhões, os regimentos e os grupos. O comando é o coroamento da carreira do oficial que tem ocasião no posto de tenente-coronel ou coronel, preanunciado ainda na Academia através da frase do cadete: "Cadete, ides comandar, aprendei a obedecer".

A segunda possibilidade de importância vital na carreira do Oficial de AMAN que somente a carreira do QEMA permite vislumbrar é remota e imprevisível, pois vem sendo definida ao longo de toda a carreira, desde a Academia. É o acesso à promoção a general-de-brigada, com o consequente ingresso no círculo dos oficiais-generais e a perspectiva de ascensão a general-de-divisão e general-de-exército, quando o oficial passa a integrar o Alto-Comando do Exército.

Ao ser promovido a general-de-brigada, com o consequente

ingresso no seleto círculo dos oficiais-generais, o oficial entra em outro mundo. Além do prestígio e de todas as prerrogativas do círculo, que está além da carreira do oficial, uma vez que esta se completa no posto de coronel, o recém-ingresso neste novo mundo tem a perspectiva de permanecer mais doze anos no serviço ativo, quatro em cada posto de oficial-general. E ainda após estes doze anos extras, o general-de-exército pode ser alçado à função de comandante do Exército ou ainda à de ministro do Superior Tribunal Militar (STM), cargo que tem a prerrogativa da vitaliciedade.

Assim, a nova realidade da carreira do QEMA que se manifesta nessa primeira vertente que chamei de substancial ou material se caracteriza pelas novas funções privativas a serem desempenhadas, as mais importantes e de maior prestígio. Sendo que duas possibilidades fundamentais da carreira do Oficial de AMAN decorrem da realização do Curso de Comando e Estado-Maior do Exército na ECEME: o comando e o generalato. Somente serão comandantes e generais os oficiais QEMA.

A segunda maneira pela qual se manifesta a nova realidade da carreira do Oficial de AMAN ao se tornar um QEMA, que aqui denominei vertente social ou simbólica, está intimamente relacionada à primeira, a chamada vertente material ou substancial. Trata-se do prestígio, do *status*, do capital social e do poder simbólico conferidos aos oficiais que realizam o Curso de Comando e Estado-Maior do Exército na ECEME, quando passa a ostentar o "título" de QEMA.

Esses oficiais que deixam o Quadro Suplementar Geral (QSG) e passam a integrar o Quadro de Estado-Maior da Ativa (QEMA) são chamados de QEMA em distinção aos QSG, estes rotulados pela alcunha de "manga-lisa" ou "mangão". Os QEMA são percebidos como os oficiais que prosseguiram na carreira do Oficial de AMAN nesta nova fase, a fase de oficial superior. Os "manga-lisa" ou "mangões" nada mais têm a esperar da carreira a não ser o desempenho de funções burocráticas e de mera execução até completarem o seu tempo mínimo no serviço ativo para requererem sua transferência para a reserva remunerada. "Manga-lisa" e "mangão", como já se pode perceber, são termos pejorativos que qualificam o não-QEMA. Significam, assim, a ausência de algo, e algo de fundamental importância para o oficial superior.

Trata-se de uma qualificação negativa.

Sempre que um militar enfrenta um processo qualquer que o integra a um determinado grupo, como por exemplo, os cavalarianos, os comandos, os paraquedistas, os guerreiros de selva, este processo é finalizado por um rito de passagem no qual o militar que venceu todas as etapas é "brevetado". Recebe, em uma cerimônia de formatura, uma insígnia que passa a ostentar no seu uniforme na forma de um brevê. Este brevê identifica o militar como integrante daquele grupo composto pelo conjunto dos militares que passaram por aquele mesmo processo. Processo que habilita a uma série determinada de competências.

Assim, as insígnias no uniforme compõem a identidade do militar, pois revelam suas habilidades e suas tendências. Um infante ou cavalariano que ostente brevês de cursos operacionais como o Curso de Operações na Selva ou o Curso de Ações de Comandos tem habilidades e uma personalidade diferente de um intendente ou um matibeliano que tenha realizado cursos técnicos como o Curso de Especialização em Gestão ou o Curso de Especialização de Manutenção de Material Bélico.

O oficial superior, ao concluir o Curso de Comando e Estado-Maior do Exército da ECEME, recebe a insígnia correspondente que o identifica como oficial QEMA. Esta insígnia é muito importante e valorizada e, nos uniformes de manga comprida, à exceção do camuflado, são dispostas na região central da manga, na altura da parte superior do antebraço, um pouco abaixo da articulação do cotovelo. Em oposição aos QEMA, os QSG não usam nada nas mangas compridas dos seus uniformes, motivo pelo qual recebem a alcunha de "manga-lisa" ou "mangão." O oficial superior, assim, ou é QEMA ou é "manga-lisa/mangão".

Quando é QEMA, o oficial superior é detentor de um poderoso capital simbólico. Tem prestígio, é respeitado. Quando fala, é ouvido não somente por seus subordinados, mas também por seus superiores, por seus comandantes e pelos generais, e suas considerações têm credibilidade. Possui um *status* diferenciado e a ele são conferidas precedências. Oficiosamente, somente na prática, é claro, tem precedências até sobre oficiais "mangões" mais antigos, a despeito das normas que regulam a hierarquia e a disciplina, pois é o oficial que acompanha o general, que se reúne com a autoridade, que assessora o comandante. Em suma, é o oficial de confiança do superior e aquele que está sendo preparado para ser alçado à esta posição superior no futuro. Por isso, deve ser preservado, é imperioso que seja prestigiado. Pode ser mais moderno que um QSG em uma determinada situação, mas é o mais importante na estrutura do poder e, no desenvolvimento da carreira, é o que vai ascender aos postos mais elevados, enquanto o QSG circunstancialmente mais antigo passará em breve para a reserva remunerada e desaparecerá para sempre.

O "mangão", quando desiste da ECEME ou vence a fase de prestação do concurso sem lograr êxito, não tem mais nada a esperar da carreira a não ser o tempo mínimo exigido de permanência no serviço ativo ou, como também é comum, a última promoção, ao posto de coronel, chamado de "*full*", o coronel com três "gemadas", termo que designa a estrela de oficial com explendor, a estrela rodeada pelo amarelo, privativa do oficial superior. Uma estrela "gemada" (com esplendor) e duas puras identifica o major; duas "gemadas" e uma pura, o tenente-coronel; três "gemadas", quer dizer, três estrelas envoltas pela cor amarela, cheias, portanto, identificam o coronel, chamado, por isso, de coronel *full* (estrelas cheias), para diferenciar do tenente-coronel, uma vez que a forma de tratamento deste último também é coronel. Assim, há os coronéis *full*, os coronéis de fato e de direito, detentores de três "gemadas", e os coronéis que não são *full*, chamados de coronéis, porém, na verdade, tenentes-coronéis. Esses são os únicos motivos que justificam socialmente a permanência do QSG no serviço ativo: a espera pela promoção a coronel *full* ou a espera do tempo mínimo para a transferência para a reserva remunerada.

O tenente-coronel "mangão" ouve correntemente a pergunta: "quanto tempo falta para ir embora?" A resposta ou é o tempo que falta ou "estou esperando sair '*full*', daqui a...". Até a época da promoção é informada, como que a justificar o fato de ainda estar na ativa. A partir daí, para os poucos que, por um motivo ou outro da esfera pessoal, permanecem no serviço ativo, coronéis *full* "mangões" com tempo "para irem para casa", começam as brincadeiras entre os companheiros de turma. A essa altura, boa parte da turma já está na reserva, todos os "mangões". Os que estão na ativa são os poucos QEMA da turma, no desempenho das suas funções de prestígio, cheios de honra e poder, aguardando o ano de promoção da turma a general, o que se dá exatamente trinta anos após a formatura na AMAN. Neste ano, alguns da turma serão promovidos e os demais, se não requererem, transferidos, *ex officio*, para a reserva remunerada.

As brincadeiras com um "mangão" "*full*" com "tempo para ir embora" são só por parte dos "mangões" que já estão na reserva. Um QEMA não brinca com essas coisas. Um QEMA é um oficial sério, tem uma postura elegante e profissional. Um QEMA joga tênis, bebe moderadamente whisky 12 anos, viaja todos os anos para a Europa ou para os Estados Unidos. Um QEMA sabe tanto estar em uma situação real de combate quanto em uma recepção ao lado das mais altas autoridades da República. Um QEMA, nessa fase da carreira na qual somente eles, os QEMAs da turma, ainda estão na ativa, é tanto um comandante firme e rígido no cumprimento da sua missão de combate quanto um *gentleman* polido e gentil nas esferas sociais do poder. O Exército, a essa altura das suas trajetórias, já os forjou tanto em uma situação quanto na outra. Diversas vezes.

Mas são divertidas as brincadeiras que os "mangões" que já estão na reserva fazem com o "mangão" "*full*" com "tempo para ir embora" que ainda permanece na ativa: "e aí, fulano, está esperando sair general?" Muitos risos de todos os demais "mangões". Gargalhadas mesmo. Alguns ensaios tímidos de sorrisos discretos e contidos dos QEMAs, olhando em outra direção e recompondo a compostura.

Observamos, assim, que o QSG sai da ribalta. Este, quando confirma que não fará mais a ECEME, seja por não lograr êxito no concurso seja por decidir não realizar o Curso de Comando e Estado-Maior do Exército, passa a ser visto como alguém que não está mais no jogo. Começa oficialmente a se preparar para ir embora. Mas, durante a fase do concurso para a ECEME, todos são pressionados a realizá-lo. Os superiores perguntam continuamente se o oficial está se preparando. Muitos militares, mesmo sem a intenção de realizar o curso, respondem que sim e tomam todas as medidas administrativas para o concurso, realizando-o alguns anos seguidos. Demostrar falta de interesse para com a ECEME na época do concurso não é uma boa postura. Denota desleixo para com a carreira e pouco caso para com a Instituição. Este procedimento associa o militar à falta de profissionalismo. Está-se, sem dúvida, diante de um mal profissional.

O QSG aquieta a sua carreira. Pode tentar não ser mais transferido e muitas vezes consegue. Estabelece-se em uma cidade e se prepara para a reserva. O Exército não oferece mais perspectivas para o desenvolvimento deste profissional. É o fim. Não haverá mais oportunidades, nem cursos, nem investimento da parte da Instituição neste combatente em fim de linha. Nada se espera mais dele, ele não espera mais nada da Instituição em termos de possibilidades profissionais. Nos filtros ao longo da carreira, este é o mais significativo.

O QSG é um oficial que não passou para a fase seguinte, ficou pelo caminho. Não foi selecionado pela Instituição para prosseguir no preparo para o exercício das suas funções mais importantes: assessorar generais, comandar, representar o Exército no interior do país e até no exterior, concorrer ao generalato, ser promovido a general e, mais tarde, após vencer todos os demais filtros interpostos pela carreira, comandar a Instituição. Não que o oficial tenha se desgostado da profissão militar, a questão é outra. Chegou ao fim da linha no que se refere à sua carreira. Chegou onde podia. Mas o Exército continuará fazendo parte da sua vida.

O oficial QSG, dessa forma, nos anos conclusivos da sua carreira, se estabelece em uma cidade, se volta para a sua família e se prepara para a reserva. Muitas vezes realiza uma graduação em uma universidade, prossegue nos seus estudos e se habilita para uma nova profissão ou mesmo para uma outra carreira.

O oficial QEMA prossegue. Muitos da sua turma ficaram pelo caminho, ele é um dos que venceram essa longa e desgastante etapa de preparação, concurso e curso. Permanece dedicando-se exclusivamente à sua carreira. Muitas transferências, realização de outros cursos, missões no exterior, assunção do comando, exercício de funções de instrutor, integrante e chefe de Estado-Maior de Grandes Unidades e de níveis superiores, enfim, em termos de ritmo de trabalho nada muda. Ou melhor, a responsabilidade aumenta, os encargos se intensificam, a dedicação se aprimora. Vive uma outra fase, a fase da maturidade na vida e da prudência na carreira. Continua amadurecendo, prossegue se dedicando, cada vez mais.

O processo de realização do Curso de Comando e Estado-Maior da ECEME leva alguns anos. Tem início na fase final do posto de capitão e para alguns chega ao posto de tenente-coronel. A família tem que estar junto do militar, pois, nessa conquista, o oficial necessita do apoio e da compreensão da sua esposa e dos seus filhos. São muitas horas de dedicação ao trabalho e ao estudo, alguns anos de intensa ansiedade quanto ao êxito no concurso e, vencido tudo isso, dois anos no Rio de Janeiro realizando o Curso na ECEME. É um empreendimento para toda a família.

As palavras do comandante da ECEME registradas no Guia do Aluno de 2017 alertam sobre o comprometimento da família nesse empreendimento do oficial que pretende se dedicar ao preparo para o concurso daquela escola:

> É de nosso conhecimento que seu sucesso no CP[10]/ECEME e no Concurso de Admissão dependerá do apoio irrestrito de sua família. Caberá a ela entender que o êxito no Curso será o sucesso de todos. Nesse processo, o Comandante de sua Organização Militar terá também papel fundamental no seu resultado. O fato de estar matriculado em um curso institucionalizado pelo Exército não reduzirá suas responsabilidades com sua Organização Militar. Entretanto, à medida que o seu sucesso e o seu comprometimento com o CP/ECEME forem demonstrados, tenho a certeza de que, na mesma proporção, você poderá contar com o apoio irrestrito dos seus familiares, de seu Comandante e demais companheiros de sua OM.
>
> Aproveito para formular a você e à sua família votos de êxito no Curso e as boas-vindas ao ambiente de ensino desta secular Escola Marechal Castello Branco [nome histórico da ECEME].

Após a conclusão do curso, nada de tranquilidade ou acomodação. Muitas atividades, muitas transferências e muitas missões, algumas distantes da família, ocasiões nas quais esposa e filhos podem permanecer por longos períodos de tempo afastados do marido e do pai.

A decisão de prosseguir nesse caminho não é somente do militar, pois as exigências da carreira irão se intensificar e a dinâmica da família vai mudar. A mulher tem que estar disposta a prosseguir também na sua carreira de esposa, a partir daqui, esposa

---

[10] Curso de Preparação.

de oficial QEMA. É um momento de decisão. Alguns oficiais, ao analisarem, com suas famílias, a nova realidade após a ECEME, pesam na balança e optam por uma vida mais tranquila. Uma vida mais estável, para eles e para suas famílias. Chegou a hora da esposa e dos filhos.

Cristina Rodrigues da Silva registra o relato da esposa de um tenente-coronel de AMAN. Esse é um bom exemplo da importância da família, principalmente da esposa e mãe, nesse passo decisivo na carreira do oficial.

> A esposa também caracterizou o marido como *"obsessivo"* pela profissão militar, pois, segundo ela, *"ele tem uma paixão quase que obsessão né, vamos dizer assim pela vida militar. Passou a maior parte da vida dele estudando e estuda só isso. Ele é muito, muito, muito, não tem outra palavra que eu posso usar, ele é obsessivo mesmo pela vida militar. Porque até a própria formação que eles têm como cadete é muito rígida e provoca na pessoa uma cobrança muito forte"*. Essa "obsessão" chegava a ela, na medida em que se tornava constante a ausência do marido da casa, para se dedicar à profissão militar.
>
> A esposa afirmou que só agora, morando numa vila militar, passava a compreender melhor esse aspecto *"obsessivo"* do marido pela profissão, porque viu que havia outros maridos que também agiam assim, e outras esposas que passavam pelas mesmas dificuldades que ela, como a ausência constante do marido militar.

Esse é um passo decisivo que tem que ser dado juntamente com a família para o prosseguimento da carreira. Passo no qual, em muitos casos, a família disputa com o Exército a disponibilidade do soldado. Marido e pai *versus* Oficial de AMAN. É por tudo isso que, nesse momento crucial da carreira e da vida, o oficial e sua família optam por parar. Basta, está bom, a missão foi cumprida. Ganha a família, não perde o Exército. A Instituição já está preparada para esse momento. São muitos os que prosseguem em cada turma. Mais do que o suficiente para que o Exército do terceiro milênio continue a ser o Exército de Caxias. Mas para isso é necessário mesmo que alguns decidam estacionar. Não há lugar para todos no topo da pirâmide. Só para os que passarem por todas as etapas e forem bem sucedidos em todas as provações.

O universo de Oficiais de AMAN é grande para o topo da pirâmide e muitos estão mais ou menos preparados para, se prosseguirem, chegarem lá. Se o oficial decidiu parar, é porque não lhe cabia o topo, este não é o seu destino nem está ali o seu quinhão. Aqueles que chegam lá são os que se lançam à conquista sem pestanejar e vencem todas as etapas, todas as barreiras, todos os obstáculos, que prosseguem, sempre, sem parar, com persistência, muita persistência, colocando a carreira e a Instituição sobre tudo e sobre todos, até que lhes seja anunciado que chegaram, que é isso, não tem mais, e determinado que parem, que a missão agora é ir para casa a fim de integrar a reserva ou o exército dos reformados, dos que deram o sangue e fizeram a Instituição.

A missão, a partir daí é de outros, dos poucos que prosseguem vencendo os processos seletivos cada vez mais difíceis à medida que se aproximam do topo da pirâmide; e dos mais jovens, que vêm atrás, como eles outrora, que vêm com força, com disposição, com novas ideias, mas com os mesmo ideais, percebendo o valor da transformação, mas rejeitando a transformação como valor. Agora é a vez deles. Isso faz com que os que chegam valorizem a posição à qual chegaram. Foi difícil, por isso tem valor. São estes os que interessam à Instituição: os que persistem e que chegam aonde puderem, sem olhar nem para um lado nem para o outro, sem se desviarem nem para a direita nem para a esquerda, os que prosseguem pelo reto caminho da carreira do Oficial de AMAN.

8. O comando e a família do comandante

Uma outra questão importante para o desenvolvimento da carreira do Oficial de AMAN que envolve a família do militar decorre da anterior, desta que se acabou de ver: a realização do

Curso de Comando e Estado-Maior do Exército, na ECEME, com as consequências que disto decorrem para a carreira e para a vida do militar e da sua família.

Essa outra questão, própria da carreira do QEMA e que é de fundamental importância para o prosseguimento da carreira é o comando, o comando de uma Organização Militar valor Unidade, ocasião na qual o oficial, no posto de tenente-coronel ou coronel, se torna comandante e exerce a nobre função para a qual se preparou durante toda a sua carreira, desde que entrou para a Academia.

O comando é a um só tempo o coroamento da carreira do Oficial de AMAN e o único caminho de acesso ao generalato. Para os que não lograrem êxito na promoção a general, o coroamento da carreira; para os generais, o caminho comum no qual a promoção consagrou o sucesso da trajetória.

O comando é uma função difícil. E por isso é para poucos, para os que se dispuseram a enfrentar todas as barreiras até ali e as superaram. O comando é entrega de si e da família. O comandante não tem hora para entrar nem hora para sair. Comandante não tira férias, é praxe no Exército. Não tem final de semana, este também é tempo de ser comandante. Não tem nem Natal nem Ano Novo, sua Unidade continua funcionando normalmente, e quem está à frente dela é ele, o comandante. E com ele, a sua família.

São dois anos ininterruptos dentro dos quais ao comandante cabe toda a responsabilidade por tudo o que suceder com a sua Unidade, com os seus comandados e com as famílias dos seus subordinados, em todas as atividades, da rotina da caserna e do dia a dia do lar, no serviço e no descanso, no quartel e em casa, no trabalho e na folga, na vida profissional e na vida privada. O comandante é o responsável, quer seja para o bem quer seja para o mal, seja para a honra seja para o opróbrio, seja para o louvor seja para a repreensão. Se por um lado, recebe o mérito pelo sucesso, por outro, suporta o peso do fracasso. Em tudo e por tudo é ele o responsável.

A função do comandante no Exército é liderar homens. E lidar com homens não é fácil, mormente em dias como os de hoje, nos quais os mais amplos e bizarros direitos têm suas garantias mais que asseguradas pelos juízes e os deveres parecem pesados demais para os homens, para os juízes e homens da pós-modernidade. Os compromissos pessoais são efêmeros e as possibilidades de sucesso fácil parecem infinitas. E na República pululam as vias através das quais se pode encontrar auxílio em face de um comandante exigente, dedicado, trabalhador, difícil, às vezes pessoalmente desagradável.

A Justiça, o Ministério Público e a Mídia têm sido vias de fácil acesso aos comandados que, por quaisquer que sejam os motivos, queiram inibir uma postura firme de um comandante exigente. Comandados estes que sabem que qualquer pequena mácula na trajetória de um comandante pode ser decisiva nos concorridos processos seletivos que doravante farão parte da rotina da sua vida, da vida daquele oficial que chegou incólume até esta etapa da sua carreira. São inúmeros os processos seletivos que se abrem ao comando bem sucedido, dentre os quais, na última fase, se acha o mais importante: o processo seletivo de promoção a general.

O comandante, assim, tem que considerar uma realidade mais ampla na qual o militar está imerso, pois o que sucede na sociedade, onde "o que importa é ser feliz" e as estratégias devem ser sempre de curto alcance, pode afrouxar os laços de lealdade do subordinado. Como já alertara Zygmunt Bauman, deve-se

> tomar cuidado com os compromissos a longo prazo. Recusar-se a 'se fixar' de uma ou de outra forma. Não se prender a um lugar, por mais agradável que a escala presente possa parecer. Não se ligar a vida a uma vocação apenas. Não jurar coerência e lealdade a nada ou a ninguém. Não *controlar* o futuro, mas *se recusar a empenhá-lo:* tomar cuidado para que as consequências do jogo não sobrevivam ao próprio jogo e para renunciar à responsabilidade pelo que produzam tais consequências. Proibir o passado de se relacionar com o presente. Em suma, cortar o presente nas duas extremidades, separar o presente da história. Abolir o tempo em qualquer outra forma que não a de um ajuntamento solto, ou uma sequência arbitrária, de momentos presentes: aplanar o fluxo do tempo num *presente contínuo.*

Este autor prossegue informando que carreiras hoje promissoras podem súbita e inesperadamente se revelar vias suicidas: "Meio de vida, posição social, reconhecimento da utilidade e merecimento da auto-estima podem todos desvanecer-se simultaneamente da noite para o dia e sem se perceber."

Comandar sempre foi gratificante, mas também sempre foi muito difícil. O comando consiste em uma função cujo exercício é tão nobre quanto penoso. Porém ser comandante hoje em dia se tornou uma alegria por demais angustiante. Assim, a família também precisa querer. A esposa tem que estar disposta; os filhos, dispostos a compreender.

Cristina Rodrigues da Silva aponta que os encargos da esposa de um comandante, e também dos filhos, retratam bem essa realidade de toda a família de um Oficial de AMAN QEMA nomeado para essa nobre função militar de comandar. A esposa de um comandante deixou de lecionar porque se viu envolvida com as atividades da Organização Militar (OM) comandada por seu marido, pois como esposa do oficial mais antigo,

> sente-se responsável por passar conselhos e experiências para as esposas mais novas dos oficiais, e sente-se na obrigação de saber os nomes delas e de procurá-las para eventuais conselhos, além de promover eventos para uma integração entre as esposas.
> [...]
> Os filhos deixaram de acompanhar o pai e a mãe quando iniciaram faculdade em Brasília. Hoje eles se sustentam, mas a esposa indica que quando os filhos começaram a faculdade, durante um tempo, a família tinha duas casas: a casa do casal (marido e mulher/pais) e a casa dos filhos, sustentada pelo casal. Segundo ela, *"isso é bem comum para o militar, ele tem que sustentar porque ele quer deixar o filho bem instalado, num lugar seguro"*...
> Ao todo, o casal passou por 14 mudanças de estado [...] E que somando com mudanças ocorridas na mesma cidade, totalizaria cerca de 20 mudanças de residência A filha mais velha ficou em definitivo na primeira ida da família à Brasília; enquanto o filho acompanhou os pais por mais dois anos até a época de prestar o vestibular. Segundo a esposa, *"o filho você consegue deixar numa cidade fazendo faculdade, só que a esposa do militar ela acompanha o militar"*.

A esposa do comandante participa ativamente na vida da Organização Militar (OM), exercendo uma função que interfere diretamente no jogo de relações dos militares e de seus familiares.

O Estado-Maior do Exército lançou recentemente o Caderno de Apoio ao Cônjuge do Comandante. Este documento tem por finalidade "apoiar os cônjuges dos Comandantes no decorrer do comando." O auxílio do cônjuge se constitui em um "poderoso reforço na nobre missão de conduzir soldados". Este caderno é um dos instrumentos que o Exército tem utilizado no sentido de preservar seus valores, manter a sua coesão interna e resistir à onda de mudanças que se desenvolve na sociedade mais ampla. Já na introdução, fica claro que

> A cultura da indiferença vem ganhando espaço na conjuntura nacional e a perda de valores é crescente. A ética, a solidariedade e o convívio harmonioso estão em constante desvalorização e o Exército Brasileiro pode ser um vetor de transformação neste curso da sociedade.

O caderno esclarece que a esposa do comandante, durante o comando, independentemente de onde esteja o oficial, sempre será considerada o "cônjuge do comandante", sendo vista como uma "pessoa experiente e informada, que tem acesso a informações 'privilegiadas'". Assim, "deve interagir diretamente com a Família Militar da Sede da Unidade." Apresenta, em função desse capital social que a esposa do comandante detém antes mesmo da sua chegada à sua nova residência, uma série de informações consideradas valiosas para que o cônjuge possa desempenhar "um papel de liderança na Família Militar".

A esposa do comandante é orientada a "conhecer as pessoas pelos rostos e primeiros nomes"; a assumir "a liderança na socialização de eventos"; a criar "uma relação com a OM, sem interferir nas atribuições do Cmt"; a conhecer "o Estado-Maior, a assistência religiosa e a RP da OM"; a manter "anotações e arquivos a respeito de atividades" de que participa, elaborando "relatórios pós-ação para os grandes projetos com contatos, fontes, etc"; a participar "de todos os eventos da OM dentro do possível"; a conhecer "a linha tênue entre amigo e confidente", escolhendo seus amigos com sabedoria; a descobrir "as lideranças na Família Militar", aproveitando "talentos, ideias e energias"; a considerar cuidadosamente os pontos de vista que defende, "já que os outros o verão como um modelo a seguir"; dentre muitas outras orientações.

Esse caderno aborda, em 7 capítulos que se desenvolvem em 28 páginas, os seguintes temas inerentes à posição de cônjuge do comandante: "quem é o cônjuge do comandante"; "chegando à Unidade"; "saindo da Unidade"; "relatórios"; "presentes"; "liderança"; e "recrutando voluntários". Destaca a existência de uma relação entre a esposa do comandante e a Unidade por ele comandada, ressaltando que na falta dela, outra pessoa poderá ser solicitada "para ajudar com os 'deveres' esperados do cônjuge".

Esta relação implica aceitar o papel de "cônjuge do Comandante" no cerimonial militar. Você deve aparecer publicamente com o seu cônjuge nas cerimônias e eventos militares, apoiar publicamente o seu cônjuge, enquanto ele encontra-se em uma posição oficial, e pode até mesmo representar o seu cônjuge em eventos.

Por todas essas questões que envolvem diretamente a família do militar na sua atividade profissional, muitos oficiais, destemidos na transposição dos obstáculos até esta fase da carreira, ao se depararem com o comando, têm mergulhado em reflexões e, algumas vezes, se mostrado hesitantes diante dessa missão, que é a principal da carreira. Mas a família também é uma missão principal. Se o comando é a missão principal da carreira, a família é a missão principal da vida. Talvez suas famílias mereçam um caminho mais suave.

A incerteza do Oficial de AMAN QEMA diante da assunção do seu comando se mostrou deveras gravosa em 2009. Os oficiais relacionados neste ano para assumirem seus comandos no ano de 2010 realizaram pedidos de exclusão da lista de comando em uma medida acima do aceitável. Esse fato foi revelado pela mensagem que o general-de-exército chefe do Departamento-Geral do Pessoal (DGP) fez veicular, naquele ano, na página daquele Órgão de Direção Setorial, órgão do Exército responsável, dentre outras atribuições, pelas nomeações dos comandantes das Organizações Militares do Exército.

Os Oficiais de AMAN, por exigência do seu ofício, têm a necessidade de acessar a página do DGP com frequência. A mensagem abaixo transcrita foi transmitida, durante alguns dias, via *pop-up*, a todos os usuários que acessavam aquela página. Foi a resposta do chefe do DGP a todos os que pediam a exclusão dos seus nomes da lista de comando, independentemente dos motivos, conforme revela o texto, fechando questão quanto à prioridade do comando sobre quaisquer outros aspectos da vida do militar. Referiu-se, especificamente, naquele caso, à família militar que, antes de ser uma concorrente com a Instituição, deve ser uma parceira.

A mensagem foi abertamente direcionada aos oficiais que haviam requerido a exclusão dos seus nomes da lista de comando naquele ano. E pelo que podemos observar pelo próprio texto, os motivos alegados eram considerados pelos requerentes motivos mais que justificadores da exclusão, pois pela resposta do general chefe do DGP, referiam-se a motivos de ordem familiar.

A mensagem, não obstante haver sido dirigida pessoalmente aos oficiais que estavam naquela condição, serviu de alerta geral para todos, uma vez que colocou o comando de Organização Militar (OM) no seu devido lugar em relação aos interesses da família do oficial. Fica claro que, para o Exército Brasileiro, não pode haver conflito de interesses entre a Instituição Militar e a instituição familiar do Oficial de AMAN. Ambas têm que convergir para um mesmo objetivo. O papel de oficial está sempre em pé de igualdade com o de marido e de pai.

> Exclusão da Lista de Comando
> (Informação do DGP [Departamento-Geral do Pessoal])
> Muitos oficiais têm requerido exclusão do universo de seleção para o comando, alegando interesse particular.
> Este ODS [Órgão de Direção Setorial] entende que a missão de comandar constitui a destinação essencial da carreira de um oficial.
> As regalias conferidas à condição de oficial e legitimadas pelo regulamento representam o reconhecimento institucional pelo sacrifício devido e proporcionam contrapartida à exigência de dedicação exclusiva. A fim de qualificá-lo ao honroso cargo de comandante, a Instituição investe seus melhores recursos na formação e aperfeiçoamento do oficialato.
> É verdade que o comando requer verdadeiro sacerdócio de vida, pelas exigências morais de abnegação, coragem para defrontar os riscos do cargo, renúncia ao interesse particular e plena dedicação

ao serviço.

Contudo, é justamente o comando que simboliza o ponto culminante da carreira militar, sendo o complemento indispensável à trajetória anímica do fidedigno soldado.

A fidelidade ao compromisso original tem de sobrepor o interesse maior do Exército às naturais conveniências particulares do indivíduo, como: trabalho e renda da esposa, estudo dos filhos, doença de familiar ou qualquer outro motivo que não transcenda a vontade do profissional.

Ao eximir-se da missão, o oficial comete suicídio vocacional e trai a confiança da sua Instituição.

Portanto, todos os requerimentos de exclusão da lista de comando foram indeferidos, salvo os casos de indiscutível excepcionalidade.

E o fato de não ser voluntário para comandar perdeu relevância em relação ao interesse maior do serviço, desde que o oficial possua os atributos essenciais e idoneidade para ser investido no cargo.

Capítulo 3: Família moderna: uma interface entre o Exército e a sociedade

1. O Oficial de AMAN, sua esposa e seus filhos

A família brasileira tem passado por transformações profundas. As jovens não têm mais sido educadas para o desempenho dos papeis tradicionais de mulher e de mãe, nem a valorizá-los como dignos da sua dedicação exclusiva ou principal. Tampouco têm sido preparadas para ocuparem posições sociais hoje consideradas coadjuvantes, de esposa de um profissional tradicional e mãe de seus filhos, preocupadas exclusivamente com o desenvolvimento da carreira do marido e em contribuírem com isso para o bem da família, como boas colaboradoras, administradoras do lar e companheiras leais, vendo nestas atividades um fim, como devendo ser a própria realização pessoal da mulher, e abrindo mão de empreendimentos percebidos hoje como modernos, instigantes e desafiadores. Empreendimentos profissionais com retornos, pelo menos na aparência, mais gratificantes e compensadores que o de mulher e mãe, possibilidades oferecidas pela sociedade de hoje de forma ostensiva e abundante.

Ester Nunes Praça da Silva, entrevistando casais nos quais o marido é militar há pelo menos 10 anos, constata que entre os cônjuges a *coesão interna* assume um modelo no qual os homens trabalham e sustentam a família e as mulheres se responsabilizam pelas questões maternais e domésticas – tudo aquilo relativo aos cuidados da família –, mesmo quando a mulher trabalha remunerada e é a responsável direta pelas atribuições domésticas.

Podemos, inclusive, destacar que estes modelos se assemelham ao de família patriarcal, reatualizada, que, segundo Freire (1933[1958]), caracteriza-se pela divisão sexual do trabalho, reservando para as mulheres o domínio doméstico, enquanto aos homens, o papel de provedor do lar. De acordo com tal arranjo, a divisão sexual do trabalho é hierarquizada e reserva às mulheres o domínio doméstico, enquanto aos homens, o papel de mantenedor do lar.

Nesse paradigma patriarcal, as esposas não trabalham fora de casa, sendo-lhes delegada a tarefa de cuidar do lar e dos filhos. Muitas vezes, segundo a concepção desse paradigma, as mulheres que trabalham fora de casa sofrem preconceito e são estigmatizadas, porque as responsabilidades domésticas, que lhes são prescritas, são, supostamente, prejudicadas por suas atividades profissionais.

Entretanto, parece que as jovens não estão mais se enquadrando nesse perfil de boa esposa e boa mãe, e mesmo que, ao serem previamente sondadas e orientadas por seus namorados e noivos cadetes ou tenentes sobre as exigências da carreira militar, ao aceitarem as imposições e se submeterem a elas, podem não ter uma compreensão precisa do que estejam fazendo ou no que verdadeiramente estão entrando.

Ademais, mesmo que assumam o compromisso nos termos propostos, com o tempo, as pressões da sociedade, da universidade, da mídia, da cultura, de uma carreira ou de um trabalho promissor, da família mais ampla, pais e irmãos, por exemplo, e até dos próprios filhos, que estarão crescendo e se desenvolvendo em meio a um mundo em rápida transformação, ou ainda a tentação pela possibilidade de realização profissional ou pessoal consentânea com os novos tempos ou o desgaste da rotina do casamento, tudo isso, e muito mais, característico da sociedade brasileira hodierna, poderá impingir na mulher um sentimento de perda em relação ao que poderia estar conquistando em detrimento do sucesso do marido, e isso pode ter por consequência a alteração dos planos iniciais da esposa do oficial já em uma fase mais avançada da carreira e da vida.

A sociedade brasileira, nos últimos anos, tem vivenciado mudanças profundas que têm afetado substancialmente a família. A instituição familiar tem sido alvo de pressões de um movimento de transformação avassalador e irresistível, provenientes de todas as direções e que lhe atingem por todos os meios, inclusive através de seus próprios membros, inseridos em diversas outras instituições da sociedade e vulneráveis a um ininterrupto bombardeio de novas ideias.

A família militar, nesse processo de transformação da sociedade, não tem sido apenas um alvo passivo das pressões que clamam por mudanças. Por se constituir em uma instituição da qual as pessoas não têm como escapar e por congregá-las na sua intimidade, em momentos de relaxamento nos quais elas se unem por meio de laços de afeto e confiança e, assim, se encontram à vontade e psicologicamente desarmadas, a família tem se caracterizado também como um dispositivo de influência sobre seus membros, tanto no sentido de conservar valores e práticas consideradas importantes quanto no sentido de instigar e acelerar mudanças profundas nas maneiras de ser, de pensar e de agir de seus membros.

Um dos fatores que tem transformado substancialmente a visão de mundo e a maneira de ser das pessoas é a igualdade de papeis entre os homens e as mulheres. Tanto homens quanto mulheres, hoje, veem-se, pelo menos sob o aspecto formal, em pé de igualdade, e qualquer diferenciação que se tente impor no desempenho dos papeis feminino e masculino com base exclusivamente nesse critério soa antiquado e é de pronto identificada como uma forma de discriminação alcançada pelo "pre"conceito do "machismo".

A imposição social da igualdade de papeis entre homens e mulheres tem afetado as relações familiares não somente entre marido e mulher, mas também entre pais e filhos e entre os próprios irmãos. As meninas, desde a infância, ao verem, por exemplo, seus pais ou irmãos esquivando-se de tarefas familiares rotineiras como pôr a mesa ou lavar a louça, automaticamente acusam-nos de machistas, condição com a qual ninguém quer estar associado. Reações instintivas e frequentes como estas, aparentemente superficiais, promovem mudanças profundas na maneira de ser das pessoas.

Relações familiares prosaicas que clamam por igualdade tendem a generalizar uma busca por relações igualitárias. Essa busca generalizada pela igualdade, de maneira simples e inconsciente, interioriza nos indivíduos um sentimento que afeta, sem que se perceba, o conceito de autoridade, vez que esse conceito pressupõe hierarquia. Por consequência, o conceito de autoridade aplicado a outros campos sociais é alterado pelo sentimento de igualdade que se impõe no âmbito da família. Qualquer alteração no conceito subjetivo de autoridade, isto é, na compreensão que o indivíduo tem acerca desse conceito, *ipso facto*, afeta diretamente as relações entre integrantes de uma instituição que se fundamente na hierarquia e na disciplina. *In casu*, as mais simples relações entre os militares dentro dos quarteis, até as mais formais, podem sofrer alterações em função de mudanças no conceito de autoridade, mudanças estas promovidas pelas relações igualitárias que se têm operado dentro das famílias modernas.

Hoje, tanto o homem quanto a mulher têm seus projetos de realização profissional fora de casa. As mulheres têm se preparado para o mercado de trabalho e antes mesmo de projetarem o casamento estão prontas para dar início ao desenvolvimento das suas carreiras. O próprio casamento tem sido um projeto para depois da faculdade, o que, inclusive, tem aumentado a média de idade das mulheres ao se casarem.

As relações familiares hodiernas, nas quais o sentimento de igualdade se impõe como um valor, têm dado ensejo a que as mulheres se preparem desde cedo para uma carreira que deverá ter o mesmo *status* da carreira do marido, não se cogitando em uma prioridade do trabalho do homem sobre o da mulher, senão por motivos contingentes e transitórios, situação esta que também pode se configurar no sentido inverso, qual seja, que circunstancialmente o emprego da esposa se sobreponha ao do marido.

Cristina Rodrigues da Silva retrata esse fato no campo militar por meio de uma entrevista que realizou com um jovem casal. Ele, capitão com 31 anos e ela, esposa de Oficial de AMAN com 25 anos de idade.

"O casal discordou em alguns pontos da entrevista, como

quando questionados sobre se gostariam que os filhos seguissem carreira militar." O marido queria, pois considera "digna" a carreira militar. A esposa não, pois queria os filhos por perto e com empregos que proporcionassem melhores condições financeiras. "A esposa argumentou que a maioria dos seus amigos que são filhos de militares, optaram por fazer faculdade civil, e que hoje em dia ganham muito mais que o seu marido."

> Ela também estava descontente com o fato de provavelmente ter que tentar ser concursada federal para que pudesse acompanhar as transferências do marido com um emprego; *"não é o emprego que eu sonhei pra mim"*, diz ela. [...] Mediante essas reclamações da esposa, o marido, a toda hora na entrevista, tentava colocar "panos quentes" na discussão, argumentando [...] que ela era muito apegada a dinheiro.
>
> Nesse casal fica claro que a esposa sente-se frustrada em relação a alguns aspectos de sua vida (o fato de ter que morar em vários lugares, de não poder exercer a profissão almejada), mas, no entanto, em nenhum momento me pareceu que ela estaria colocando em xeque o casamento...

A estrutura da carreira do Oficial de AMAN ainda não se ajustou a essa nova concepção de estrutura familiar na qual o homem não é mais o provedor nem a mulher sua auxiliadora, com a responsabilidade pela administração do lar, pelo cuidado dos filhos e pela representação do papel de esposa do oficial no desempenho das suas atividades profissionais e sociais.

As obrigações domésticas, em contrapartida, deixaram de ser consideradas como que da responsabilidade exclusiva da mulher. O homem assume, assim, uma parcela da responsabilidade pelo bom andamento da administração do lar. O militar, muitas vezes, não almoça mais no quartel, como era praxe que o fizesse, pelo fato, por exemplo, de ter que levar os filhos para a escola, o que diminui o seu tempo de imersão no ambiente de trabalho e impõe um limite à disponibilidade do seu tempo para os seus superiores, para o seu comandante, para o Exército. Outras vezes, o militar se torna pessoalmente responsável, perante sua família, por tarefas de rotina em horários fora do expediente, o que outrora seria impensável em função da prioridade do seu trabalho sobre as atividades do lar, relegadas sempre à sua esposa, como, por exemplo, pegar os filhos na escola em um horário fixo, todos os dias, pouco após o término da jornada de trabalho regulamentar, ou estudar com as crianças em casa.

A divisão dos trabalhos domésticos com a mulher tem afetado diretamente a disponibilidade do militar para a atividade profissional nos horários fora do expediente. Esse fato se traduz em uma nova realidade do campo que tem alterado a perspectiva do oficial em relação à sua profissão, bem como a perspectiva da esposa e dos filhos em relação ao trabalho do marido e do pai, uma vez que até há bem poucos anos a carreira militar tinha prioridade sobre tudo e sobre todos.

Essa nova perspectiva, imperceptível ou pelo menos não admitida pelos mais antigos, que, aparentemente sem importância, altera o conceito de disponibilidade do militar para a sua atividade profissional, produz mudanças profundas nas relações dentro do campo, pois o comandante ou o chefe, em todos os escalões, não se sente mais à vontade para determinar uma reunião ou uma atividade inopinada, não prevista ou planejada com antecedência, em horário fora do expediente da maneira livre, como fazia antigamente, sem que a decisão tenha um fundamento que justifique a imprescindibilidade da reunião naquela ocasião.

Em outros tempos, a vontade do comandante seria em si a justificativa necessária. Hoje, não é mais. Pode parecer mesmo um capricho do comandante e um incômodo para o comandado.

Uma decisão dessa natureza, hoje, altera a dinâmica de toda a família e gera um desconforto geral, conforme observou recentemente um major chefe de seção, não sem uma certa nostalgia, ao comentar distraidamente que se quisesse marcar uma reunião com seus comandados após o término do expediente sem um motivo que justificasse claramente a necessidade de tal atividade, ao invés daquela típica demonstração de boa vontade e de boa disposição por parte do subordinado, comum em outras épocas, teria que suportar um certo ressentimento velado, fruto de toda uma alteração na rotina da família e na de seus membros, o que o tem feito "quase" desistir desse empreendimento, às vezes, segundo manifestara naquela ocasião, necessário à ação de comando e ao enquadramento dos subordinados.

Uma reunião inopinada como essa, em virtude de uma

divisão mais equitativa das tarefas domésticas entre marido e mulher, altera a rotina de todos os integrantes da família e não somente a do militar. Assim, só é razoável se tiver por fundo um motivo urgente que a justifique, pois ela irá envolver diretamente todos os familiares, e não somente o oficial.

O comandante dá uma ordem ao seu subordinado, porém essa ordem implica em ações imediatas da esposa e dos filhos do comandado, que têm alterada a sua rotina de maneira inesperada. Aparentemente isso não diz respeito ao emissor da ordem, mas por gerar desconforto na esposa e nos filhos do subordinado, influirão sobre a conduta deste, repercutindo sobre o ambiente de trabalho e, por conseguinte, sobre o comandante ou o chefe que tomou a decisão.

A carreira militar tem prioridade sobre os demais aspectos da vida do seu integrante. As necessidades da família é que devem se adaptar aos imperativos do serviço. A Instituição provê os meios no sentido de satisfazer as necessidades da família do oficial, como sói acontecer nas instituições totais, criando para o militar as condições necessárias à sua dedicação exclusiva.

Isso incute no militar o dever moral de dar o melhor de si, de maneira que as dificuldades porventura enfrentadas pela sua família em determinada fase da vida sejam vistas como aceitáveis porque inerentes à própria atividade militar. Por vezes, uma circunstância desvantajosa é até motivo de orgulho, pois denota desprendimento e um sacrifício louvável que dignifica o militar e sua família, sendo recebida com *status* de privilégio, como que um tributo devido à Pátria por todo soldado verdadeiramente vocacionado. Nada menos que o estrito cumprimento de um dever que dignifica todo verdadeiro soldado.

Fernanda Chinelli, entrevistando esposas de oficiais superiores (a partir do posto de major) que cursavam o Curso de Comando e Estado-Maior do Exército na ECEME, "passagem obrigatória para os oficiais que pretendem alcançar o generalato", observou que

> além da importância que ocupam na vida doméstica, as mulheres de militares também desempenham papel relevante no que se refere à trajetória profissional de seus maridos, desde o apoio afetivo e o companheirismo que os estimula a seguir em frente, até

a influência que podem exercer no bom relacionamento de um superior para com seu marido, o que eventualmente resulta em benefícios concretos para a carreira.

[...]

...as mulheres de militares, ao abrir mão de seus projetos pessoais e carreiras profissionais para seguir a trajetória de seus maridos, reproduzem um modelo de família tradicional, em que o marido trabalha e sustenta o lar, enquanto a mulher permanece em casa, submissa, cuidando dos filhos e dos afazeres domésticos.

No entanto, as entrevistas revelam que as mulheres se percebem em uma posição de igualdade em relação aos maridos, sobretudo quando reconhecem o papel relevante que desempenham em suas carreiras. Elas abriram mão de seus projetos pessoais, não trabalham fora, dedicam-se à casa, aos maridos e aos filhos, mas enfrentam como podem dificuldades impostas pela vida militar. Elas não trabalham para os maridos, mas sim, com eles...

[...]

Nenhuma das entrevistadas pareceu carregar consigo algum arrependimento por ter se casado com um militar. Muito pelo contrário, não economizam elogios à carreira dos maridos e procuram ressaltar sempre os pontos positivos de suas vidas.

Assim, a instrução da esposa e dos filhos, uma razoável infraestrutura em saúde e a perspectiva de lazer para o casal ou para as crianças eram relegadas a um segundo plano frente o cumprimento de uma missão por um período de dois ou três anos em uma localidade inóspita, isolada e desprovida de boas escolas, hospitais ou qualquer área de lazer que fosse além do contato com um rio distante e desconhecido ou com uma paisagem tipicamente brasileira, porém igualmente inexplorada.

Uma situação como essa, por se constituir em uma aventura memorável para toda a vida de cada membro da família e pelo sentimento de abnegação em prol da Pátria que incutia não somente no militar, mas também em sua esposa e, por vezes, até nos seus filhos, era mais que compensadora em face de qualquer adversidade presente e transitória. A própria adversidade, dotada de um significado dignificante como este, era percebida como um privilégio para poucos, reservado quase que com exclusividade para militares e seus familiares. E a esposa se sentia parte deste privilégio.

Cristina Rodrigues da Silva relata a história de um casal no qual o marido, capitão, "considera que eles são um *'casal diferente'* no meio militar; *'casados tardiamente'* pelos padrões tidos como normais na instituição."

A mulher entende que não se enturmou com as outras famílias de oficiais por dois motivos. O primeiro pelo fato de ainda não terem filhos, pois, segundo ela *"todo mundo tem filhos, aonde você olhar aqui, tem criança."*

O segundo motivo, diz ela, por "se sentir um pouco excluída na relação com outras esposas de oficiais", se deve ao "fato de ter conhecido o marido depois da formação dele e rolarem alguns comentários de que ela não passou por muita coisa que as outras esposas passaram e acompanharam da vida dos maridos militares."

Esse depoimento deixa claro que as esposas de Oficiais de AMAN se sentem coparticipes no enfrentamento das dificuldades da carreira militar e o prestígio que essas dificuldades confere ao oficial é transmitido também à sua esposa, conferindo a ela um *status* dentro do universo de esposas de oficiais.

Hoje, em função de um fácil acesso à informação através da mídia e principalmente através da *internet* e da inserção instantânea de qualquer pessoa, em qualquer parte do globo, no debate público, por meio das redes sociais e dos *sites* de naturezas diversas que tratam de múltiplos temas, a família do militar que serve em locais de recursos precários, sendo levada a crer que poderia estar gozando de educação, saúde e lazer muito superiores às da sua realidade, e estando em contato direto com familiares, amigos, conhecidos e mesmo desconhecidos que estão, naquele exato momento, usufruindo daquelas condições aparentemente muito melhores, não aceita com a facilidade de outrora as privações impostas pela carreira militar.

Nos tempos em que os membros da família se encontravam verdadeiramente em uma situação de isolamento no qual essa diferença de condições não passava de uma ideia vaga e difusa, sem que fosse possível uma percepção nítida, instantânea e persistente, ilusória ou não, de uma desvantagem de condições de vida em relação àquelas pessoas que parecem tão próximas e tão melhor posicionadas, a apenas dois ou três palmos de distância, logo ali do outro lado do monitor de um computador ou celular, os integrantes da família não tinham os recursos necessários para desenvolver a sensação de que as suas condições, hoje, são sobremaneira ruins, uma vez que a percepção dessa desvantagem, ilusória ou não, ressalto, se tem dado pela comparação instantânea e viva proporcionada pela *internet*.

Hoje, em virtude da *internet*, o sentimento de perda de uma família nessas condições tem se evidenciado de uma maneira muito mais marcante que em outros tempos, o que tem provocado uma série de repercussões na postura do militar diante das imposições da carreira.

São mudanças profundas promovidas pela família na disposição do oficial para o desenvolvimento da sua carreira que têm sua origem em uma nova realidade que vai desde a insatisfação da esposa e dos filhos com uma situação percebida como acentuadamente desvantajosa em relação às outras pessoas até a separação do militar da sua família, que pode decidir permanecer em uma boa cidade ou em um grande centro durante esse período, distante do marido e do pai, aguardando, por dois ou três anos, o retorno deste ao lar, o que transforma a atividade militar, naquela fase da carreira, em um verdadeiro martírio que deve ser superado, e não vivenciado. Em qualquer destes extremos, a experiência, de um privilégio dignificante, passa a ser encarada como uma provação traumática para todos os membros da família, inclusive para o militar.

Nesses dois extremos, da insatisfação contida à separação provisória, passando por todos os intermédios, não há como não serem afetadas a disposição, o ânimo e o desempenho do militar. Essa nova realidade, que pode gerar consequências que vão do desfazimento definitivo da família com a necessária modificação do perfil do militar à angustiante espera de toda a família pelo retorno em conjunto à sua localidade de origem ou a uma boa cidade, passando pela também angustiante espera pelo reencontro e a volta à normalidade da estrutura familiar, enfim, essa nova realidade que surge como um dos efeitos do acesso instantâneo ao mundo através da *internet* deve estar afetando o militar no desenvolvimento da sua atividade profissional e no planejamento da sua carreira, o que deve também estar promovendo mudanças no próprio Exército. Mudanças, portanto, impostas à Instituição por novas disposições da família implementadas pela *internet*.

2. A possibilidade do divórcio como uma nova realidade

Outra característica da sociedade moderna que, ao modificar a dinâmica da família, exerce uma influência sobre o militar, é a facilidade do divórcio. Não há mais pressões sociais e da parte da família mais ampla que estimulem o casal a um esforço no sentido de conservar a união matrimonial, como ocorria há bem pouco tempo, quando tudo era tentado a fim de se evitar uma separação, por pior que andassem as relações pessoais entre marido e mulher.

A solução para um problema outrora complexo se revela hoje em uma simplicidade desconcertante. Aos primeiros sinais de que "não deu certo", resolve-se em divórcio. Simples assim. Zygmunt Bauman já havia alertado que,

> Como observou Yvonne Roberts com acidez, "embarcar no casamento no século XXI parece uma decisão tão sábia como partir para o mar numa jangada de mata-borrão" (*Observer*, 13 de fevereiro de 2000). As chances de que a família sobreviva a qualquer de seus membros diminui a cada ano que passa: a expectativa de vida do corpo mortal individual parece uma eternidade por comparação. Uma criança média tem diversos pares de avós e diversos "lares" entre os quais escolher — "por temporada", como as casas de praia. Nenhum deles se parece com o verdadeiro "e único" lar.

Para muitos, incluindo a esposa do militar, o divórcio pode ser uma solução prática; para o militar, essa facilidade da modernidade pode se tornar um pesadelo. Isto pode ocorrer pelas características próprias da profissão militar. A carreira exige disponibilidade plena, existindo a possibilidade constante de transferência para qualquer parte do território nacional ou o emprego do militar em operações ou exercícios que o afastam da sua família por períodos longos de tempo. Essa realidade da carreira, em caso de divórcio, afasta o pai, militar, de seus filhos, o que se configura em uma situação indesejável para ele.

Cristina Rodrigues da Silva ressalta que o tema "divórcio",

no Exército Brasileiro, é um tema considerado delicado, motivo pelo qual não conseguiu encontrar estatísticas sobre o assunto. Entretanto, ouviu muitos comentários, durante a realização da sua pesquisa, sobre o aumento do número de divórcios no campo, principalmente quando a mulher é militar. Em entrevista a um capitão instrutor da AMAN casado pela segunda vez, constatou que, no entendimento dele,

> o fim de seu primeiro casamento foi uma decisão da ex-esposa e não dele, porque ele gostaria de continuar casado mesmo sabendo que a relação entre eles já não estava tão bem. O capitão acredita que o fato das constantes mudanças, a dificuldade de fazer novas amizades e a distância da família de origem, foram aspectos que influenciaram na decisão da ex-mulher em se separar.
> [...]
> Ele indica que o rompimento de seu primeiro matrimônio partiu da ex-esposa pelo fato de que ela não se adaptou às dificuldades e especificidades que a profissão militar impõe não só ao militar, mas à família como um todo.

O capitão entrevistado ainda fez questão de pontuar que a separação, no seu caso, não foi percebida como um inconveniente à sua carreira de Oficial de AMAN, "porque na sua ficha de registro no Exército nunca constou que ele estava separado; segundo ele *só mudou o nome da esposa'*, pelo fato de que a separação formal demorou a sair e ele casou-se logo em seguida."

Vimos assim como a separação, para um Oficial de Academia, ainda é um constrangimento social dentro do campo militar e pode ser percebida como um obstáculo ao bom desenvolvimento da carreira.

Mas a esposa pode se cansar com a ausência do marido ou com a sua inconstância na participação das atividades de rotina da família ou, ainda, com o fato de que a incerteza da sua participação é da própria natureza da carreira militar, podendo apelar para o divórcio. E ele pode não estar preparado para isso.

Assim, a carreira, em função de uma realidade social que facilita o divórcio, pode, mesmo que veladamente, deixar de ser a prioridade na vida do militar. Essa mudança de prioridades na vida de um Oficial de AMAN, se se tornar um fato que se generalize, vai promover mudanças na Instituição também. E mudanças que, nesse caso, terão que ser estruturais.

A facilidade do divórcio se torna ainda mais preocupante diante de outra mudança também promovida pela sociedade moderna nas relações de família: uma maior intimidade entre pai e filhos.

O casal hoje tem menos filhos, mas parece que as relações entre o pai e seus filhos ganharam em intimidade, diminuindo as distâncias e aumentado a interação. Essa relação mais intensa, mais próxima e mais igualitária do oficial com seus filhos influi no jeito de ser do homem e, por consequência, no jeito de ser do chefe, do comandante e também do subordinado, que passa a depender mais da sua família e a necessitar mais dos momentos que pode dispor para ela.

A família modifica o homem e, com a aproximação que se tem verificado do oficial com seus filhos pela diminuição das distâncias na relação que se desenvolve entre pai e filhos, esse fenômeno tem se intensificado. Na caserna se fala muito que cada fração é uma família, onde a autoridade do comandante e do chefe sobre seus subordinados é da mesma natureza da autoridade do pai sobre seus filhos. Não que a autoridade de um e de outro sejam a mesma, mas são de uma mesma natureza.

O vínculo que une o comandante ao subordinado estabelece no polo superior o dever de responsabilidade e no subordinado o de obediência. Estes deveres não se fundamentam na vontade pessoal, como os que se aperfeiçoam por meio do contrato, mas pelo sentimento de pertencimento a uma ordem superior que deve ser preservada a todo custo, com o sacrifício da própria vida, se necessário. Roger Scruton ensina que

> A analogia com a família é útil se quisermos compreender o papel da autoridade política. Desde o início fica claro que uma criança deve ser influenciada pelo poder de seus pais [...] Nesse mesmo processo está o poder, e faz-se necessário um poder estabelecido, uma vez que ele já reside com o pai desde o primeiro momento em que a criança está no mundo. Ora, há uma noção segundo a qual toda criança não apenas tem necessidade de que seus pais exerçam esse poder, mas também exigirá que eles o façam, por estimar a proteção deles. [...] O tipo de amor pessoal que julgamos ser a

finalidade da união familiar requer, como pré-condição, a noção de poder estabelecido – o reconhecimento informe da criança de sua impotência em relação a pelo menos um outro ser – aliada à crescente consciência de que o poder desse ser é também um exercício de liberdade. E é um reconhecimento semelhante de restrição, impotência e sujeição à vontade externa que anuncia ao indivíduo sua tomada de consciência quanto a seu pertencimento à sociedade. É nesse reconhecimento que nasce o amor de uma pessoa por seu país.

Assim, a preservação dessa ordem superior exige uma entrega de todos os partícipes, seja ela uma família, o Exército ou a Pátria. Bem por isso, uma modificação na qualidade da relação entre o militar com seus filhos produzirá igualmente uma modificação no vínculo de autoridade que liga o comandante ao comandado.

O Exército é uma instituição que se sustenta sobre a figura do comandante e todas as suas relações são relações de autoridade. Logo, as mudanças nas relações de autoridade familiares promoverão mudanças nas relações de autoridade militares, mesmo que isso ainda não esteja sendo percebido. E isto ocorre, segundo Scruton, pelo fato de que

A família é a origem do respeito próprio, sendo a primeira instituição pela qual o mundo social é percebido. Também é autônoma: uma forma de vida que não tem objetivo fora de si. O que é alcançado pela família não pode ser alcançado de outra forma. A família é, assim, insuflada com valores concretos, provendo a cada um de seus participantes de uma fonte sem-fim de objetivos racionais, que não podem ser especificados previamente, mas que nascem das realidades da vida em família.

O rompimento fácil dos laços de família pode significar também o rompimento fácil dos laços com outras instituições, dentre as quais, o Exército Brasileiro.

3. Família: uma instituição do "mundo de fora" no "mundo de dentro"

A família do oficial está inserida na sociedade mais ampla e seus membros integram diversas outras instituições. A universidade é uma delas. O oficial vê sua esposa e seus filhos transitando no meio acadêmico, dialogando com os professores universitários e discutindo o pensamento dos intelectuais que são lidos nos cursos das diversas faculdades. E o pensamento de professores e de intelectuais é o mesmo que está no debate público, quer por serem eles os que exercem maior influência sobre a sociedade quer por serem os que estudam e teorizam as tendências que estão em andamento e têm a aceitação ou a rejeição social.

O discurso dos professores e dos intelectuais, assim, reflete os temas que estão no debate público, elegendo algumas tendências, confirmando-as, e repelindo outras, rejeitando-as, ou mesmo sendo indiferentes a umas e outras, o que lhes retira respeito e prestígio.

Essa maneira de pensar e de ver o mundo, de interpretar os fatos e de se posicionar diante das grandes questões da atualidade e da vida estão presentes dentro da casa do oficial, nas pessoas da sua confiança e da sua intimidade: sua esposa e seus filhos. É com eles que o militar dialoga nos seus momentos de sinceridade consigo mesmo, livre das pressões que a rotina da vida em sociedade lhe impõe, principalmente as do seu ambiente de trabalho, que não somente reclama a maior parte do seu tempo como também conforma uma maneira precisa de ser, de pensar e de agir: a do Oficial de AMAN, para quem o certo e o errado, o verdadeiro e o falso, o preto e o branco, o homem e a mulher, o adulto e a criança, estão todos definidos de maneira precisa.

Já na sociedade ocidental contemporânea, a transformação é a tônica do momento. Novas formas de interpretar os fatos do passado, de pensar os acontecimentos do presente e de vislumbrar as possibilidades do futuro em todas as áreas do conhecimento e na realidade dos fatos estão bem perto do oficial, dentro da sua própria casa, nas mentes e nos corações das pessoas que lhe são mais chegadas.

O oficial se vê, dessa forma, entre duas visões de mundo, a do Exército e, nas pessoas da sua família, a da universidade, que, por sua vez, dita as tendências da sociedade ocidental contemporânea. De um lado, tem contato com a estabilidade, com a segurança e com as certezas da Instituição e, por vezes, com a própria verdade; de outro, com a volubilidade, com a aventura e com as dúvidas da sociedade mais ampla e, geralmente, com a perplexidade. É este homem que faz a Instituição Militar: o Oficial de AMAN, que também é marido e pai, é filho e irmão. Este homem não é um mero observador da vida, pois ao mesmo tempo em que sofre influências dos campos sociais nos quais se acha inserido, influências que lhe moldam a personalidade, também é um agente operante na construção destes mesmos campos. E se a família é o *locus* da sua vida íntima, é no Exército que ele se realiza como profissional, como agente que constrói e modifica o seu mundo, aquela parte do universo que está dentro do seu campo de atuação.

Max Weber compreende que as ações dos indivíduos, para se caracterizarem como sociais, devem ser dotadas de conexões de sentido, entretanto,

> A ação *real* sucede, na maioria dos casos, em surda semiconsciência ou inconsciência de seu "sentido visado". O agente mais o "sente", de forma indeterminada, do que o sabe ou tem "clara idéia" dele; na maioria dos casos, age instintiva ou habitualmente. Apenas ocasionalmente e, no caso de ações análogas em massa, muitas vezes só em poucos indivíduos, eleva-se à consciência um sentido (seja racional, seja irracional) da ação. Uma ação determinada pelo sentido efetivamente, isto é, claramente e com plena consciência, é na realidade apenas um caso-limite.

O Exército, portanto, inobstante sua configuração de instituição tradicional, não está imune às influências da sociedade contemporânea, que, sem ser percebida, tem agido eficientemente desde dentro da casa do militar através da sua família no sentido de interiorizar novos valores e introduzir uma nova visão de mundo, consentânea com os novos tempos.

Em suma, a família, por transitar de maneira desenvolta tanto na sociedade quanto no Exército, ao mesmo tempo em que faz parte da sociedade mais ampla, está dentro da Instituição Militar. É, dessa forma, uma janela aberta do Exército para o mundo e do mundo para o Exército.

A família se constitui, dessarte, em um instrumento importante para uma boa comunicação entre a Instituição e a sociedade mais ampla, mormente se considerarmos, conforme pensa Celso Castro, que "os militares se sentem parte de um 'mundo' ou 'meio' militar superior ao 'mundo' ou 'meio' civil, o mundo dos *paisanos*: representam-se como mais organizados, mais dedicados, mais patriotas." Com efeito, prossegue explicando que

> Tornar-se militar significa, acima de tudo, *deixar de ser civil*. A oposição entre civis e militares é estruturante da identidade militar. [...] Mesmo quando transita pelo assim chamado "mundo civil", o militar não deixa de ser militar – pode, no máximo, estar vestido à paisana.
> "Mundo/meio militar" e "mundo/meio civil" são o que os antropólogos costumam chamar de "categorias nativas", estruturantes da visão de mundo dos militares, e não termos descritivos. A relação contrastante e permanentemente reafirmada entre um "aqui dentro" e um "lá fora", com a devida percepção de suas diferenças, é o aspecto fundamental do processo de construção social da identidade do militar a que estão submetidos os cadetes da Aman. É importante, no entanto, desnaturalizarmos a própria ideia de que de fato existem "civis", ou um "mundo/meio civil" – visão comum não apenas aos militares, mas também a muitos pesquisadores que os estudam. O "civil" é uma invenção dos militares.

Celso Castro faz essas observações tendo por perspectiva o pesquisador, no sentido de que ele, o pesquisador, não se veja como um "civil", como um "paisano" no jargão da caserna, na presença de um militar, pois, ao fazer isto, estará se colocando em uma situação de inferioridade na sua relação com o pesquisado.

> Saber impor-se é importante para o sucesso de uma pesquisa de campo com militares. Um coronel amigo de meu pai já havia me alertado, poucos dias antes, para que eu não bobeasse, porque no

Exército "só tem duas possibilidades: ou você bota em forma ou te botam em forma". Isto é, ou você impõe respeito, ou permanece numa posição subordinada.

Esse fato social do campo é a expressão de uma faceta do *ethos* militar, pois, conforme tratei em "O carisma do comandante", o militar sempre se encontrará em uma de duas situações: ou será o *mais o antigo* ou será o *mais moderno*.

Sob a perspectiva do militar, a existência dos dois "mundos" é uma realidade, pois uma "invenção" ou uma ilusão é uma verdade para o iludido que a inventou. O fato é que para os militares existe um "mundo de dentro", moralmente superior, e um "mundo de fora", moralmente inferior, o mundo dos "paisanos". E a família do militar é do "mundo de fora", porém percebida por ele como sendo do "mundo de dentro".

Esse fato não pode ser desconsiderado no que se refere à família, essa instituição do "mundo de fora" cujos membros são percebidos e tratados como iguais pelo militar, como se fossem do "mundo de dentro", pois aí reside a força que ela tem de funcionar como uma janela de abertura entre estes dois "mundos".

Celso Castro tirou proveito dessa realidade sociológica do campo militar no sentido de facilitar a sua entrada no "mundo de dentro" com a finalidade de desenvolver suas pesquisas.

Uma estratégia consciente que usamos, os militares e eu, para diminuir o inusitado da pesquisa e a distância simbólica entre nós, foi sempre marcar meu pertencimento à família militar. A "família militar", como os capítulos de Cristina Rodrigues e Fernanda Chinelli neste livro deixam claro, é uma categoria nativa importantíssima. Desde a carta-pedido marquei minha condição de "filho de militar". Os militares, por sua vez, sempre transmitiam a informação de que eu era "filho de um companheiro"...
...Fazer parte da "família militar" implicava, em primeiro lugar, ser classificado com maior facilidade como um potencial "amigo do Exército".
[...]
...Por ser filho de militar e ter tido essa vivência [no "mundo de dentro"], sentia-me, e ainda me sinto, em alguma medida (embora nunca completamente), parte desse mundo.
A condição de "filho de um companheiro nosso" tornava-me,

como disse, um potencial "amigo" do Exército. Isso não era pouca coisa. Em princípio, essa condição me afastava do estereótipo de um civil visceralmente hostil aos militares, como os militares percebiam, não sem razão, boa parte da mídia e do mundo acadêmico.

A família militar pode ser, assim, a janela de abertura do Exército para o mundo no sentido de que a sociedade mais ampla tem a possibilidade de se fazer presente dentro do Exército, com suas ideias progressistas, sua maneira de ser na diversidade, sua forma igualitária de pensar as relações e sua tendência à transformação. E, na direção oposta, janela que abre o mundo para o Exército no sentido de torná-lo conhecido de outras instituições da sociedade mais ampla, com sua história, suas experiências, suas intenções, sua visão hierárquica da vida, suas verdades e sua crença no valor da conservação.

Tanto em um sentido quanto no outro, o que se vê é a possibilidade da criação de elos entre a realidade institucional e a realidade social ampliada, evidenciando a identidade que existe entre a sociedade mais ampla e uma de suas instituições mais antigas, identidade esta às vezes obscurecida pelas contingências, mas que existe e sempre existiu desde a origem de ambas, conforme tão bem expressou um velho general de Cavalaria, general-de-exército Luiz Cesário das Silveira Filho, ao lembrar que "A história do Brasil se confunde com a história do Exército. Ele é o 'cerne da nacionalidade brasileira.'" No mesmo sentido, já havia dito Frank McCann

A história política do Brasil republicano é a história do crescimento da nação-Estado brasileira. O Exército, como a única instituição nacional, foi um ator central dessa história. Levando o poder do governo central às pátrias, o Exército contribuiu para a mudança política, para a formação da nação-Estado e para o engrandecimento da pátria nacional. Como braço forte do Estado, o papel do Exército foi, usando aqui a expressão de Alain Rouquié, "a intervenção do Estado em si mesmo."

E a janela aberta que permite a comunhão do "mundo de dentro" com o "mundo de fora" é uma janela que não pode ser fechada nem por dentro e nem por fora, pois esta janela é a família do militar, a esposa e os filhos do Oficial de AMAN. Através deles, a universidade, e muitas outras instituições, já tem o seu espaço dentro do Exército, mesmo que ele ainda não tenha consciência dessa realidade.

4. A esposa do Oficial de AMAN também oficial do Exército

O casamento de Oficiais de Academia não tem se restringido ao público externo, com mulheres cuja ligação com o Exército se dê unicamente pelo laço familiar. Tem sido comum, desde o início dos anos noventa, com a entrada da mulher para a carreira de oficial no Quadro Complementar de Oficiais (QCO) e no Serviço de Saúde, o casamento de Oficiais de AMAN com oficiais destas duas áreas: normalmente professoras, bacharéis em Direito, em Administração e em áreas afins, estas do Quadro Complementar de Oficiais (QCO), que atuam no Sistema de Ensino do Exército, nas Assessorias Jurídicas e na Administração Pública, e, ainda, médicas, dentistas e farmacêuticas, militares que trabalham no Sistema de Saúde.

Nesses casos, a ligação da mulher com o Exército é mais forte, pois não se dá somente pela sua condição de esposa de militar, mas também pelo seu *status* de oficial de carreira. Entretanto, a interface que a família faz entre a Instituição e a sociedade mais ampla não tem se mostrado menos eficiente em virtude da esposa ser uma oficial, imersa profissionalmente, portanto, no campo militar. Ao contrário, tem até se revelado mais hábil.

Cristina Rodrigues da Silva relata o caso de um coronel médico e uma capitão do Quadro Complementar de Oficiais (QCO) professora de português na AMAN com 23 anos de casamento e duas filhas.

Esse caso retrata a realidade do comando de muitos Oficiais de AMAN que se casam com oficiais do QCO, uma vez que esse coronel assumiu a direção de um hospital militar, função análoga à de comandante de uma Organização Militar. A capitão QCO, quando seu marido exercia essa função de direção, viveu

> uma época difícil, pois ela era tenente na Aman (trabalhando em tempo integral), e *primeira-dama* no hospital, tendo que auxiliar o marido em atividades sociais; e estas duas atividades demandavam muita dedicação dela e era difícil lidar com tudo isso mais a casa e as filhas.
> [...]
> Quando o marido assumiu a direção, houve uma cerimônia de posse e uma *designação* da organização de que ela fosse à paisana, isto é, sem farda: *"a esposa vai ter que estar do lado do coronel, então ela tem que ir sem farda"*, relata L. Tudo isso para que não se comprometesse a hierarquia militar e para que se mantivesse a presença da esposa do novo comandante no evento, visto que este também é um papel imprescindível que as esposas de militares precisam vivenciar.
> L. conta que *"o interessante é que até os oficiais mais antigos, que deveriam me chamar de você, me chamavam de senhora, ficava aquela confusão toda. Os coronéis chamando a tenente de senhora, aí, ficavam sem jeito, como que ia acontecer..."*. Assim, fica evidente que nessas circunstâncias, com relação às mulheres militares, o Exército privilegia o "ser mulher/esposa" em detrimento do "ser militar".

A influência dos filhos sobre o pai, Oficial de AMAN, cuja ação dentro do Exército possibilita a promoção de mudanças no que se refere ao pensamento desenvolvido na universidade e na sociedade mais ampla, independentemente da esposa ser militar ou não, permanece inalterada, haja vista continuarem inseridos na escola e na universidade.

Já com relação à mulher militar a situação é diferente. A esposa de um Oficial de AMAN que ingressa no Exército na carreira de oficial tem uma influência maior sobre a Instituição do que aquela que é somente esposa, pois as possibilidades de introduzir mudanças no campo militar avançam de duas maneiras: indiretamente, por meio da sua relação em casa com seu marido,

Oficial de AMAN, exatamente como todas as outras esposas de oficiais, e, ainda, diretamente, como oficial de carreira, no exercício do seu ofício profissional dentro do campo militar. A esposa acima referenciada o confirma:

> *"quando eu entrei no exército, eu fiquei muito mais orgulhosa porque eu pude compartilhar com ele né, eu passei de ajudante indireta da instituição a ajudante direta da instituição..."*

A condição de esposa de militar também, ela própria, oficial, configura uma situação que a põe em vantagem sobre as mulheres cuja capacidade de influenciar o campo militar se restringe à sua condição de esposa de Oficial de AMAN. Neste caso, a influência da mulher é indireta, dando-se por meio da influência que exerce sobre seu marido, este sim o agente direto de transformação no seu campo de trabalho. Quando a esposa do militar também é oficial[11], inobstante ser uma oficial de carreira como o seu marido, a sua formação, o desenvolvimento da sua carreira e o seu relacionamento com a sociedade mais ampla são muito diferentes da formação, do desenvolvimento da carreira e do relacionamento com a sociedade mais ampla do Oficial de AMAN. Neste caso, além da influência que exerce sobre o marido, a esposa também oficial pode facilitar a entrada, na Instituição, por meio de uma atuação direta como militar, de mudanças oriundas das influências da universidade e da sociedade mais ampla.

O Oficial de Academia ingressa no Exército ainda muito jovem, logo após a conclusão do ensino médio, via Escola Preparatória de Cadetes do Exército (EsPCEx) para realizar o curso de formação de oficiais da Linha de Ensino Militar Bélico, de duração de cinco anos em regime de internato, na Academia Militar das Agulhas Negras (AMAN). Antes, portanto, de ter tido a oportunidade de cursar uma graduação em alguma universidade civil. Ingressa em uma fase da sua vida na qual está mais vulnerável aos processos de despojamento, mortificação ou

---

[11] Aqui não me refiro às oficiais que em breve serão formadas pela AMAN – a primeira turma de Oficiais de AMAN do segmento feminino se constituirá no final deste ano (2021). Me refiro às oficiais das outras carreiras casadas com Oficiais de AMAN.

profanação do eu definidos por Goffman e implementados pela Instituição no sentido de moldar o seu caráter, interiorizando e continuamente reforçando nele os valores, as crenças, as atitudes e as disposições que se esperam do Oficial de AMAN.

A mulher destinada à carreira de oficial que não seja de Academia, ao ingressar no Exército, tem uma média de idade bem mais elevada que a do cadete da AMAN, pois entra para a escola de formação já com uma graduação realizada em alguma universidade civil. Além disso, o seu curso de formação no Exército é de apenas um ano, realizado na Escola de Formação Complementar do Exército (EsFCEx), em Salvador, para as professoras, bacharéis em Direito, em Administração e em áreas afins, ou na Escola de Saúde do Exército (EsSEx), no Rio de Janeiro, para as médicas, dentistas e farmacêuticas. A formação da mulher consiste em um curso de curta duração que tem por objetivo unicamente transformar uma profissional civil já formada na sua especialidade em uma oficial do Exército.

Ademais, o Oficial de AMAN tem todos os seus vínculos profundamente enraizados no Exército, pois, desde que entra, todos os aspectos da sua vida se resolvem na Instituição. Inclusive suas relações sociais são primordialmente mantidas com militares, haja vista seus contatos de "faculdade" serem seus companheiros de turma de AMAN e seus amigos os que trabalham com ele em alguma Organização Militar.

A oficial, além de ter um contato muito mais intenso com o mundo exterior, pois no caso dela, diferentemente dele, tem relações sociais estabelecidas no tempo da faculdade e, em função da sua formação profissional, normalmente continua transitando no meio acadêmico e ainda trabalha fora do Exército, como professora, assessora jurídica, médica, dentista ou farmacêutica. Às vezes é até incentivada a fazê-lo, de forma a prosseguir em um contínuo aperfeiçoamento na sua especialidade a fim de se manter sempre atualizada na sua área. E essa realidade é da própria natureza da atividade profissional de cada um, haja vista a área de atuação dele ser exclusivamente militar e a dela ser civil com aplicação no campo militar.

Verificamos, assim, que o Oficial de AMAN, ao ingressar no Exército, é mais vulnerável aos processos de despojamento do eu do que as mulheres que ingressam em outra carreira de oficial, e, ainda, que ele, no desenvolvimento da sua carreira, permanece mais intensamente imerso na Instituição do que ela no desenvolvimento da carreira dela.

Assim, podemos observar a existência de pelo menos quatro diferenças significativas entre a formação e o desenvolvimento da carreira do Oficial de AMAN e a formação e o desenvolvimento da carreira da oficial do Quadro Complementar e do Sistema de Saúde que tornam as integrantes destas carreiras mais abertas às ideias da universidade e da sociedade mais ampla do que o Oficial de Academia. As diferenças são: (1) a média de idade do homem ao ingressar na AMAN é bem mais baixa que a da mulher quando ingressa na EsFCEx/EsSEx; (2) ele entra sem a experiência de ter cursado uma faculdade civil e ela já com uma graduação; (3) ele é submetido a um período de formação em regime de internato cinco vezes maior do que o dela: são cinco anos, sendo um na EsPCEx e quatro na AMAN, enquanto que o dela é de apenas um ano na EsFCEx/EsSEx; e (4) a imersão dele na Instituição é muito mais profunda do que a dela, haja vista a natureza das atividades próprias a cada uma das carreiras, a dele exclusivamente militar e a dela referente a assuntos civis, *in casu,* com a finalidade de aplicação no campo militar.

E, o que potencializa ainda mais a influência da esposa do Oficial de AMAN formada na EsFCEx/EsSEx são as funções que ela exerce dentro do quadro organizacional do Exército. A maior parte delas é professora, bacharel em Direito, em Administração e em áreas afins, voltadas estas últimas para a Administração Pública, ou da área de saúde.

Como professora, passa a integrar o Sistema de Ensino do Exército e a desempenhar suas funções de docente em um estabelecimento de ensino militar, dentre os quais se encontram a EsPCEx e a AMAN, escolas que formam o Oficial de Academia; como bacharel em Direito é classificada em uma das inúmeras assessorias jurídicas estrategicamente distribuídas pelos órgãos de direção, assessoramento e assistência, Comandos Militares de Área e Grandes Unidades do Exército; e, como administradora e especialista em áreas afins, é empregada na área da Administração Pública.

Nestes dois últimos casos, assessora jurídica, administradora pública e áreas afins, a oficial terá acesso direto a generais e a oficiais superiores na condição de assessora. No primeiro caso, como professora em escolas, incluindo a EsPCEx e a AMAN, tem a possibilidade de agir diretamente sobre a formação e a especialização dos Oficiais de AMAN.

Com isso, além da influência sobre o seu marido, Oficial de Academia, possibilidade que alcança todas as esposas de Oficiais de AMAN e que redunda, conforme já visto, indiretamente, na presença, dentro do Exército, do pensamento vigente na universidade e na sociedade mais ampla, a esposa também, ela própria oficial, professora, assessora jurídica ou administradora pública, tem a possibilidade de influenciar não somente um Oficial de AMAN, seu marido, mas além disso, generais, oficiais superiores e ainda toda uma geração de oficiais desde a sua formação como cadete.

5. A sociedade mais ampla dentro do Exército

Muito se tem falado na sociedade da necessidade de mudanças nos currículos das Academias Militares no sentido de se promover uma mudança na visão de mundo das Forças Armadas brasileiras. O caso dos oficiais professores formados pela Escola de Formação Complementar do Exército (EsFCEx) merece uma atenção especial no que se refere a este assunto de mudança curricular das escolas militares.

Esses professores, oficiais de carreira que atuam nas escolas do Sistema de Ensino do Exército, dentre as quais se encontram a EsPCEx e a AMAN, responsáveis pela formação do oficial da Linha de Ensino Militar Bélico, a carreira que, conforme já observamos, é a espinha dorsal da Instituição, se constituem em um grupo que, por tudo o que vimos sobre suas peculiaridades, tem contribuído eficientemente para a introdução, nas fileiras do Exército, do pensamento vigente na universidade e, por conseguinte, da visão de mundo da sociedade mais ampla.

Até o início dos anos noventa, os professores da AMAN eram Oficiais de Academia, oficiais que foram cadetes exatamente como seus alunos e que desenvolveram a carreira que será seguida pelos atuais cadetes. A maior parte destes professores sequer tinha realizado algum curso fora do Exército, desconhecendo por completo o meio universitário, seu pensamento, sua forma de agir, seus procedimentos usuais diante das questões postas pela sociedade e as ideias que circulavam por lá. Assim, o Exército não tinha um contato direto e aberto com o pensamento da universidade sobre os temas em debate na sociedade, pois os professores da sua principal escola de formação reproduziam, nas gerações que estavam chegando, uma visão de mundo institucional mais distanciada das influências externas.

Havia, portanto, um sistema favorável à preservação e à transmissão às novas gerações de valores, crenças, disposições, atitudes, conceitos, enfim, de toda uma visão de mundo desenvolvida internamente e cultuada desde há muito pela Instituição. Entretanto, com a criação da Escola de Formação Complementar do Exército (EsFCEx), em Salvador, em 1988, e com a consequente criação de uma nova carreira de oficial cuja formação profissional não é realizada pelo Exército e cuja especialidade não é de natureza militar, o Exército abriu uma porta para a entrada dos valores, das crenças, das disposições, das atitudes, dos conceitos, enfim, de toda uma visão de mundo própria do meio acadêmico que, por sua vez, reflete a visão de mundo da sociedade mais ampla.

Podemos observar que esse importante segmento dos quadros do Exército diz respeito a uma carreira de oficial *sui generis*, uma vez que a formação profissional deste oficial não é realizada pelo Exército, como, à exceção dos profissionais de saúde, sempre sucedera até então, mas delegada às universidades civis.

Esse profissional ingressa na Instituição com a sua formação profissional concluída, oriundo de uma universidade civil; com uma média de idade bem mais elevada quando comparada com a idade de ingresso do oficial até o advento dessa carreira, à exceção dos oficias de saúde, conforme já salientei; com uma maturidade psicológica, intelectual e moral bem definida, construída no âmbito da sociedade mais ampla sem nenhuma ingerência do campo militar; e, inobstante sua imersão profissional na Instituição, permanece ligado à sociedade mais ampla por exigência própria da natureza da sua especialidade.

Assim, o oficial do Quadro Complementar chega ao Exército em um estágio avançado de formação profissional e desenvolvimento pessoal para seguir uma carreira na qual vai ocupar posições estratégicas na Instituição, inclusive na formação dos Oficiais de Academia, carreira que se constitui na espinha dorsal do Exército. Além de chegar em um estágio avançado de desenvolvimento pessoal e profissional, este oficial permanece ligado ao meio acadêmico e à sociedade mais ampla em função das características da sua atividade profissional que, por não ser de natureza militar, exige uma constante atualização que somente pode ser obtida fora do Exército, precisamente no meio acadêmico, possibilitando ainda o exercício desta atividade também de forma privada no âmbito da sociedade mais ampla.

Bem por isso, não obstante a cautela do Exército em aderir a uma modificação no currículo da Academia Militar das Agulhas Negras (AMAN), sua única escola de formação do oficial combatente, bem como sua reserva em subordinar seu sistema de ensino à supervisão externa, o conteúdo das disciplinas, assim como a forma de apresentá-lo, tem sido gradualmente alterado de maneira não ostensiva, sem que para isso se faça necessária a intervenção direta de algum órgão externo.

As mudanças estão sendo implementadas desde dentro, por meio da atuação dos professores que, na sua bagagem cultural, trazem a visão de mundo da universidade brasileira e da sociedade mais ampla. Abre-se, dessa forma, através da EsFCEx, mais uma porta de integração do Exército com a universidade e, por meio desta, com a sociedade mais ampla.

Exemplo claro dessa nova realidade se manifestou em julho de 2017, quando, no *WhatsApp* oficial da Divisão de Ensino da AMAN, um oficial superior QCO, professor, afirmou ser importante para a Instituição a entrada de mulheres na Academia e o aumento de homoafétivos no Corpo de Cadetes. Esta observação, rebatida unicamente por um coronel *full* formado pela AMAN, há bem pouco tempo, seria impensável.

Observamos, assim, que a carreira de oficial do Quadro Complementar se constitui em uma verdadeira parceria entre o

Exército e a universidade e, por meio dela, com a sociedade mais ampla. Parceria esta que, em função da sua natureza própria, ao que tudo indica, cria a possibilidade concreta de, a longo prazo, de maneira lenta, gradual, imperceptível e nada traumática e, por isso mesmo, sem nenhuma possibilidade de resistência interna por parte das alas mais conservadoras, aquelas constituídas justamente pelos Oficias de AMAN, promover mudanças substanciais no Exército, aproximando uma Instituição reconhecidamente tradicional, sensível às mudanças, das alas mais progressistas da sociedade mais ampla, responsáveis pelas transformações mais significativas que se têm operado no âmbito da sociedade brasileira nos últimos 40 anos.

6. Família do Oficial de AMAN e novos formatos familiares

O Exército Brasileiro, em referência ao conceito de família, como instituição tradicional, sociologicamente, só reconhece como família a que se enquadra dentro do modelo estabelecido pela Constituição da República no seu art. 226.

Assim, para o Exército, sociologicamente, família é a instituição formada pela união de um homem com uma mulher, acompanhada ou não da sua prole. E mesmo assim, exatamente conforme estabelece o texto constitucional, não confere o *status* de família a qualquer união entre um homem e uma mulher, mas unicamente a que se aperfeiçoa por meio do casamento ou a que, assumida publicamente tanto pelo homem quanto pela mulher e reconhecida socialmente como tal, caracteriza uma união estável.

Há ainda a família monoparental, aquela constituída por um dos genitores e sua prole. São três, portanto, os modelos de família sociologicamente reconhecidos pelo Exército Brasileiro e que, coincidentemente, é exatamente o que preconiza a Constituição da República, excluindo interpretações anômalas que violam frontalmente o texto constitucional: a que tem por base o casamento (art. 226, §§ 1º e 2º, da Constituição da República) – e este conceito não admite nada que vá além da união de um homem com uma mulher, como se depreende do § 3º deste mesmo art. 226 –, a que se fundamenta na união estável entre um homem e uma mulher (art. 226, § 3º) e a família monoparental (art. 226, § 4º).

Entretanto, Anthony Giddens alerta que, na sociedade mais ampla, atualmente,

> Os defensores da família tradicional argumentam que a ênfase em relacionamentos ocorre à custa da família como instituição básica da sociedade. Muitos desses críticos falam hoje do rompimento da família. Se esse rompimento está ocorrendo, ele é extremamente significativo. A família é o ponto de confluência de uma variedade de tendências que afetam a sociedade como um todo – maior igualdade entre os sexos, a entrada das mulheres na força de trabalho, mudanças no comportamento e expectativas sexuais, uma nova relação entre o lar e o trabalho. Entre todas as mudanças que estão ocorrendo, nenhuma é mais importante do que aquelas que acontecem em nossas vidas pessoais – na sexualidade, vida emocional, casamento e na família.
> [...]
> Não existe possibilidade de volta à família tradicional [...] porque as mudanças sociais que transformaram as formas anteriores de casamento e a família são praticamente irreversíveis. As mulheres não retornarão em grande número à situação doméstica da qual, com muita dificuldade, conseguiram sair. Os relacionamentos sexuais e o casamento atualmente, para bem ou para mal, não podem ser como costumavam ser.
> [...]
> Homens e mulheres podem permanecer solteiros se desejarem, sem ter que enfrentar a desaprovação social que antes sofriam os solteirões, ou ainda mais, as solteironas. Os casais com relacionamentos informais não enfrentam a rejeição social de seus amigos casados mais "respeitáveis". Casais homossexuais podem construir um lar juntos e criar filhos sem enfrentar o mesmo nível de hostilidade que tinham no passado.

Família, para o Exército Brasileiro, entretanto, é o casal, homem e mulher, e sua prole, se houver, constituída pelo casamento ou assumida por ambos e reconhecida socialmente como união estável. É reconhecida, ainda, conforme já salientado e preconizado no supracitado art. 226, § 4º, da Carta Política, a família monoparental, aquela constituída pelo pai e seus filhos ou pela mãe e seus filhos, uma vez que esta tem por pressuposto a união do homem com a mulher, sendo, na verdade, um desenvolvimento natural deste modelo de família, já preanunciada desde a sua origem, quando da sua constituição, através das palavras "até que a morte os separe". Juliana Cavilha observa em referência à família militar que

> Nestas famílias os papéis masculino e feminino eram bem definidos, assim como o lugar dos filhos...
> [...]
> O casamento constitui-se para o militar num dos critérios para se alcançar uma carreira bem sucedida. O Exército é uma instituição que impõe um modelo de hegemonia masculina que incluem o casamento e os filhos. São modelos de casamento que se coadunam ao tradicional e monogâmico.
> A carreira do marido é construída em parceria com a esposa, é uma carreira masculina construída a dois, em que a mulher exerce no privado/doméstico um poder com respaldo masculino.
> [...]
> ...a carreira militar é uma carreira masculina construída em casal. Sendo a mulher absolutamente necessária para a construção do modelo ideal do homem militar, ela é parte intrínseca deste papel. Ela veste a farda com o marido no início de sua carreira, e ela a despe na aposentadoria, mas ela *não veste o pijama*. Muito ao contrário, ela o *ensina a andar no meio civil*.

O Exército ainda hoje se enquadra no perfil atribuído a ele pelos seguidores da Missão Militar Francesa, do início do século passado, segundo o qual ele seria uma instituição discreta a ponto de ser distinguido pela alcunha de "o Grande Mudo", conforme registra José Murilo de Carvalho. Oficialmente, nada fala sobre os novos modelos de família que não tenham por base a união de um homem com uma mulher, porém, sociologicamente, este modelo é inescapável. Mormente em se tratando dos militares da carreira do Oficial de AMAN. Assim testemunha Juliana Cavilha:

> Em minha investigação houve também um silêncio no que se refere à homossexualidade, muito diferente quando comparado ao Exército dos Estados Unidos, que já discute a questão. Em nenhum momento foi mencionado este tema. Ele é negado, como se ele não existisse.

A citada autora percebeu essa característica sociológica do campo militar, qual seja, o significado de uma família tradicional bem estruturada na carreira do Oficial de AMAN. Com efeito, prossegue informando que

> Todas as moças escolhidas para casar com esses jovens oficiais eram bonitas, religiosas, da mesma origem étnica ou da mesma cidade e, antes de tudo, de "boa família", entenda-se de "boa índole". Foram anos de "namoro firme", de noivado, muitos deles a distância, namorando nas férias escolares, entre outros períodos. Casaram-se jovens e a formatura na AMAN indicava a estes aspirantes a maturidade para a constituição de uma família, instituição muito valorizada no Exército, sendo a escolha da futura esposa condição *sine qua non* para uma bem sucedida carreira. Todas as moças que se casavam com os cadetes recém-saídos da AMAN deviam possuir um capital simbólico de equivalência com seus futuros maridos, ou seja, o "bom" casamento fazia parte do projeto de vida desses rapazes.

Apesar de todas as mudanças que se têm operado na sociedade mais ampla, muito raramente se ouve falar de um Oficial de AMAN que assuma publicamente o seu homossexualismo dentro do seu ambiente de trabalho. É também raro Oficiais de AMAN assumirem famílias não convencionais, fora dos moldes delineados pelo art. 226 da Constituição da República acima descritos.

Isto não somente seria o fim de qualquer pretensão na carreira como traria dificuldades para o seu dia a dia, tanto para o exercício das suas funções de comando ou chefia da rotina da carreira do oficial combatente quanto para o desenvolvimento das suas relações sociais mais triviais do cotidiano da vida na caserna. Seriam grandes os aborrecimentos em todos os círculos sociais do campo militar. Maria Celina D'Araújo esclarece que

> Neste caso [dos homossexuais] as restrições tornam-se mais rígidas por estar o homossexualismo ainda repleto de conotações negativas do ponto de vista, social, moral, religioso e até sanitário. A homossexualidade, em praticamente todas as partes da América Latina, é vista como desvio ou depravação moral, uma doença, uma anomalia ou indignidade social. Diferente, portanto, da condição feminina...

Os integrantes do círculo de pares de um Oficial de AMAN homossexual, que dividem o alojamento com ele, não o veriam mais como um igual, mas com desconfiança e como alguém de quem não devem ser considerados próximos. Seus superiores perderiam a confiança nele e suas funções seriam limitadas a funções sem prestígio, nas quais não houvesse a possibilidade de apresentar algum problema. Seria o mesmo que colocá-lo em um armário, de forma que ficasse bem quietinho ali, no escuro, onde não fosse visto nem ouvido por ninguém e, assim, não viesse a se tornar uma inconveniência maior. E pelos seus subordinados, no desempenho do papel de comandante, seria desprezado. Esse seria o sentimento dos subordinados em relação a ele, um sentimento que aniquila o comandante e impossibilita qualquer ação de comando: o desprezo.

O alojamento é o local privado de um círculo social dentro de uma Organização Militar. Lá, os integrantes de um mesmo círculo resolvem suas diferenças, conversam sobre seus subordinados e comentam acerca dos seus superiores. Avaliam a sua Organização Militar, o Exército, o Brasil e resolvem muitos dos problemas do mundo. O alojamento é o lugar onde se pode conversar descontraidamente entre pares. O alojamento de uma Organização Militar equivale à ala de cadetes da AMAN, conforme já abordei no capítulo 1. Dentro de um círculo, o de tenentes, por exemplo, um oficial que assumisse o seu homossexualismo não poderia impor-se em algum conflito entre iguais, pois a sua condição de homossexual seria o primeiro argumento usado em seu desfavor.

Já na sua relação com seus subordinados, atritos certamente aflorariam quando tivesse que tomar medidas desagradáveis, como muitas vezes se faz necessário em relações de poder. Sobretudo, quando, no campo militar, fosse imperiosa a adoção de medidas disciplinares. Ademais, os subordinados, em conversa de alojamento, dentro do seu círculo, não deixariam de evidenciar a condição homossexual do superior hierárquico. Juliana Cavilha já assinalara que

> Os rituais aqui expostos [cerimônias militares] são elementos importantes na constituição da masculinidade dos homens ali presentes. No Exército, como culto à figura do herói, do bravo, do guerreiro destemido, pronto para defender a nação. O ideal da masculinidade está preso à imagem do guerreiro, do bravo destemido, que é sempre reconstituído nesses rituais através dos movimentos uniformizadamente bruscos e da controlada violência dos gestos.

Juliana Cavilha ainda explica que estruturas de poder que se firmam sobre a masculinidade, como é o caso do campo militar, buscam "excluir qualquer variação de comportamento masculino que não se adapta a seus preceitos [...] construindo tipos subordinados de masculinidade tais como o homossexual".

Maria Celina D'Araújo chama a atenção para uma pesquisa organizada por Peter Feaver e Richard Kohn realizada com militares americanos segundo a qual 27,5% dos militares americanos entrevistados afirmam que "abandonariam a caserna caso os homossexuais fossem admitidos na instituição de forma aberta", 65% dizem se sentir "mais seguros sob um comando militar masculino" e 0% aceitariam ser comandados por homossexuais.

O comandante é a figura central no Exército Brasileiro. E comandar é a mais nobre das funções. O Oficial de AMAN é por excelência o militar destinado ao comando. É preparado para o comando desde que ingressa na EsPCEx. E não somente durante a sua formação na AMAN, mas durante toda a sua trajetória profissional nas suas mais prosaicas atividades é treinado para o exercício desta função. E é ensinado a enxergar nesta função toda a dignidade da Instituição e da profissão militar.

Comandar é uma honra para poucos e exige muitos anos de preparo, de experiência, de dedicação, de persistência, de abnegação e de vontade. Muita vontade, pois mesmo dentre os oficias de AMAN, poucos serão selecionados, após muitos anos de exercício da função nas suas atividades diárias, para a nomeação de comandante de Organização Militar nível Unidade. Este comando, que tem a duração de dois anos, é considerado o coroamento da carreira do Oficial de Academia.

A carreira do Oficial de AMAN tem seu momento mais alto, portanto, no exercício do comando de uma Organização Militar valor Unidade, função para a qual são nomeados, dentre os oficiais de Academia de uma determinada turma, os considerados mais aptos em função da trajetória profissional na carreira de cada um, no posto de tenente-coronel ou coronel. É comum o tenente-coronel comandante ser promovido a coronel durante o seu comando. Após este comando, só resta o generalato, destinado a um reduzido número de coronéis selecionado dentro do universo dos que conseguiram coroar a sua carreira com a nomeação para um comando de Unidade.

Na AMAN, o cadete se depara com a frase diante da qual é colocado pelo menos três vezes ao dia, quando se posiciona para realizar suas refeições do café da manhã, do almoço e da janta, conhecida de todas as gerações de oficias de Academia como "a frase do cadete": "Cadete, ides comandar, aprendei a obedecer".

Esta frase aparece escrita em letras garrafais sobre o Pátio Tenente Moura – PTM – (Pátio Marechal Mascarenhas de Morais – P3M –, para algumas gerações de oficiais). O PTM/P3M é o principal pátio de formaturas da Academia, local onde o interno recebe o espadim e confirma e sua condição de cadete e, o cadete, três anos mais tarde, recebe a espada e se torna um oficial do Exército da Linha de Ensino Militar Bélico, o oficial combatente, operacional, profissional da guerra, aquele vocacionado e preparado para o comando.

Comandar, para o Oficial de AMAN, não é somente ser chefe, mas primordialmente ser líder. E líder, para o militar, é aquele que, independentemente da chancela legal, é naturalmente seguido por seus comandados. Seguido não somente porque a lei diz que assim deve ser, mas também por seus atributos individuais, pela relação pessoal que mantém com seus subordinados por meio de uma ação de comando que, pela admiração e pela confiança que desperta nos seus subordinados, desenvolve neles o sentimento de que o dever está em cumprir-lhe as ordens e não em outro lugar qualquer.

As cerimônias militares, conforme salientou Juliana Cavilha, destacam "valores masculinos como a honra, a coragem destemida, a bravura, enfocados em gestos e em palavras."

Comandar não é uma função meramente burocrática que se sustenta somente na letra fria da lei, mas um estado d'alma que, a partir da letra fria da lei, erige uma relação com o subordinado que evoca algo que transcende o mero desempenho de atividades triviais que se exaurem em si mesmas.

A relação de comando tem necessariamente que ser capaz de impulsionar o subordinado ao sacrifício da própria vida, se necessário for, para o cumprimento da missão. E não há lei que faça isto sem um comandante de verdade que lhe valide. A experiência tem demonstrado que, em casos extremos, concretos, não é a lei que valida o ato, mas o comandante que valida a lei instituidora do ato.

Assim, um atributo essencial do comandante se deduz da capacidade do oficial investido daquela autoridade de despertar no comandado a admiração e a confiança. Sem admiração, o oficial combatente se desqualifica para o exercício das suas funções mais simples, mormente para o exercício do comando. Quando o comandante perde a imagem de homem viril e bem casado ou que se relaciona bem com as mulheres, sendo bem aceito por elas, não será, no imaginário do soldado subordinado, um autêntico comandante. Talvez um chefe, jamais um comandante.

Mesmo o comandante casado quando fica sob suspeita de ser traído pela mulher perde a admiração dos seus subordinados, virando objeto de motejos e debiques em todos os alojamentos. Um "corno" não tem aptidão para o comando. Se não consegue se fazer respeitar nem na sua casa, pela sua própria mulher, que lhe nega publicamente a masculinidade e se não lhe sujeita como a um homem, antes, o envergonha publicamente, entregando-se a outro, como poderá ser ele um bom comandante? Como poderá dar ordens e exigir o seu cumprimento, se fazendo respeitar pela sua presença pessoal e sendo respeitado mesmo na sua ausência, pela sua vontade sempre presente, se a sua própria mulher o desmoraliza publicamente?

Imprescindível, assim, que o comandante tenha a sua família bem ordenada e que a sua casa reflita a sua liderança. Só assim fará crível suas habilidades para a tomada de decisões vigorosas em momentos de crise, seu vigor para fazer com que suas decisões sejam cumpridas, sua força moral para impor a sua vontade mesmo contra a de outros e sua capacidade de transitar nos círculos do poder.

Inaceitável, portanto, para o perfil do Oficial de AMAN, um militar descoberto em um caso homossexual. Quanto mais assumir uma união "matrimonial" com um parceiro. Estas condições não se coadunam, no Exército Brasileiro, com a figura de um oficial combatente. Assumir a condição de homossexual redundaria em suicídio profissional e inviabilizaria a sobrevivência em um ambiente tão austero, cujas correções severas se dão até pelo simples olhar. Deve ser por este motivo que, dentre a oficialidade de Academia, não é comum que oficiais assumam seu homossexualismo. A própria EsPCEx e a AMAN, por um longo período de cinco anos, já fazem um filtro que torna quase impossível a sobrevivência social de um aluno ou um cadete que demonstre uma tendência ao homossexualismo. Os casos são conhecidos às pencas.

Maria Celina D'Araújo entende que as autoridades militares brasileiras que exerceram as mais importantes funções de comando no Brasil das últimas décadas consideram que os homossexuais "são portadores de um desvio de comportamento que ameaça o bom funcionamento técnico e moral da corporação militar ou das instituições como um todo."

Os resultados do *survey* "O que pensam os oficiais do Exército Brasileiro", segundo Eduardo Raposo, informam que 39,6% dos oficiais que responderam ao questionário se posicionaram contra homossexuais ensinarem em escolas públicas e 51,8% se mostraram a favor do banimento das bibliotecas públicas de livros que se manifestem a favor do homossexualismo.

Apesar do alto percentual de oficiais que se declara contra a prática homossexual, isto não significa que o Exército esteja imune às mudanças. O Exército tem mudado, e muito. Há alguns anos, a descoberta de um único ato homossexual desqualificava definitivamente um homem para ser integrante da Instituição. Era considerado indigno. Não somente do oficialato, mas indigno da atividade militar. Dizia-se abertamente tratar-se de um desvio de conduta irrecuperável. O indivíduo ia embora. Nos últimos anos, em função das mudanças na sociedade mais ampla, começou-se a fazer vista grossa. O militar não falava nem assumia. Os superiores e os companheiros fingiam que não sabiam. Nestes casos, os subordinados cumprem as ordens burocraticamente, desde que o militar seja "gente boa". Se desagradar, os problemas surgem, os atritos afloram, a situação se complica. Em uma escola de formação como a AMAN, nem se pensava em uma possibilidade de homossexualismo assumido, a sobrevivência social seria por demais insuportável. Com tendências homossexuais, somente cadetes muito discretos e determinados ao oficialato chegavam ao final do curso. A maioria ficava pelo caminho. Hoje já há o registro de um primeiro caso de cadete homossexual assumido. As coisas estão realmente mudando. Como será, o tempo dirá.

Aqui no Exército Brasileiro, à exceção de poucos casos aos quais, segundo tudo indica, deverão seguir-se muitos, ainda podemos observar um fenômeno sociológico que em 1994 se manifestou como um fenômeno jurídico nos Estados Unidos, no governo do democrata Bill Clinton, conforme registra Maria Celina D'Araújo, quando a Lei que ficou conhecida por *don't ask, don't tell* determinava que não se questionasse os militares sobre sua sexualidade.

As transformações sociais ocorridas no Exército por meio da família militar têm atingido também o conceito de família tradicional. O Exército tem mudado. A simples separação do militar, há não mais de trinta anos, limitava consideravelmente a carreira de um Oficial de AMAN. Até o final dos anos oitenta, início dos anos noventa, dizia-se no Exército, já para quem estava ingressando na EsPCEx e na AMAN, que oficial separado não saía general. Mesmo quando a separação se dava ainda como tenente. Isso mudou. A separação tem sido corriqueira, sem prejuízo da carreira, porém dentro do modelo institucional: o militar se separa, se casa de novo, com outra mulher, às vezes tem filhos com esta segunda esposa, muitas vezes mais jovem, e não deixa desamparada a sua ex-esposa e os filhos que teve com ela. Assim pode, é aceitável.

O *survey* "O que pensam os oficiais do Exército Brasileiro", segundo Eduardo Raposo, revela ainda que 78,7% dos oficiais respondentes relaciona a transformação da família tradicional à decadência da sociedade. Entretanto, "quando se cruza essa posição com a prática de vida dos respondentes, encontramos um número elevado de militares que se casaram mais de uma vez." 5% dos oficiais que responderam ao questionário são divorciados ou separados, 13% estão no segundo casamento ou união estável e 3% já têm três ou mais casamentos ou uniões estáveis.

A própria família com base na união estável tem sido aceita no caso de carreiras promissoras, desde que em segunda união. A primeira união, para o oficial que almeje ascender na carreira, deve ser pela via do casamento. A separação, e depois um novo casamento ou uma nova família com base na união estável tem sido sociologicamente aceita.

Mas o que observamos na prática é que os oficiais cujas carreiras se desenvolvem de vento em popa, que não querem correr riscos, são os que escolheram bem as suas esposas ainda na juventude. Investem nelas e preservam as suas famílias. Esse oficial que conservou a mulher da sua mocidade, que venceu a carreira com ela, é percebido como um homem casado com uma mulher que também se preparou para ser esposa de comandante, esposa de general, esposa de autoridade. Esses são dignos de confiança, pois demonstram, pela conservação dos seus casamentos, maturidade, estabilidade emocional, capacidade de superar as dificuldades de longo prazo construindo, e não desfazendo.

A esposa é fundamental para uma carreira sem problemas, para uma carreira sem mácula, para uma carreira brilhante com final feliz. A aparência de um casamento feliz é o prelúdio de uma carreira bem sucedida.

Capítulo 4: A família nas motivações do oficial para a carreira

1. A instabilidade da família e a disponibilidade do oficial

A constituição da família do Oficial de AMAN tem sofrido diversas mudanças ao longo dos últimos anos. A primeira delas é o casamento de cadetes. O cadete e o aspirante-a-oficial não podiam contrair matrimônio nem possuir filhos até o advento da Lei nº 12.705, de 08 de agosto de 2012. Normalmente o oficial se casava como primeiro-tenente ou capitão, antes do Curso de Aperfeiçoamento de Oficiais (CAO) realizado na Escola de Aperfeiçoamento de Oficiais (EsAO), no segundo ano de capitão. Hoje há cadetes casados e com filhos. Isso altera profundamente a situação do cadete durante a realização do seu curso de formação na AMAN.

Esta lei prejudicou substancialmente a formação do Oficial de AMAN e este dispositivo que permite o casamento de militares em formação já não está mais em vigor desde 2019, porém, em função de mudanças políticas, será sempre uma sombra pairando sobre a formação militar no Brasil.

O cadete casado e com filhos sai todas as vezes que pode para estar com a sua família. Sua atenção não está mais voltada exclusivamente para as atividades acadêmicas, pois tem outras preocupações inerentes à vida de casado que dispersam sua dedicação à sua formação e sua devoção à Instituição.

A Academia não tem todo o tempo do cadete à sua disposição, como acontecia até há bem pouco tempo. O cadete, na nova conjuntura, necessita sair em diversas ocasiões para resolver problemas de sua família, como, por exemplo, questões referentes à saúde de seus filhos pequenos; ou durante o ano letivo, por motivo de licença-casamento ou licença paternidade, desfalcando seu pelotão e prejudicando sua formação. O mundo do cadete não se restringe mais apenas à Academia, como aconteceu com todas as gerações de oficiais até 2012. Já nesta fase inicial da carreira, a de formação, a família tem se apresentado como instituição concorrente com o Exército pela disponibilidade do militar. Com a revogação do dispositivo que permite o casamento de cadetes em 2019, pode ser que este problema seja minorado, pelo menos por algum tempo.

O cadete vivia imerso na Academia. Até os anos noventa a semana acadêmica começava no domingo a noite e ia até o sábado ao meio-dia ou, vez por outra, quando ocorria o que se chamava de licenciamento, até a sexta-feira a noite, quando o cadete era liberado. Ainda assim, permaneciam aquartelados os punidos administrativamente, os que estivessem de serviço, os que residiam em localidades distantes, os que permaneciam para estudar para as provas e avaliações e os que ficavam para se preparar para exercícios no campo ou outras atividades da semana seguinte.

Hoje em dia não há mais atividades no sábado pela manhã. O primeiro ano é liberado na sexta-feira, permanecendo os outros dias em regime de internato. O segundo ano é liberado já na quinta-feira após o término do expediente, devendo estar de volta até as vinte e duas horas deste mesmo dia. O terceiro ano já tem essa liberação do final do expediente até as vinte e duas horas a partir da quarta-feira e o quarto ano a partir da terça-feira. Somente na segunda-feira a noite todos os cadetes permanecem na Academia.

Hoje, é comum os jovens já se casarem com a ideia da probabilidade da separação. O momento presente parece ser a única realidade da existência. Perdeu-se a noção de trajetória de vida e, com ela, a de sentido. A satisfação tem que ser imediata, se houver algum problema no percurso, este deverá ser eliminado depois que surgir, não devendo ser motivo de preocupação antes da sua chegada. Não se pensa mais nos problemas enquanto possibilidades, se o problema não for atual, não existe. Nem se pensa neles como inerentes à trajetória da vida humana, como fatores de enriquecimento e experiência. São sempre vistos como contratempos que devem ser eliminados, não resolvidos e incorporados à trajetória de vida. A vida se resume à satisfação imediata dos desejos do momento. Só. Morte? Nem pensar! A vida é um eterno presente descolado do passado e sem perspectiva de futuro. Daí a dificuldade do jovem em compreender o empreendimento do casamento e da carreira como trajetórias que devem ser percorridas com seus percalços e obstáculos a serem vivenciados, vencidos e incorporados. Dentro desta realidade da pós-modernidade, o lema que parece nortear as perspectivas dos nubentes modernos se expressa em uma frase comum hoje em dia: "Se não der certo, me separo". Quer dizer, se não estiver proporcionando prazer atual, deve ser descartado.

Zygmunt Bauman já havia esclarecido que a modernidade tem como característica fundamental a mudança múltipla, cujo ingrediente crucial é "a nova mentalidade de 'curto prazo', que substituiu a de 'longo prazo'. Casamentos 'até que a morte nos separe' estão decididamente fora de moda e se tornaram uma raridade: os parceiros não esperam mais viver muito tempo juntos."

Os casamentos não têm durado tanto quanto duravam antigamente. Tem sido comum os militares chegarem ao círculo dos oficias superiores com a segunda esposa. Às vezes com a terceira. Filhos com cada uma delas, e com a atual, normalmente mais jovens, filhos ainda pequenos. O oficial de hoje se casa mais cedo, mas à época em que seus antecessores nos anos oitenta já estavam sendo avós, estes ainda estão vivenciando o nascimento dos seus filhos temporãos. A figura do pai-avô tem sido comum em todas as turmas de coronéis de AMAN. Cada uma tem os seus, assim como cada uma tem o seu "zero-um" e o seu "e". O pai-avô está se transformando em mais um patrimônio da turma, patrimônio este característico da fase madura da turma.

A mudança na estabilidade da família, que em um passado não muito distante era sólida, tem promovido mudanças nas perspectivas da carreira. O Exército passa a disputar a atenção e as forças do militar não somente com a sua família em si, mas com a nova conjuntura social que define as novas bases nas quais se funda a família moderna. Quando o oficial sentia que a sua casa estava garantida, a tranquilidade para dedicar-se exclusivamente à Instituição impelia-o à imersão institucional. Podia dedicar-se despreocupadamente às atividades operacionais, à realização de cursos combatentes, aos exercícios no terreno, enfim, a uma vida dentro dos quarteis dedicada tão somente à atividade militar, pois sua mulher estava em casa, resolvendo todos os problemas domésticos.

O militar, hoje, ao ver muitos dos seus companheiros vivenciarem a experiência de um lar desfeito, tem consciência de que essa pode ser também a sua história. A estabilidade pessoal do oficial pode ser abruptamente abalada. E o mais significativo no que se refere à sua entrega ao trabalho é a consciência que ele tem dessa nova realidade, mesmo que esta ainda não seja a sua realidade. A família requer mais a atenção do militar hoje do que antigamente. Ele sente que precisa voltar-se mais para ela. E isso, como disse Juliana Cavilha, interfere nas decisões que darão rumo à sua carreira,

> afinal, as esposas são parte importante e ativa na construção da carreira militar. Como apontou Helena, esposa de Tarley [um oficial general]: "A esposa também deve ter a vocação militar". Nesse aspecto, vale acrescentar que é uma carreira construída em casal, sendo a mulher absolutamente necessária para a construção do homem militar.

Da mesma forma como é fácil para o militar separar-se, desvencilhar-se da sua mulher, romper os vínculos e constituir novos relacionamentos, também o é para a esposa em relação a ele. As mulheres têm hoje mais facilidades para estudar, para trabalhar, para se relacionar com outras pessoas, inclusive do sexo oposto. A conservação de uma família tornou-se mais movediça, menos estável, mais imprevisível, menos segura. Não há garantias, a confiança no futuro da família não tem mais apoio firme. Quando as relações entre marido e mulher se afrouxam, não há outros suportes nos quais se escorar, tais como o compromisso firmado, a dependência financeira da mulher, a moral religiosa, a influência da família mais ampla, a pressão da sociedade pela conservação da instituição familiar mesmo que apenas em bases puramente aparentes. Tudo isso parece dizer respeito ao passado. A maior garantia é o não afrouxamento das relações pessoais entre marido e mulher. Isso exige investimento. Investimento pessoal outrora supérfluo, periférico, hoje central, fundamental, para todos que desejem conservar a sua família.

As pesquisas têm demonstrado que as separações têm aumentado entre os Oficiais de AMAN. Cristina Rodrigues da Silva observou na sua pesquisa que

> não foi possível encontrar estatísticas sobre o número de divórcios no Exército brasileiro, até porque se percebeu que este é um tema ainda delicado para a instituição. No entanto, era comum escutar dos militares durante a pesquisa que as separações estavam aumentando, principalmente com relação a casais cuja mulher é militar.

O *survey* realizado pelo Núcleo de Estudos Sociológicos sobre as Instituições Militares Brasileiras (NESIMB) do Departamento de Ciências Sociais da PUC-Rio demonstra, conforme atesta Eduardo Raposo, que 16% dos oficiais respondentes já se separaram pelo menos uma vez, sendo que 3% pelo menos duas.

A disponibilidade do oficial para o Exército não é mais a mesma. Quando boa parte da sua atenção tem que estar voltada para a sua família, esse tempo, essa dedicação, essa entrega de si mesmo, toda a disposição do marido e do pai voltada para esse fim, para a conservação da família, para a dedicação a ela, para marcar a sua presença junto àquelas pessoas que lhe são caras, tudo isso tem que vir de algum lugar, tem que ser tirado de alguma área da vida do militar, tem que ocupar algum tempo outrora já preenchido.

Alguma coisa terá que ser preterida, ele terá que fazer uma escolha e uma parte da sua vida necessariamente terá que ser arquivada ou jogada na lixeira para desocupar um espaço vital que seja destinado à sua família. Família moderna, família caracterizada por incontáveis possibilidades de realização e inúmeras potencialidades de realizar seus membros, mas que, em contrapartida, também se tornou mais carente de atenções, de cuidados, de precauções.

A família se tornou mais complexa e a primeira consequência disso é a correlata complexificação das relações familiares. A família hodierna não admite ser colocada em segundo plano pelo marido e pelo pai de maneira permanente. Não está disposta a aceitar isso. Não tem tempo para esse descaso, situação esta que não encontra lugar na linguagem da modernidade.

O militar não tem opção, precisa de tempo na sua vida para satisfazer às novas exigências da sua família. Vemos o predomínio do princípio econômico da escassez. Não há tempo livre, e o Exército é como a água que preenche tudo, cada vão, cada reentrância, cada lacuna. Precisa ser represado, contido, limitado. Assim, o oficial tem conseguido tempo na sua vida para a sua família por meio da limitação da disponibilidade que dedicava ao Exército.

A disponibilidade do militar, tão cara a uma Força Armada, tem sofrido restrições. O militar não está mais disponível para a Instituição como outrora. Isso, no Exército Brasileiro, é perceptível a olhos vistos ainda na fase de cadete, quando, conforme já observei, desde 2012, o jovem pode, a seu bel-prazer, contrair núpcias e estabelecer família com todas as consequências e os direitos daí resultantes. Assim, desde os primeiros anos da sua carreira, ainda durante a sua formação em regime de internato na Academia, o militar transfere para a sua família o tempo que deveria estar sendo destinado à Instituição. Esta nova realidade, muito provavelmente, só temporariamente foi contida.

Se é lícito ao cadete proceder dessa forma, quanto mais não o será aos oficiais mais antigos, mais velhos e com muito mais tempo de serviço. E para as novas gerações, sempre terá sido assim, pois já iniciaram dessa maneira. É a lógica da modernidade, que promove mudanças aparentemente pequenas no presente, porém com consequências significativas no futuro. Hoje tem a aparência de um pequeno contratempo já contornado por meio de uma modesta concessão. É como em um tiro quando o projetil, ao penetrar o seu alvo, entra por um pequeno orifício não mais gravoso que um corte, mas que, no seu trajeto, revolve todo o interior, saindo em um rombo por onde tudo se esvai.

Erving Goffman entende que toda instituição busca conquistar o máximo do tempo dos seus integrantes. Quando esta tentativa se intensifica a ponto de exigir uma disponibilidade ilimitada, a instituição tende ao "fechamento". As instituições militares têm esta característica.

O Exército Brasileiro, na Portaria nº 012-EME, de 29 de janeiro de 2014, elenca como caraterísticas fundamentais da carreira militar a *disponibilidade permanente*: "O militar se mantém disponível para o serviço ao longo das 24 horas do dia, sem direito a reivindicar qualquer remuneração complementar, compensação de qualquer ordem ou cômputo de serviço especial."; a *dedicação exclusiva*: "O militar não pode exercer qualquer outra atividade profissional, o que o torna dependente de seus vencimentos e dificulta o seu ingresso no mercado de trabalho, quando na inatividade."; a *mobilidade geográfica*: "O militar pode ser movimentado em qualquer época do ano, para qualquer região do país, residindo, em alguns casos, em locais inóspitos e de restrita infraestrutura de apoio à família."; e as *restrições a direitos trabalhistas*:

> O militar não usufrui de alguns direitos trabalhistas, de caráter universal, que são assegurados aos trabalhadores de outros segmentos da sociedade, dentre os quais se incluem:
> – remuneração do trabalho noturno superior à do trabalho diurno;
> – jornada de trabalho diário limitada a oito horas;
> – obrigatoriedade de repouso semanal remunerado; e
> – remuneração de serviço extraordinário, devido a trabalho diário superior a oito horas diárias.

Goffman lembra que a disponibilidade que uma instituição com tendências ao "fechamento" exige de seu integrante é forjada por meio da alternância entre períodos de pouco trabalho, que chegam a gerar grande tédio, com períodos de intenso trabalho, quando o tempo integral do indivíduo é colocado à disposição exclusiva da instituição.

Isso contrasta com a realidade da vida moderna no Brasil, pois o Oficial de AMAN, ainda que de maneira discreta, desde a sua formação, tem disponibilizado mais tempo para a sua família por meio de uma crescente indisponibilidade de vida para o Exército. Tempo que não tem somente o significado de duração, mas, muito mais que isso, de tudo o que a permanência carrega consigo: entrega, outorga, consagração de pensamento e de emoção, de sentimento e de razão. A família ganha tempo e espaço, mente e coração, o Exército perde a disponibilidade cega do homem.

Mas o que será de fato que o Exército está perdendo? Será que o Exército, ao se ver despojado dessa disponibilidade por vezes improdutiva, estará mesmo perdendo algo? Ou será que a perda desse tipo de disponibilidade cega do homem na verdade não é um ganho substancial para a Instituição que, assim como as verdadeiras transformações que se têm operado hoje *in germen* ainda não se deixam ver, no futuro não venha a revelar-se edificante para a Instituição?

A esposa e os filhos requerem cada vez mais a atenção do marido e do pai, também Oficial de AMAN. Não somente uma atenção lúdica, na hora do lazer, nos momentos da folga, quando não tiver nada mais importante para fazer. Mas uma presença efetiva em todas as esferas da vida familiar e da vida de cada membro da família. O marido e o pai são requisitados para a participação na rotina do lar. A mulher não se sente mais com o encargo de arcar sozinha com a gestão da casa a fim de deixar o homem livre para a solução dos "problemas de verdade." O marido assume responsabilidades em face da mulher e dos filhos. Estes entendem essas responsabilidades como obrigações do homem. E cobram quando elas são relegadas a um segundo plano, quando são negligenciadas ou não cumpridas.

O pai hoje leva os filhos pequenos para a escola, para o piano, para o inglês, para o futebol, para o cinema, para a casa dos amigos. Fica com eles no *shopping*, nos *fast foods*, no clube, na igreja. Não assume apenas esporadicamente o lugar da mãe para dar a ela uma folga quando não tiver um compromisso importante. O lugar é dele, que assume efetivamente a responsabilidade. A tarefa é dele. Quando, por algum motivo, não pode realizar a sua parte, todos se ressentem, todos mudam a sua rotina, todos se sentem prejudicados. O homem passa por constrangimentos, tem que se explicar, tem que aguentar as justas reclamações e suportar o mal humor pelo transtorno que está causando a cada membro da família.

A mulher também não quer mais arcar com todas as tarefas domésticas, nem aceita a ajuda do marido como se ele estivesse fazendo um favor. O lar é dos dois, os compromissos são do casal, os beneficiados ou os prejudicados são todos os integrantes da família. A esposa sente que já abriu mão de muitas coisas em benefício do marido, em submissão ao seu trabalho, em sujeição ao seu ganha pão. Essa é uma questão importante: hoje em dia, com a emancipação feminina e o sentimento de empoderamento por parte da mulher, a profissão do marido muitas vezes é somente isso para a esposa e para os filhos: um ganha pão e não uma atividade sacrossanta, um sacerdócio, como deve ser para o militar. A mulher poderia ter a dela também, mas priorizou a dele, e o fez por necessidade, não por direito dele e dever dela. Já fez muito, o mínimo que ele pode fazer é cumprir com a parte que lhe cabe na família, tanto na administração da casa quanto na gestão do lar.

Administração da casa significa cooperar com os afazeres domésticos. Não esporadicamente, não no sentido de liberalidade, de favor, de concessão, mas com compromisso, com o sentido de obrigação, de dever, de atribuição. Lavar a louça, arrumar os filhos, fazer as compras, pagar as contas. Não com o dinheiro apenas, como sempre fizera, mas em ação: ir ao supermercado, acessar a *internet*, realizar os pagamentos, resolver os problemas domésticos e familiares. Essas tarefas não são mais da exclusividade da mulher. São também da responsabilidade do homem.

Gestão do lar significa participar da construção afetiva da família, ser um agente ativo no desenvolvimento da relação do casal, agradar a mulher nas pequenas coisas que para ela são importantes, como o aniversário de casamento, o aniversário dela, o dia dos namorados, a ida ao teatro, o jantar em um bom restaurante vez por outra, somente o casal. É fundamental que o homem perceba e demonstre que percebeu o valor que ela dá a essas pequenas coisas que para ele, imerso na atividade diária e absorvente do seu trabalho, podem parecer irrelevantes, desnecessárias e supérfluas, ou até mesmo inúteis. É preciso demonstrar que, se essas coisas são importantes para ela, são importantes para ele também, mesmo que esse seja para ele o único motivo: a importância que ela dá a isso.

Ulrich Beck explica que na modernidade "ainda podem ser encontradas famílias, mas a família nuclear está se tornando uma instituição cada vez mais rara. [...] E mesmo o eu [*self*] não é mais o eu inequívoco, mas se tornou fragmentado em discursos fragmentados do eu." Com efeito, afirma que

> em todos os países industriais a metade das mulheres (pelo menos) trabalham fora de casa, inclusive aquelas que têm filhos. As pesquisas documentam que para a próxima geração de mulheres, uma carreira e a maternidade serão certamente consideradas parte de seus planos de vida. Se a tendência para as famílias de duas carreiras continuar, então duas biografias individuais – educação, trabalho, carreira – terão de ser consideradas juntas e mantidas sob a forma de família nuclear.

Da mesma forma, os filhos têm exigido a presença do pai nas ocasiões que para eles são importantes, desde as atividades sociais com os colegas até as reuniões de pais na escola. O pai tem que estudar com os filhos, tem que se interessar pelas notas deles, tem que demonstrar alegria com as suas pequenas vitórias e tem que dar importância aos seus pequenos fracassos. Quando chega em casa cansado do trabalho, às vezes encontra seus filhos esperando para ir ao cinema, para ir à lanchonete, para ir à casa de jogos. Não é mais possível simplesmente dizer que está cansado, que tem que trabalhar cedo no dia seguinte, que levou trabalho para casa. Isso, como rotina, não é aceitável.

O marido e o pai são obrigados a ter uma nova postura consentânea com os novos tempos, com a volubilidade dos interesses, com a fragilidade dos compromissos, com a insegurança das relações. A família mudou, as exigências aumentaram, mas não somente aumentaram, elas se transformaram. Com isso, o homem também está mudando e, por conseguinte, o profissional. O Exército finge que não vê, que não percebe, mas também está mudando, devagar, lentamente, mas está.

2. Condição socioeconômica e prestígio da família militar

A atual condição socioeconômica da família militar tem contribuído para que o oficial volte suas atenções para a família e veja nela a fonte principal da sua realização pessoal. O padrão social e econômico do militar caiu vertiginosamente desde o início dos anos oitenta.

Socialmente, o militar perdeu prestígio. As Forças Armadas sempre tiveram no Brasil o *status* de protagonistas na política. Isso fazia com que a farda fosse valorizada e respeitada no âmbito da sociedade. Não somente em tese, em abstrato, em relação à Instituição a nível nacional através da mídia, da política e do debate público, compondo o imaginário popular; a farda era valorizada na realidade do dia a dia da vida do oficial pelas pessoas da sua convivência pessoal, quer íntimas quer meramente de ocasião. A condição de oficial do Exército não passava despercebida. Era fonte de prestígio social. Um prestígio desproporcional à condição econômica, é verdade, mas um prestígio que satisfazia ao militar e à sua família, pois o prestígio do marido e do pai se transferia à mulher e aos filhos. Isso mudou. O oficial do Exército deixou de ser admirado e respeitado como outrora e se tornou um cidadão como outro qualquer.

O oficial do Exército, dessa forma, deixou de ser pessoa e tornou-se um mero indivíduo na sociedade mais ampla. Roberto DaMatta explica que a pessoa se liga à totalidade social da qual faz parte, é complementar aos outros, não tem escolhas, nela a consciência social é dominante e a amizade é residual e juridicamente definida no sentido de posicioná-la em qualquer circunstância da vida social. O indivíduo, em oposição, é livre, tem um espaço próprio, é igual a todos os outros, tem escolhas e emoções particulares, prevalece nele a consciência individual e a amizade se faz por meio de escolhas. "Em outras palavras, *as leis só se aplicam aos indivíduos e nunca às pessoas*; ou, melhor ainda, receber a letra fria e dura da lei é tornar-se imediatamente um indivíduo. Poder personalizar a lei é sinal de que se é uma pessoa." Isto significa dizer que a *revelação da identidade social* perdeu força no caso do oficial do Exército. Ou seja, deixou de produzir efeitos, na sociedade mais ampla brasileira, no caso específico do oficial do Exército, a "apresentação do documento apropriado, junto com o vociferado 'sabe com quem está falando?'". Este procedimento, conforme ensina DaMatta, não tem mais o condão de fazer "com que a figura abstrata com quem se está interagindo passe a ser um ser humano completo, concreto, com poder e prestígio, beleza e graça, e, sobretudo, com relações com pessoas poderosas". Assim, prossegue o antropólogo brasileiro, a *revelação da identidade social* do oficial não autoriza mais a ele, nem a seus familiares, esposa e filhos, passar

> de "cidadão brasileiro" ou de "indivíduo", papeis sociais universalizantes que nessas situações [circunstâncias sociais da rotina da vida em sociedade, como conseguir uma vaga no estacionamento ou passar por uma *blitz* com o documento vencido] não dão qualquer direito, a alguém que é "realmente alguém": deputado, advogado, oficial das Forças Armadas, secretário de Estado, etc. Ou, o que é ainda melhor, parente e amigo (isto é, alguém substantivamente ligado a um figurão).

Além disso, economicamente, o militar perdeu poder aquisitivo. As Forças Armadas brasileiras jamais se caracterizaram por conceder uma boa remuneração aos seus integrantes. Nem mesmo nas ocasiões em que estiveram no poder, a condição de militar foi reconhecida pelos bons salários que auferia. Os vencimentos sempre foram modestos, porém suficientes para a manutenção da oficialidade no *status* de classe média.

A perda do poder aquisitivo do militar, nos últimos quarenta anos, tem ocorrido lentamente, porém de maneira contínua. A nova lei de remuneração dos militares, que entrou em vigor no ano de 2000, no governo Fernando Henrique Cardoso, tirou inúmeros direitos dos profissionais das Forças Armadas. Perda de direitos que somente com o tempo se converteriam em perdas salariais, motivo pelo qual não foi sentida nem percebida à época.

Os novos vencimentos e proventos, quando entraram em vigor, foram chamados de soldão, e o primeiro soldão recebido imediatamente após a alteração da estrutura da remuneração dos militares foi de fato ligeiramente superior à última remuneração do antigo sistema. Este fato serviu para difundir a ilusão de que a mudança teria até sido boa, uma pequena melhora em relação ao sistema anterior, inobstante o discurso de uns poucos em sentido contrário. Ações falam muito mais alto que palavras. Os discursos de quem estudou a nova lei denunciavam uma perda, o primeiro vencimento da nova estrutura de remuneração foi ligeiramente superior ao último do antigo sistema. A realidade imediata se mostrava diferente do discurso. Prevaleceu a ilusão da realidade efêmera em detrimento da precisão do discurso.

Com o tempo, o peso da nova lei sobre o bolso do militar começou a ser sentido. E muito. Mas aí já estava tudo consumado. O Estado promoveu, com a nova lei, a médio e a longo prazo, um grande achatamento na folha de pagamento do pessoal das Forças Armadas. E o fundamento para essa mudança sem traumas foi antes sociológico que jurídico ou econômico, pois foi através da sensação infundida nos militares de que a lei melhorava os vencimentos, ao invés de cassar direitos, que ela foi aceita pela maioria deles, senão de bom grado, na pior das hipóteses, como pouco significativa. Ação eficiente realizada antes por um sociólogo que por um economista, que por um tecnocrata da burocracia estatal, que por um ministro de Estado, que por um presidente da República.

Esses dois fatores característicos da nova realidade das Forças Armadas do período pós-regime militar, a situação social, referente à depreciação do *status* e do prestígio, e a condição econômica, relativa à perda de poder aquisitivo e de inúmeros outros direitos que se converteriam mais tarde também em perdas econômicas, contribuíram para tirar o brilho da carreira do oficial, que perdeu posição diante de outras carreiras de Estado e mesmo em face da iniciativa privada.

A perda do prestígio enfraqueceu a mística militar; a queda do salário, o suporte material. Alma e corpo da Instituição Militar brasileira, dessa forma, se fragilizaram, nesse processo de transformações vivenciado pela sociedade mais ampla nos últimos quarenta anos, em face da família.

À medida que a carreira do Oficial de AMAN foi perdendo o brilho que em outros tempos lhe era inerente, a sua família foi ganhando em importância. Ela, que tinha sua posição bem colocada em um ambiente um tanto quanto obscuro em termos de prioridades em relação à Instituição, passou, progressivamente, a ser percebida com maior nitidez. A luz que se desviou da carreira foi redirecionada em outros sentidos, dentre os quais estava o que levou à família.

O Exército deixou de ser a principal fonte de satisfação do militar, que passou a enxergar na família uma fonte indispensável e prioritária de satisfação pessoal. O foco de luz da consciência do oficial, com as novas condições da modernidade, se enfraqueceu na direção do Exército e se intensificou na direção da sua família. A família hoje é a prioridade. Ao Exército, de uma forma geral, só é dada uma precedência relativa, ou uma falsa precedência, uma vez que uma decisão que priorize a Instituição Militar em detrimento dos interesses da família normalmente redundará, mais tarde, em benefício para o militar e para a sua família.

Trata-se, na verdade, de um investimento que visa o benefício da instituição familiar e não o da Instituição Militar. Ao que parece, hoje, somente nessas condições, o Exército tem a possibilidade de competir com a família e sair vitorioso. Uma vitória transversa, uma vez que, na verdade, não se trata de uma competição, mas de um associação, uma troca: hoje o militar se entrega, amanhã a família se beneficia. Assunto que veremos em seguida.

3. Participação da família no sucesso da carreira do Oficial de AMAN

Os Oficiais de AMAN que investem na carreira têm sido recompensados de diversas formas. São as recompensas simbólicas em termos de prestígio pessoal e profissional, conforme já vimos. Essa tem sido uma realidade institucional que tem mantido a impulsão da carreira de muitos oficiais.

O Exército tem, na prática, incentivado o oficial a demonstrar seu profissionalismo e sua vocação de diversas formas.

Um instrumento poderoso para isso é o prestígio que passa a gozar o oficial desde o momento em que é aprovado no concurso de admissão da ECEME.

A divulgação do resultado é um dia de festa na ECEME, quando muitos oficiais se reúnem no auditório daquela escola com a finalidade de acompanhar a cerimônia pessoalmente. O evento também é divulgado ao vivo pelo *site* daquele Estabelecimento de Ensino de Altos Estudos Militares. Oficiais e familiares, de todo o Brasil, acompanham a divulgação dos nomes dos aprovados. O militar que logra êxito no concurso já muda de *status*. Recebe ligações de todas as regiões, de superiores, pares e subordinados, e se torna alvo de olhares admirados dos que tomam ciência da sua aprovação. Passa a ser percebido como alguém diferente, já integrante de um círculo seleto. Um vitorioso que dá início à sua trajetória de vitórias. Nos dias subsequentes, onde for visto, seu êxito no concurso será comentado. Todos olham, muitos vão pessoalmente cumprimentá-lo. A aprovação no concurso é valorizada. O oficial sente por experiência própria o que significa entrar nesse novo mundo dentro do Exército. É só o começo, mas um começo que já promete muito para o futuro.

Grandes são as vantagens que ficam na conta das missões no exterior. O ganho cultural escapa às possibilidades financeiras pessoais de um oficial do Exército. Essas missões são as melhores, pois além de serem gratificantes para o militar no desempenho das suas funções, são aprazíveis para toda a família na sua estada no exterior, normalmente de dois anos.

As vantagens, para o padrão social do oficial, são enormes do ponto de vista cultural. São muitas as possibilidades de missão no exterior nessa fase da carreira, todas altamente compensadoras para o oficial, para sua esposa e para os seus filhos, bem como para a família como um todo. São cursos de Altos Estudos, dentre os quais os de Estado-Maior, nos quais o oficial pode ir como aluno e permanecer como instrutor, funções de oficial de ligação do Exército Brasileiro com exércitos de nações amigas, as aditâncias, dentre outras possibilidades privativas de oficial QEMA.

Somente o QEMA tem essas possibilidades nessa fase da carreira. Um QSG não tem perspectiva de nenhum desses tipos de missão, pois o Exército não tem motivos para investir na carreira de um militar que não irá representá-lo e que está apenas esperando completar o seu tempo mínimo de permanência na ativa ou a sua última promoção a coronel *full* para requerer sua transferência para a reserva remunerada.

Já o investimento na carreira do QEMA é uma necessidade institucional, pois esse oficial está sendo preparado para assumir as funções estratégicas da Instituição e atingir os seus mais altos postos. À medida que a carreira do Oficial de AMAN avança, mais obstáculos são interpostos. O primeiro deles foi o enfrentamento do concurso da ECEME e a realização do curso de dois anos no Rio de Janeiro. O oficial que vence essa difícil etapa deu o primeiro passo, se sujeitou às exigências da Instituição, abdicando da sua tranquilidade e a da sua família, e ambos obtiveram êxito.

O comando de Organização Militar valor Unidade é outra experiência difícil e enriquecedora. A partir daí, outras provas terão que ser vencidas. Muitos não estarão dispostos a prosseguir, priorizando suas famílias e suas vidas privadas. Mas alguns prosseguirão. Esses são os que interessam à Instituição, pois são eles os que arrostam tudo para prosseguir na carreira. Demonstram determinação e persistência no enfrentamento das dificuldades e, com isso, atestam o valor que dão à Instituição e às suas carreiras, pois afirmam sua disponibilidade para ambas, sejam quais forem as inconveniências para os interesses particulares e para a família. Forjam, com sua determinação na transposição dos obstáculos interpostos pela Instituição, a têmpera das suas personalidades. A têmpera do chefe militar.

Observamos, assim, que, ao mesmo tempo em que o Exército recompensa o Oficial QEMA, impõe-lhe vários desafios. Esses desafios, uma vez enfrentados e vencidos, revelam os oficiais que se mostram dispostos a tudo em prol da carreira, priorizando-a em detrimento de sua família e de seus interesses privados, que acabam, com o tempo, por se confundirem com as necessidades da Instituição.

Assim, à medida que o oficial avança na sua carreira, ao enfrentar os obstáculos e os vencer, demonstra disposição pessoal e disponibilidade para a Instituição e, ao mesmo tempo em que é simbólica e culturalmente recompensado, também vai sendo preparado para o exercício das funções mais importantes, as funções institucionais estratégicas, para atingir os mais altos postos da Instituição, o generalato, representando-a interna e externamente, para ingressar no Alto-Comando quando da promoção ao último posto, para que, por fim, esteja apto à seleção de comandante do Exército ou ministro do Superior Tribunal Militar (STM).

Estamos em face de um sistema que, a partir da fase de oficial superior, com a realização do Curso de Comando e Estado-Maior do Exército, na ECEME, o primeiro obstáculo a ser enfrentado e vencido, testa, recompensa e prepara o Oficial de AMAN, e sua família juntamente com ele, mormente sua esposa, para prosseguir no desenvolvimento da sua carreira rumo ao topo da estrutura hierárquica piramidal da Instituição. Uma trajetória que ao mesmo tempo em que testa o oficial e sua família, prepara tanto ele quanto sua esposa e seus filhos para as funções mais nobres, de maior responsabilidade e as mais difíceis, às quais poucos são aptos a desempenhar.

Ester Nunes Praça da Silva constatou essa realidade na sua pesquisa:

> constatamos a existência de outras questões importantes para o contexto da vida dessas mulheres, levando-nos a perceber que casar com militar não é, de toda forma, uma erosão de suas individualidades, tampouco, apenas sacrifícios pessoais. No ponto, ainda que, a realização profissional delas, propriamente dita, algumas vezes, seja relegada a um segundo plano, em nome da maternidade e do trabalho doméstico, por vezes, por ter acompanhado os maridos nas transferências entre cidades, ou ainda, pelo acúmulo de responsabilidades na família, essas mulheres mobilizam, através do trabalho de militar de seus maridos, gratidões que lhes dão sentido e identidade.
> Como vimos, elas acreditam que o sucesso profissional de seus maridos tem a ver com elas e por isso todos aqueles benefícios resultantes da condição de militar lhes são próprios, fazem-lhes enxergar-se a si própria.

Um Oficial de AMAN que por um motivo qualquer não realiza o Curso de Comando e Estado-Maior na ECEME, o QSG, vivencia realidade bem diversa. A esposa e os filhos desse oficial, em uma determinada fase das suas vidas, ingressam no meio acadêmico. O oficial que na sua formação intelectual se manteve estritamente dentro do Sistema de Ensino do Exército tem contato, pela primeira vez, e dentro da sua casa, com a realidade da universidade brasileira. Muitas vezes se depara com a esposa e todos os filhos cursando uma graduação ao mesmo tempo. As ideias da universidade penetram a casa do militar, se fazem presentes em todas as conversas e modificam a forma como cada membro da família pensa os diversos aspectos da realidade social.

A esposa e os filhos, através das interpretações de questões triviais da sociedade que estão na pauta do dia, questionam muitas das antigas premissas reinantes entre os membros da família. O militar se sente só e vê as pessoas que lhe são mais chegadas desenvolverem conversas que para ele soam estranhas sobre assuntos que ele não domina ou acerca dos quais sempre teve uma visão diferente. O impactante é que percebe um movimento, uma mudança se operando dentro da sua própria casa: sua esposa e seus filhos não pensam nem agem da forma como o faziam há bem pouco tempo, quando se pareciam mais com ele. À medida que modificam sua forma de pensar, se tornam diferentes somente em relação a ele, pois mantém a identidade entre si. Entremostram uma mudança em bloco ao se comunicarem em uma linguagem que não era a deles, mas que agora só não é a dele.

O oficial constata uma mudança nas ideias da sua esposa e dos seus filhos que é sustentada por citações de autores, pela apresentação de linhas de pensamento, pelo discurso de pensadores, por artigos de intelectuais, pelas falas de jornalistas, políticos e professores, enfim, enfrenta argumentos de autoridade que infirmam suas posições, por vezes fundamentadas no argumento de tradição. O argumento de tradição, por não exigir muita reflexão acerca de suas bases quando empregado no interior de grupos socialmente homogêneos, ao se deparar com novas formas de pensamento, tende a promover o silêncio diante de argumentos que se lhe contraponham.

O oficial percebe, dessa forma, nas relações familiares dentro da sua própria casa, um mundo novo e desconhecido. Quando a sua esposa trabalha fora, possui um emprego ou desenvolve uma carreira, essa percepção é aguçada, pois ele vislumbra através da sua relação com ela uma esfera da vida social que lhe escapa. Um espaço social dela no qual ela se sente à vontade e ele se vê como um peixe fora d'água. O oficial percebe que não tem a mesma desenvoltura que sua esposa em um ambiente social estranho ao da família ou ao do campo militar, ambiente composto pelos colegas que trabalham, estudam e convivem socialmente com ela.

Essa nova conjuntura que se configura em função do curso de graduação da esposa e dos filhos, que pode ser reforçada pelo ambiente de trabalho da mulher, desperta no oficial a vontade de se aventurar em uma área desconhecida para ele, embarcar em uma experiência que o tira da sua zona de conforto, mas que oferece a possibilidade de um novo tipo de realização. Sente-se motivado, assim, a explorar um campo de possibilidades estranho a tudo o que vivenciou até então e que sequer fez parte dos seus planos até ali. Algo que já faz parte da vida da sua esposa e dos seus filhos, mas que, para ele, desde tenra idade imerso na Instituição Militar, apresenta-se com as feições de um desafio.

O trabalho da esposa e a faculdade dela e dos filhos instiga o oficial a ingressar em um novo mundo diferente de tudo quanto ele viu até aquela fase da sua vida. Uma experiência não planejada nem esperada que não faz parte da carreira do Oficial de AMAN, mas que se torna uma realidade sob o impulso das relações familiares. O oficial, pela primeira vez, se prepara para uma atividade externa, uma atividade estranha ao Exército, e o faz movido por um sentimento de necessidade de inserção no meio acadêmico e no meio social mais amplo, sentimento este advindo das influências do convívio familiar. O oficial, dessa forma, em função de pressões geradas pelas relações familiares, por conta própria e na satisfação de interesses privados, ingressa em uma universidade e recomeça seus estudos em um ambiente estranho ao campo militar, objetivando se graduar em uma universidade civil e se especializar em uma nova área.

Conforme já observei, o oficial da Linha de Ensino Militar Bélico, da carreira combatente formado pela AMAN, integra a carreira que é a espinha dorsal do Exército Brasileiro. Esse oficial segue a linha operacional até a sua promoção ao posto de major, quando ingressa no círculo dos oficiais superiores. Para prosseguir na carreira, a partir dessa fase, o oficial tem necessariamente que realizar o Curso de Comando e Estado-Maior do Exército na ECEME, na praia Vermelha, no município do Rio de Janeiro-RJ. Os oficiais que, por motivos diversos, deixam de realizar esse curso, ingressam no Quadro Suplementar Geral (QSG), momento a partir do qual veem suas carreiras estagnar, passando a aguardar o tempo mínimo de permanência na ativa ou a última promoção, a coronel *full*, para requererem suas transferências para a reserva remunerada.

Muitos oficiais, hoje em dia, nessa fase da carreira, enquanto aguardam, como QSG, o momento da sua transferência para a reserva remunerada, ingressam em um curso de graduação em uma universidade e dedicam-se ao estudo em alguma área do conhecimento da esfera civil. Alguns prosseguem em cursos de pós-graduação *lato* ou *stricto sensu*, sendo reconhecidos, dentro do Exército, por suas especializações.

Esses oficiais, em determinadas circunstâncias, são percebidos pelo campo militar como profissionais que adquiriram uma nova capacitação técnica e social. Capacitação técnica pelos estudos que estão realizando, pela nova linguagem da área estudada, pelos *habitus* de um novo campo que vão adquirindo, pela segurança ao se posicionarem nos assuntos relativos à sua área de estudo, pelas novidades que apresentam, pelos pareceres profissionais que manifestam e sustentam com meia dúzia de jargões gastos que ninguém conhece dentro dos quartéis. Capacitação social pela sua inserção na sociedade mais ampla diferenciada em relação ao oficial que seguiu a trajetória habitual dentro da carreira, mais intensamente imerso, por imposição de ofício, no campo militar. Aquele, porém, o QSG, descartado pela Instituição e considerado um profissional ocioso, acaba por adquirir, nessa época de mudanças, uma capacitação em alguma área do conhecimento civil desconhecida do meio, porém cada vez mais necessária à Instituição na sua relação com a sociedade mais ampla nesses tempos chamados de pós-modernos.

Observamos, assim, o surgimento de uma nova categoria de oficiais dotada de um *status* novo, um *status* que confere um prestígio social anteriormente inexistente. Esses oficiais especialistas em alguma área do conhecimento civil passam a ser percebidos como militares capacitados nas suas novas áreas de estudo e com traquejo social que permite uma inserção desenvolta na sociedade mais ampla, portadores, portanto, de capacidades que os habilitam ao desempenho de funções e à realização de atividades que não são da alçada exclusiva do campo militar, mas que hoje são imprescindíveis à Instituição para o cumprimento da sua missão operacional de Força Armada.

4. A carreira do QEMA[12] e o QSG[13] especialista

O Exército pode estar em presença de um fenômeno novo, é possível que esteja vivenciando, em virtude de contingências sociais que fogem ao controle do campo militar, o espertar espontâneo e atualizado de uma antiga categoria de militares dentro da carreira do Oficial de AMAN a partir do posto de major. Fenômeno este que parece dar ocasião a um *status* formalmente não reconhecido pelo campo, mas inegavelmente uma realidade sociológica. Realidade que entremostra uma oposição entre um antigo *status* formalmente reconhecido, tradicional, e um novo *status* sociologicamente percebido, ocasional, que no momento poderia ser esquematizada pelos pares de binômios oficial combatente/oficial especialista; oficial imerso no campo militar/oficial com trânsito na sociedade mais ampla; oficial com exclusiva capacitação para a atividade militar/oficial inclusive com capacitação para atividades civis.

O Exército tem uma política velada de não incentivar a realização de cursos estranhos à carreira do Oficial de Academia. Desde a sua formação, o Oficial de AMAN é levado a crer que o bom profissional deve dedicar-se exclusivamente à sua carreira, o que inclui os cursos militares e as atividades próprias do campo militar. Um Oficial de AMAN que faça uma faculdade é percebido como um militar que está se voltando para fora da Instituição e desenvolvendo interesses que não estão alinhados com os interesses do Exército. Coloca, assim, outra atividade, estranha à sua profissão, como prioridade na sua vida.

Entretanto, o que tem sido observado é que o Oficial de

---

[12] Quadro de Estado-Maior da Ativa

[13] Quadro Suplementar Geral

Academia, a partir da sua fase de capitão antigo, ocasião na qual está em vias de ser promovido ao posto de major e ingressar no círculo dos oficiais superiores, quando opta por não prestar o concurso para a ECEME ou, após várias tentativas infrutíferas, descobre que este não é o seu caminho, normalmente presta vestibular e ingressa em uma universidade para a realização de uma graduação.

A partir dessa fase, o fato de matricular-se em um curso de nível superior fora do Exército, com objetivos que vão além da Instituição, não faz com que o oficial seja considerado um profissional negligente com a sua carreira, que estaria sendo deixada em segundo plano por causa de interesses particulares caso o universitário fosse um tenente, um capitão ou um QEMA.

Essa percepção deixa de existir porque esse oficial superior passa a ser visto como em fim de carreira, pertencente a uma massa ociosa dentro da Força. Não entra mais em nenhum processo seletivo com seus companheiros. A Instituição não irá mais investir nele. Em contrapartida, ele não tem mais a obrigação da imersão absoluta na Instituição. Pode fazer a sua faculdade, o curso que quiser, ou entregar-se à atividade que lhe aprouver, desde que o faça fora do horário de expediente, de forma que não haja nenhum tipo de interferência no cumprimento das suas atividades de rotina. A prioridade será sempre essas atividades, mesmo quando demandarem períodos de trabalho fora do expediente normal. O comandante pode marcar uma reunião às vinte horas, o oficial sequer deverá mencionar que estaria perdendo uma prova na faculdade, por exemplo. A carreira chegou ao seu fim, porém o trabalho prossegue, mesmo que voltado exclusivamente para o desempenho das suas atividades locais.

O oficial superior que não realiza o curso da ECEME, ao ingressar em uma faculdade, busca uma alternativa para a sua vida, já que a carreira à qual se dedicara desde a mocidade chegou ao fim. Investe em uma possibilidade para a reserva que se achega ao mesmo tempo em que busca um caminho que o aproxime da sua família. A alternativa mais óbvia é a faculdade, caminho já seguido por sua esposa e seus filhos. A sua carreira sempre teve primazia sobre as atividades de todos os integrantes da família e sobre as prioridades da própria família, agora é a vez da esposa e dos filhos. E um curso superior em uma universidade civil se apresenta como um meio de aproximação do marido com a esposa e do pai com os filhos ao mesmo tempo em que alivia o sentimento de perda que o acomete em função do exaurimento da carreira, devoção de toda uma vida.

Assim, o oficial se qualifica fora do Exército em uma área estranha à carreira do Oficial de AMAN por sua própria conta e sem nenhum apoio da parte da Instituição. Entretanto, nos últimos anos, em função das mudanças que se têm operado na sociedade mais ampla e, a partir dela, na própria Instituição Militar, tem-se verificado a ocorrência de um fenômeno novo, surgido de maneira espontânea sem que fosse previsto ou planejado pela Instituição. Essa área estranha à carreira do Oficial de AMAN, buscada unilateralmente por ele em função de objetivos particulares, por vezes contando até com uma certa má vontade da parte dos seus chefes ou dos seus comandantes, dificilmente será estranha à Instituição. Área estranha à carreira do Oficial de AMAN, porém necessária à Instituição.

O oficial formado em Direito, Administração, Informática, Contabilidade, Comunicação Social, História, Filosofia, Psicologia, Economia, Ciências Sociais, por exemplo, terá um amplo espectro de emprego dentro do Exército, haja vista a Instituição não prescindir do desenvolvimento dessas atividades, hoje substancialmente necessárias ao desenvolvimento das suas relações com a sociedade mais ampla. Assim, o militar, no desenvolvimento das suas atividades normais de Oficial de AMAN QSG dentro da caserna, esperando o seu tempo para requerer a transferência para a reserva remunerada, pode ser redescoberto pela Instituição.

O oficial nessa situação vivencia uma revalorização não prevista para a sua carreira. Uma revalorização local, que não tem a força de abrir novas perspectivas para a carreira de um Oficial de AMAN QSG, perspectivas exclusivas da carreira de seus companheiros do QEMA, aqueles que realizaram o Curso de Comando e Estado-Maior do Exército, da ECEME, mas que enobrece o seu trabalho localmente e lhe fornece um prestígio pessoal que, de certa maneira, ameniza a perda do prestígio institucional ocorrida com o exaurimento da carreira.

Assim, o oficial tem a oportunidade de se reajustar ao campo militar. Mas, inobstante o ganho em prestígio pessoal, as perspectivas da carreira não são renovadas, estas estão definitivamente encerradas. Tão logo o Oficial de AMAN QSG complete o seu tempo mínimo no serviço ativo ou seja promovido ao último posto, coronel *full*, deverá requerer a sua transferência para a reserva remunerada.

Todavia, há um aspecto novo ainda pouco observado no caso do Oficial de AMAN que se gradua em uma universidade civil e é efetivamente empregado na área da sua nova formação dentro do Exército. Apesar de desempenhar uma função estranha à sua carreira combatente, o desempenho dessa função é necessário ao Exército, e esse Oficial de AMAN QSG, em final de carreira, é o profissional preparado para desempenhá-la. Assim, a sua transferência para a reserva remunerada não será tão insignificante para a rotina do seu ambiente de trabalho como seria se estivesse no desempenho das funções próprias de um Oficial de AMAN QSG, funções estas que podem ser desempenhadas por qualquer oficial do Exército, sem que para isso seja necessária qualquer preparação diferenciada.

O oficial que deixa de realizar o Curso de Comando e Estado-Maior do Exército da ECEME, mas cursa uma universidade e é aproveitado pela Instituição nessa nova área de especialização vê, em poucos anos, uma transferência do prestígio calcado no profissionalismo militar para um nova condição firmada na profissionalização civil associada à sua condição de Oficial de AMAN. O militar é, assim, percebido como um especialista, um profissional diferenciado que realiza uma atividade na qual somente ele, naquele local de trabalho específico no qual se encontra, é possuidor da habilitação necessária para desempenhá-la bem.

Ademais, tem um *plus* em relação a qualquer outra pessoa habilitada para o desempenho daquela especialidade: é Oficial de AMAN. Por conseguinte, tem uma trajetória dentro do Exército, tem a confiança de todos, relaciona-se com todo mundo e conhece o "mundo de dentro", ou melhor, é do "mundo de dentro", "é tropa amiga", como de diz na caserna.

O prestígio desse oficial é ampliado em uma nova direção. É percebido não mais como apenas um oficial superior de AMAN QSG, "pau-pra-toda-obra", mas como um Oficial de AMAN QSG especializado, que domina uma determinada área com competência e exclusividade naquele ambiente específico de trabalho, isto é, naquele ambiente local de trabalho no qual se acha inserido. Não tem o prestígio de um oficial QEMA, mas deixa de ser um simples QSG. Isso significa ser ouvido pelo mais antigo, pelo QEMA, às vezes até mais moderno que ele, mas detentor do poder de decisão ou da capacidade de influenciar quem decide. Suas opiniões e pareceres, no que se refere à área na qual se especializou, são considerados pelos assessores da autoridade, pelo comandante, pelo general. É visto até mesmo com um certo respeito, não somente em função da sua especialização, mas pela sua trajetória de vida como Oficial de AMAN. Uma trajetória não convencional dentro da carreira, incerta, imprevisível, mas que por acaso até acabou dando certo. Um tiro a esmo que acertou o alvo. Não o alvo principal, mas um alvo que facilita a outros atingirem o alvo principal.

O oficial que se especializa em uma universidade civil e que é efetivamente empregado na área militar pode passar a ser visto, dessa forma, como aquele que buscou um caminho novo que por acaso produziu algum fruto. O militar normalmente não é chegado a uma aventura, prefere o certo ao duvidoso, o firme ao periclitante, o previsível ao obscuro. A aventura não é uma aptidão militar; o caminho do dever para o profissional das Armas é sempre o do trabalho árduo e contínuo.

Sérgio Buarque de Holanda destaca dois princípios da vida em sociedade que ajudam a esclarecer a respeito do caminho do QEMA e o do QSG especialista: os princípios do ladrilhador e do semeador e os do trabalhador e do aventureiro.

O semeador não se preocupa com o caminho retilíneo e seguro, vai lançando suas sementes na esperança de que alguma, em algum lugar, germine e dê seus frutos. Ao contrário, o ladrilhador é detalhista, coloca cada peça no seu lugar exato de maneira meticulosa e cuidadosa, alinhando, nivelando, planejando a composição das formas e a configuração dos desenhos com rigor e precisão. "A ordem que aceita não é a que compõem os homens com trabalho, mas a que fazem com desleixo e certa liberdade; a ordem do semeador, não a do ladrilhador."

O aventureiro não se preocupa com o caminho a percorrer, tudo o que se refere ao caminho é supérfluo e contingente, somente lhe interessa os resultados finais. O trabalhador, ao contrário, tem como fim da sua atividade a própria atividade, a dificuldade do dia a ser vencida, não o ganho que se obterá ao final, que será de longo prazo e sempre secundário na seara dos seus anseios. Dessa forma, de acordo com Sérgio Buarque de Holanda,

> Existe uma ética do trabalho, como existe uma ética da aventura. Assim, o indivíduo do tipo trabalhador só atribuirá valor moral positivo às ações que sente ânimo de praticar e, inversamente, terá por imorais e detestáveis as qualidades próprias do aventureiro – audácia, imprevidência, irresponsabilidade, instabilidade, vagabundagem – tudo, enfim, quanto se relacione com a concepção *espaçosa* do mundo, característica desse tipo.
> Por outro lado, as energias e esforços que se dirigem a uma recompensa imediata são enaltecidos pelos aventureiros; as energias que visam à estabilidade, à paz, à segurança pessoal e os esforços sem perspectiva de rápido proveito material passam, ao contrário, por viciosos e desprezíveis para eles. Nada lhes parece mais estúpido e mesquinho do que o ideal do trabalhador.

O caminho certo e preciso para Oficial de AMAN, como se diz na caserna, é o do "dever de casa bem feito", aquele que se realiza diariamente, lenta e gradualmente vencendo cada obstáculo a cada dia de trabalho. Isso é o que basta. Ou melhor, isso é o que deve ser feito. Mais do que apenas ser o suficiente, "o dever de casa bem feito" é o que deve ser almejado. Nada além disso. Quem faz exatamente o que tem que ser feito é bem sucedido, prospera na missão do dia a dia e deslancha na carreira ao longo dos anos. "Inventor começa com 'I', termina com 'R', nunca chega a 'MB'". Eis o lema do bom militar. O bom oficial não é aquele que realiza a melhor manobra, mas o que cumpre a missão. A melhor manobra é sempre inimiga do cumprimento da missão. Quem tira dez nas provas de emprego das forças operacionais não é o que realiza a melhor manobra, a manobra genial, mas o que planeja uma manobra simples dentro da doutrina e nos limites do tempo, sempre exíguo, manobra que seja exequível e que cumpra a missão.

Observamos, assim, que o oficial não gosta de se aventurar, prefere o trabalho à aventura, está mais para o ladrilhador que para o semeador. Desdenha o aventureiro, que chama de inventor, despreza-o mais ainda quando fracassa, resultado esperado para essa categoria de pessoas, mas respeita o que se arrisca nesse caminho e consegue chegar lá do outro lado a ponto de se fazer perceber. É mais ou menos aquele que ousou a melhor manobra e, contra todas as expectativas, conseguiu apresentá-la pronta, exequível e em tempo de ser executada.

O caminho que deve ser seguido pelo Oficial de AMAN é a ECEME, o caminho do trabalhador e do ladrilhador: caminho previsto, planejado, valorizado e ambicionado desde a formação na Academia, único que conduz ao pleno êxito. A graduação em uma universidade civil em uma área do conhecimento valorizada em um dado momento pela caserna é pura casualidade. Pode ser um caminho alternativo, mas jamais com o brilho do caminho por excelência do Oficial de AMAN a partir do posto de major: a ECEME.

A universidade é o caminho do aventureiro, do semeador, daquele que vai, arrisca tudo e que, no final, de acordo com todas as expectativas, não vai achar nada. Mas, quando alguém, por esse caminho obscuro, se torna útil para o Exército em uma especialização que em um dado momento seja necessária à Instituição, e por isso mesmo casuisticamente valorizada por ela, deixa de ser percebido como um oficial que desistiu da carreira para ser um militar novamente útil ao Exército. Trocou o certo pelo duvidoso, o prestigioso pelo paliativo, deu um tiro no escuro, arriscou tudo, a carreira e o Exército, mas até que foi, de alguma forma, no final, útil para a Instituição. O valor desse oficial está em ter aberto um caminho que não existia, em ter se lançado em uma aventura sem garantias, em ter construído uma trajetória que não podia ser vislumbrada por ninguém, nem pelo próprio aventureiro que semeava a esmo sem saber se colheria os frutos, nem ao menos se haveria ceifa.

A partir dessa perspectiva, o profissionalismo militar, aquele afeto à área combatente que somente pode ser alcançado pelo Oficial de AMAN a partir do posto de major pela trajetória que impreterivelmente passa pelo Curso de Comando e Estado-Maior do Exército, na ECEME, o profissionalismo militar, como eu disse, pode estar encontrando, não um rival, pois de maneira alguma esse caminho alternativo que por puro acaso se tornou prestigioso pode fazer frente à carreira combatente em uma instituição que tem por finalidade última o desenvolvimento da arte da guerra, mas o profissionalismo militar pode ter encontrado, sim, um caminho alternativo para o Oficial de AMAN, a partir do posto de major, que, por qualquer motivo, não prossiga a sua trajetória pelo curso da ECEME.

Caminho alternativo que hoje pode estar dando mostras de vir a ser um primo pobre do caminho principal, este impreterivelmente passando pelo Curso de Comando e Estado-Maior do Exército, na ECEME, para o Oficial de AMAN a partir do posto de major. Esse sinal de surgimento, no Exército, de uma perspectiva para o oficial QSG formado pela AMAN que desenvolveu bem a sua carreira até o início da fase de oficial superior e que não passa pela ECEME, vou chamar, aqui, de *profissionalismo civil com emprego no campo militar*.

Esse *profissionalismo civil com emprego no campo militar*, que por mera casualidade tem se mostrado na prática uma perspectiva para os Oficiais de AMAN que não seguem o caminho da ECEME, é um indício de que pode estar em fase de gestação uma bifurcação na carreira do Oficial de Academia quando da sua entrada no círculo dos oficiais superiores.

Essa bifurcação na trajetória do oficial nesta fase da carreira conduziria, em uma direção, para o Curso de Comando e Estado-Maior do Exército, na ECEME, que dá acesso ao Quadro de Estado-Maior da Ativa (QEMA) e atualmente se constitui na única opção que permite o prosseguimento da carreira combatente a partir desta fase. Em outra direção, essa bifurcação conduziria a um tipo de *profissionalismo civil com emprego no campo militar*. É essa bifurcação aparentemente em estado de gestação que permite se falar na ideia de uma carreira em "Y" no Exército Brasileiro.

Com a complexificação da sociedade moderna ocorrida de forma acelerada nos últimos quarenta anos, o Exército vem experienciando uma nova realidade característica dos novos tempos: a necessidade crescente de pessoal especializado em diversas áreas para o desenvolvimento de um trabalho profissional em cada uma delas.

Até há bem pouco tempo, algumas dessas áreas ainda não existiam ou eram incipientes, como a Informática, as Assessorias Jurídicas e a Comunicação Social, outras eram supridas por profissionais com formação geral sem nenhum tipo de conhecimento específico sobre o assunto que lhes é inerente, como a Administração Pública e a docência. Essas áreas hoje em dia têm se revelado estratégicas em qualquer organização ou instituição pública e têm sido alvo da observação da sociedade. Contudo, no Exército, essas áreas estratégicas ficavam a cargo de militares que, inobstante serem profissionais com muitos anos de serviço, conhecedores, portanto, da Instituição, e pessoalmente comprometidos com ela, como é o caso dos Oficiais de AMAN QSG, eram militares pouco familiarizados com os assuntos específicos de cada uma delas. Oficiais que, pela fase da carreira na qual se encontram, normalmente atuam em funções de chefia.

5. Mudanças no Exército pela especialização do QSG[14]

O Exército, assim, se depara com duas novas realidades próprias dos novos tempos. A primeira, a que se acaba de salientar: a necessidade de pessoal especializado para o desempenho de determinadas atividades outrora realizadas por profissionais com formação geral. A segunda, também já abordada, refere-se ao crescente número de Oficiais de AMAN QSG graduados em universidades civis nas mais diversas áreas do conhecimento transferidos todos os anos para a reserva remunerada ainda em idade produtiva simplesmente pelo fato de não terem mais perspectivas de progressão na carreira, a carreira do oficial combatente, cujo prosseguimento passa necessariamente pela realização do Curso de Comando e Estado-Maior da ECEME.

A confluência dessas duas novas realidades ensejou uma ideia que poderá promover uma significativa mudança na estrutura do Exército. O Estado-Maior do Exército, por meio da Portaria nº 141, de 29 de junho de 2015, criou um Grupo de Trabalho (GT) <u>com o objetivo de elaborar</u> uma diretriz de implementação da

14 Quadro Suplementar Geral

Carreira em "Y" no Exército Brasileiro. Este Grupo de Trabalho (GT) tem por missão criar uma alternativa para os Oficiais de AMAN que, ao invés de realizarem o Curso de Comando e Estado-Maior do Exército, da ECEME, tenham se especializado, na sociedade mais ampla, em alguma outra área de interesse da Instituição, conforme estabelece o seu art. 1º:

> Art. 1º Constituir um Grupo de Trabalho (GT) para elaborar a Diretriz de implementação da Carreira em "Y" no Exército Brasileiro, com os seguintes integrantes...

O INFORMEX nº 20, de 14 de junho de 2017, que trata dos trabalhos de reformulação do Plano de Carreira dos Oficiais da Linha Bélica, iniciados em 2015, esclarece que foram aprovadas, dentre outras, as seguintes propostas:

> d. Mediante alteração do Regulamento da Lei de Promoções dos Oficiais das Forças Armadas (RLPOAFA), a partir de 2023, a conclusão do CAO/EsAO será condição para promoção tão somente ao posto de Major. Para as promoções a Coronel e Tenente-Coronel será obrigatória a conclusão de um dos seguintes cursos:
> 1) Comando e Estado-Maior (CCEM), da ECEME;
> 2) Curso de Gestão e Assessoramento de Estado-Maior (CGAEM), da EsFCEx; ou
> 3) ter sido selecionado para ingresso em uma das Qualificações Funcionais Específicas (QFE), conforme legislação pertinente.
> e. No ciclo de Altos Estudos, a partir de 2018, o Curso de Preparação aos Altos Estudos Militares (CP/CAEM) será obrigatório para todos os capitães da Linha Bélica, o qual deverá ser realizado no 7º ano daquele posto. Nesse contexto, a partir de 2022, o Concurso de Admissão ao CCEM/ECEME será limitado a quatro oportunidades, até o terceiro ano do posto de major;
> [...]
> g. Os oficiais que optarem pelo ingresso em uma das Qualificações Funcionais Específicas (Comunicação Social; Cibernética; Direito; Educação; Engenharia e Arquitetura; Inteligência; e Gestão) poderão fazê-lo do 1º ao 5º ano do posto de Major...

Observamos, assim, que o Oficial de AMAN do Quadro Suplementar Geral, o QSG, está, com a criação da Carreira em "Y", com os seus dias contados.

O Curso de Aperfeiçoamento de Oficiais (CAO), realizado por todos os capitães na Escola de Aperfeiçoamento de Oficiais (EsAO), que habilita o Oficial de AMAN à promoção até o posto de coronel, somente habilitará à promoção a major.

A partir deste primeiro posto de oficial superior, o militar terá que optar por uma de três linhas de especialização: (1) a principal e mais prestigiosa, o Curso de Comando e Estado-Maior da ECEME, que possibilita ao oficial o seu ingresso no Quadro de Estado-Maior da Ativa, "tornando-se um QEMA", (2) uma secundária, de assessoramento de Estado-Maior, através da realização do Curso de Gestão e Assessoramento de Estado-Maior, a ser realizado na Escola de Formação Complementar do Exército (EsFCEx), escola esta que vem atualmente formando o oficial do Quadro Complementar do Exército (QCO), que está tendendo à extinção, uma vez que deverá ser substituído pelo Oficial de AMAN que optar pela terceira linha, a das (3) Qualificações Funcionais Específicas (QFE), que por ora abrange as áreas de Comunicação Social, Cibernética, Direito, Educação, Engenharia e Arquitetura, Inteligência e Gestão.

Assim, para esses oficiais QSG que tenham se graduado em uma universidade civil, a carreira do Oficial de AMAN, a partir da fase de oficial superior, ou seja, a partir da promoção ao posto de major, poderá ser desviada da Linha do Ensino Militar Bélico, a carreira do oficial combatente, em direção a uma outra carreira de alguma área de interesse do Exército na qual esse oficial terá a perspectiva de prosseguir sua carreira dentro da Instituição, inclusive com a possibilidade de ascensão ao generalato, o que deverá ser definido nos próximos anos.

Há, assim, de um lado, um grande número de Oficiais de AMAN que conhece o Exército e se realiza profissionalmente nele, e que se encontra plenamente apto ao desempenho das atividades das diversas áreas não afetas ao combate. De outro lado, há o Exército, com uma crescente demanda em pessoal especializado em diversas áreas não combatentes ao mesmo tempo em que transfere todos os anos para a reserva remunerada uma grande quantidade de Oficiais de AMAN QSG habilitados para o desempenho dessas funções.

Com a criação da Carreira em "Y", ganham os Oficiais de AMAN que, pelos motivos já abordados, optem por uma graduação em uma universidade civil em detrimento do Curso de Comando e Estado-Maior do Exército, da ECEME, pois lhes abre uma outra possibilidade de progressão na carreira que não o caminho da linha combatente, que eles vinham seguindo até aquele momento; e ganha o Exército, que deixa de mandar para a reserva remunerada todos os anos uma grande quantidade de oficiais de carreira que dedicaram suas vidas com exclusividade à Instituição desde tenra idade, plenamente habilitados pelo meio acadêmico civil ao desempenho das atividades não combatentes hoje imprescindíveis à realização da atividade fim da Instituição, o combate, a guerra.

Um grande número de Oficiais de AMAN a partir da fase de oficial superior, em função de influências da família, tem realizado cursos de graduação em diversas áreas nas universidades civis. E muitos têm manifestado o interesse em prosseguir seus estudos nos cursos de pós-graduação *stricto sensu*. Essas influências familiares se têm operado em dois sentidos.

O primeiro, em função do oficial, em benefício da sua família, ponderar que é chegado o momento de se aquietar, de buscar uma cidade para se estabelecer e acalmar o ritmo de vida até ali mantido desde o início da carreira, com as imposições da caserna tendo prioridade sobre todos os anseios da família. Para isso só há uma possibilidade: o oficial abrir mão da realização do Curso de Comando e Estado-Maior do Exército, da ECEME. Se decidir realizar este curso, a carreira prossegue, o ritmo de trabalho se intensifica e a família permanece absolutamente comprometida com o Exército.

Podemos observar o segundo sentido no qual a família funciona como um instrumento de incentivo para o oficial realizar cursos fora do Exército quando da realização de uma graduação pela esposa e pelos filhos. O militar descobre um mundo novo dentro da sua própria casa nas relações com seus familiares. Esse mundo novo, até aquele momento desconhecido ou pelo menos distante da sua realidade, se apresenta como uma possibilidade apetecível para ele. O Oficial de AMAN, por isso, é instigado, na sua relação com os seus familiares, a entrar nele.

A interseção desses dois sentidos da influência da família na carreira do Oficial de AMAN na fase inicial de oficial superior, ou em momento imediatamente anterior a ela, leva a um único caminho: à realização de um curso de graduação em alguma universidade civil em uma área que seja do seu agrado.

É comum Oficiais de AMAN estarem se preparando para a realização de um vestibular ao mesmo tempo em que seus companheiros de turma se prepararam para o concurso da ECEME. Estes oficiais que vão para a universidade enquanto seus companheiros seguem para a ECEME têm contato com uma nova realidade. Não apenas têm contato, passam a integrar essa nova realidade, vindo efetivamente a fazer parte dela.

Trata-se de uma outra realidade que tem uma forma de interpretar muitos aspectos da sociedade de maneira bastante diferente da maneira como o campo militar o faz. O Oficial de AMAN se integra a esse ambiente que lhe parecia muitas vezes diferente, distante e às vezes até mesmo adverso. Ambiente no qual seus familiares já estavam plenamente integrados. As mudanças na maneira de ser do oficial são inevitáveis. O aspecto importante dessa nova realidade se centra no fato de que este Oficial de AMAN permanece na ativa do Exército e ainda permanecerá nesta situação por muitos anos.

José Murilo de Carvalho já havia alertado para o antagonismo existente entre o campo militar e o meio acadêmico.

> Existe na comunidade acadêmica brasileira, na verdade na comunidade acadêmica latino-americana, um veto aos estudos militares. São pouquíssimos os pesquisadores que se dedicam ao tema e os que o fazem quase têm que se desculpar por o fazer. O tema não tem legitimidade acadêmica, ou teórica, e é considerado suspeito do ponto de vista político. Quem escreve sobre militares corre o risco de ser considerado simpático à instituição militar e à sua ideologia. Tal omissão, com as poucas exceções que começam a surgir e que serão apontadas mais à frente, é escandalosa e chocante, tendo-se em vista a esmagadora, no sentido figurado e literal, presença militar na política dos países hispano-americanos desde a independência e, no Brasil, desde a República. Vale a pena especular sobre as possíveis razões do veto.

Ainda segundo este autor, são três as razões do veto acadêmico ao campo militar. A primeira se deve ao fato de que existe uma tendência dos esquemas de interpretação política no Brasil não aceitarem que a Instituição Militar seja um ator político com algum grau de independência. O segundo motivo da rejeição aos militares é da esfera política: os pensadores brasileiros associam os militares a regimes ditatoriais. Por fim, existe um motivo de natureza social: "Sempre houve no Brasil um fosso entre a intelectualidade de origem social alta e os militares do Exército, de origem mais modesta." Dessa forma, prossegue José Murilo de Carvalho, os

> intelectuais sempre tiveram certo desprezo pelos militares do Exército – não exatamente como militares, mas como pessoas de classe social inferior. O desprezo vinha também acompanhado de rivalidade política em torno do controle do Estado. De um lado, estava a elite dos bacharéis, cujo domínio foi incontestado durante o Império; do outro, a elite militar que proclamou e sempre quis controlar a República.

O Oficial de AMAN hoje, nesse caso, a um só tempo militar da ativa e estudante universitário, tem funcionado como elo entre o "mundo de dentro" e o "mundo de fora". O Exército tem sido penetrado por novas ideias no seu contato com o meio acadêmico através dos seus próprios oficiais superiores. O meio acadêmico, da mesma forma, na sua relação com oficiais superiores do Exército, de AMAN, mesmo que de maneira ainda muito tímida, tem efetivamente se aproximado do campo militar. Esse duplo papel do oficial superior da ativa do Exército, de Academia, também estudante universitário, está promovendo a intermediação da Instituição Militar com a sociedade mais ampla, pois ao facilitar a comunicação entre os dois campos sociológicos, abre caminhos para um diálogo que dá início à instauração de um processo de integração da sociedade brasileira com uma de suas instituições nacionais mais antigas.

A esposa e os filhos, até uma fase adiantada da carreira do Oficial de AMAN, têm uma participação muito ativa na carreira do marido e do pai. A Instituição espera que essa situação permaneça inalterada na carreira daqueles que prosseguem mediante a realização do Curso de Comando e Estado-Maior do Exército, da ECEME.

Entretanto, quando o oficial segue rumo diverso, a sua carreira perde o ritmo e se estagna. Ocorre, nesse momento, uma inversão na participação das atividades de rotina da vida da família e de seus membros. Se antes a esposa e os filhos tinham uma participação ativa nas atividades da carreira do marido e do pai, agora este é que passa a participar mais intensamente nas atividades da família.

Conforme disse Juliana Cavilha,

> a carreira militar é uma carreira masculina construída em casal. Sendo a mulher absolutamente necessária para a construção do modelo ideal do homem militar, ela é parte intrínseca deste papel. Ela veste a farda com o marido no início de sua carreira, e ela a despe na aposentadoria, mas ela *não veste o pijama*. Muito ao contrário, ela o *ensina a andar no meio civil*.

A participação do Oficial de Academia na vida familiar, nessa fase da sua trajetória, é mais abrangente do que apenas em atividades de rotina ou sociais. O militar tende a buscar um complemento para a renda da família em alguma atividade laboral. Se não de imediato, pela impossibilidade de inserção no mercado de trabalho em função da ausência de uma qualificação profissional civil, prepara-se para, com o tempo, estar em condições de trabalhar fora, não mais em uma carreira, mas em um emprego.

As condições de vida do velho militar da reserva e da sua própria família mudam muito com o encerramento da carreira e o início do trabalho, pois, conforme observa Zygmunt Bauman,

> O emprego parece um acampamento que se visita por alguns dias e que se pode abandonar a qualquer momento se as vantagens oferecidas não se verificarem ou se forem consideradas insatisfatórias – e não com um domicílio compartilhado onde nos inclinamos a ter trabalho e construir pacientemente regras aceitáveis de convivência. Mark Granovetter sugeriu que o nosso é um tempo de "laços fracos" enquanto Sennett propõe que "formas fugazes de associação são mais úteis para as pessoas que conexões

de longo prazo."

A família já tem os seus meios de sustento garantidos. O militar já desenvolveu a sua carreira, mas precisa reforçar a renda e preencher o seu tempo. Não virão mais os ganhos extras com transferências, diárias, missões especiais, como as missões no exterior. Quando o oficial for transferido para a reserva remunerada ainda deixará de receber outros auxílios e adicionais, como os referentes a uniformes e férias, percebidos regularmente pelos militares da ativa. As receitas diminuem com o ocaso da carreira e a reserva, as despesas aumentam com a entrada dos filhos na mocidade, quando exigem maiores gastos em educação e entretenimento, e o avançar da idade dos pais, que entram em uma fase da vida na qual veem a saúde iniciar o seu declínio.

O oficial, assim, prepara-se para um emprego, para uma atividade laboral que lhe garanta um ganho extra sem um desgaste grande em contrapartida. Ele já teve uma carreira, já dedicou os bons anos da sua vida e garantiu a sua subsistência, agora quer uma atividade que lhe dê satisfação, preencha o seu tempo livre e reforce o orçamento familiar a fim de fazer frente às novas necessidades da família. Se for possível uma nova carreira circunscrita a uma atividade aprazível ela será bem vinda, porém o usual é um trabalho mais livre, sem um compromisso rígido, que dê satisfação e folga financeira sem exigir uma dedicação exaustiva, metódica e maçante, como exigiu o Exército durante boa parte da sua vida. A esposa, se ainda não tem uma carreira nem se firmou em algum trabalho, segue junto ao marido neste rumo.

A carreira do oficial de AMAN influencia grandemente a conformação da instituição familiar, mas a família moderna também tem exercido grande influência sobre a carreira do militar e, por conseguinte, tem promovido mudanças significativas no perfil do oficial de AMAN e, por meio deste, na maneira de ser da própria Instituição Militar.

Este capítulo encerra a primeira parte deste livro: as grandes mudanças vivenciadas pelo Exército Brasileiro em função das ideias em transformação da sociedade mais ampla. A abordagem, conforme observamos, teve por foco a família do Oficial de

Academia, que, por ter livre acesso tanto ao "mundo de dentro" quanto ao "mundo de fora" da caserna, tem se constituído em um fator de entrada das ideias da sociedade mais ampla na Instituição Militar.

Daremos início, a partir deste momento, à segunda parte deste livro: o estudo do multifário movimento de conservação implementado pela Instituição no sentido de preservar seus valores, seus princípios e suas características mais essenciais, de maneira que o Exército Brasileiro do Séc. XXI preserve a identidade do "Exército de Caxias". No próximo capítulo veremos o movimento de conservação empreendido pelo Exército, movimento este que tem por efeito o delineamento, em cores muito vivas, tanto para a Instituição quanto para o militar, de um "aqui dentro" e de um "lá fora".

Parte 2: Conservação: o valor da transformação

Capítulo 5: Movimento de conservação

1. A transformação institucional e o empreendimento da conservação

Chegamos aqui ao termo da primeira parte deste livro: "Transformação: a transformação como valor". A partir de agora, daremos início à segunda parte: "Conservação: o valor da transformação".

O *slogan* do Exército no ano de 2015 sugere tema similar: "Exército Brasileiro: mesmos valores, novos desafios". Até aqui, estudamos o Exército pelos seus "novos desafios" sob a perspectiva da família militar, a partir deste momento vamos desenvolver o estudo pelo enfoque dos seus "mesmos valores".

Assim, surge a questão: terá o Exército, inobstante tudo o que vimos até aqui, sobrevivido às mudanças e aos desafios impostos pela sociedade mais ampla através da família militar, preservando a sua identidade institucional, construída ao longo de mais dois séculos?

Vamos, a partir de agora, analisar o valor da transformação, e não mais a transformação como um valor em si mesmo. Iniciamos, assim, o estudo dos "mesmos valores", aqueles valores perenes que autorizam ao próprio Exército se autodenominar "o Exército de Caxias". Vamos analisar como esses valores têm sido preservados e as consequências que desta preservação resultam para a Instituição. Encerramos, portanto, a análise do grande movimento de transformação e damos início ao estudo de um movimento igualmente vultoso: o movimento de conservação.

O desafio que até aqui analisamos foi o da inserção do militar em uma outra instituição da qual o Exército não pode prescindir. Antes, ao contrário, trata-se de uma instituição cuja agregação se torna fundamental para que o militar produza as relações sociais necessárias à existência do Exército Brasileiro na sua maneira essencial de ser o que ele é como Instituição Militar singular e tipicamente brasileira. A instituição social que analisamos até aqui é inescapável ao oficial de carreira, fazendo parte mesmo da sua construção social como oficial do Exército da Linha de Ensino Militar Bélico, o "Oficial de AMAN" ou simplesmente "Oficial de Academia", tanto dentro quanto fora da Instituição Militar: a família.

A família moderna, conforme vimos, introduziu o militar em um intrincado turbilhão de relações sociais do qual tem participado os integrantes do Exército nos dias de hoje, sendo influenciado por estas relações desenvolvidas em diversas esferas da vida moderna, tais como a escola e a universidade, a religião, a imprensa, a Justiça, a política nas três esferas da federação: Município, Estado e União, e nas três funções do poder: Executivo, Legislativo e Judiciário, e de inúmeros outros grupos sociais, a exemplo do condomínio residencial, dos clubes, da rua e do bairro, das diversas associações e até mesmo dos movimentos sociais organizados e das redes sociais, onde o contato direto e diário com pessoas que sequer conhecemos pessoalmente é uma realidade da rotina da vida moderna.

Veremos, a partir daqui, que, embora mergulhado neste intrincado turbilhão de relações sociais diante do qual o militar não tem como escapar indene, uma vez que os integrantes da sua família estão nele irremediavelmente imersos, realidade social dos dias de hoje que tem promovido mudanças profundas nos valores, nas crenças e nas atitudes da Instituição Militar, inobstante tudo isto, o Exército é detentor de uma capacidade comprovada de resistir à mudança.

Zygmunt Bauman pensa o mundo moderno como "notoriamente instável e constante apenas em sua hostilidade a qualquer coisa constante". O fim da história é a perpétua mudança, o movimento sem pausa que impede a instalação de uma ordem segura contra os desafios do futuro. A ideia de um "mundo bom" e, por conseguinte, de instituições boas, estáveis, bem estruturadas, que tenham chegado a um estado de desenvolvimento presumivelmente desejável, é considerada uma fantasia antimoderna. Só há lugar no mundo de hoje para padrões e estilos livremente concorrentes. Um indivíduo somente será levado a sério se "mostra-se capaz de ser seduzido pela infinita possibilidade e constante renovação", regozijando-se com a sorte de vestir identidades com a mesma facilidade com que se despe delas, em uma caça interminável por experiências novas ou inéditas.

Anthony Giddens entende que os "modos de vida produzidos pela modernidade nos desvencilharam de *todos* os tipos tradicionais de ordem social, de uma maneira que não tem precedentes". A modernidade promoveu mudanças muito mais profundas do que as que ocorreram em todos os períodos que a precederam, tanto nas relações íntimas e pessoais quanto nas relações sociais a nível global. Mas podem ser encontradas continuidades entre o tradicional e moderno.

Este autor esclarece que a ideia de modernidade é percebida como sendo em si mesma uma oposição à ideia de tradição, porém nos cenários sociais concretos, são encontradas combinações do tradicional com o moderno, sendo comum o entendimento de que ambos estão cerradamente entrelaçados. "Nas culturas tradicionais, o passado é honrado e os símbolos valorizados porque contém e perpetuam a experiência de gerações." É por meio da tradição que simples atividades de rotina se tornam experiências significativas ao serem inseridas em uma continuidade do passado, do presente e do futuro. Isto ocorre porque essas práticas sociais recorrentes realizam a conexão destas três dimensões temporais. A tradição, assim, não é inteiramente estática, como usualmente é percebida, pois tem que ser reinventada a cada geração ao ser assumida como uma herança cultural. A mudança é, neste processo de reinvenção, uma forma de significação da tradição.

A partir de agora, veremos o Exército Brasileiro pelo seu lado de instituição tradicional que tem se sustentado e se desenvolvido sobre os pilares da tradição e da autoridade. Observaremos como o campo militar resiste às mudanças que se impõem na sociedade brasileira por meio de processos de socialização e posturas que moldam o caráter do seu integrante à imagem da Instituição, evitando, em contrapartida, que seus valores sejam transformados pelas tendências que vigoram na sociedade mais ampla, *locus* no qual se acha imerso todos os seus integrantes, submetidos que ficam, dessa forma, à influência de outros grupos e instituições, como vimos pela perspectiva da família.

É nesse sentido que veremos como o Exército se ajusta bem ao conceito de instituição forte, isto é, uma instituição que molda o jeito de ser do seu integrante de maneira muito mais intensa do que por ele é influenciado. O jovem cidadão brasileiro, dessa forma, ao incorporar às fileiras do Exército, fica muito mais parecido com a Instituição do que a Instituição com os demais grupos sociais dos quais ele ainda continua a fazer parte. O Exército tem a capacidade de mudar as pessoas em um grau muito mais intenso do que ser por elas influenciado.

A condição do Exército Brasileiro de instituição tradicional que se construiu sobre os conceitos de tradição e autoridade, ainda hoje mantendo-os como fundamentos que devem ser preservados sob pena de ver esvaecer a sua própria identidade de Força Armada, não invalida o movimento modernizador que também o tem caracterizado. Movimento este que permitiu ao Exército Brasileiro modernizar-se ao longo do século XX sem descaracterizar-se como uma mesma Instituição, sendo ainda hoje referenciado como "o Exército de Caxias" por seus integrantes. Os novos desafios, estudados através da família militar, não foram motivo de abalo dos antigos valores. O Exército, ao que parece, não vê a transformação como um valor em si, porém reconhece que a transformação pode ter algum valor.

O Exército, ao longo da sua história, tem conservado determinadas peculiaridades que ainda hoje o caracterizam como "o Exército de Caxias", como evidenciado no lema tão conhecido na caserna: "Exército Brasileiro: ontem, hoje e sempre", inobstante o desenvolvimento de um notório processo de modernização que pode ser observado desde o Brasil Império.

Oliveira Vianna lembra que nas questões militares de 1886-1887 reinava no Exército o fermento da indisciplina. Os oficiais se envolviam na política como se esta fosse uma atividade da rotina militar. Tomavam o lado de partidos: uns eram abolicionistas, outros liberais e outros ainda republicanos. Estas atitudes levavam a "frequentes atritos com os políticos mais representativos dos partidos contrários: deputados, senadores, ministros", ocasiões nas quais a questão pessoal de imediato adquiria o caráter de uma questão de classe.

A autoridade de um civil no exercício das funções de Ministro de Estado, por exemplo, somente era reconhecida se e quando suas determinações estivessem orientadas com o pensamento da autoridade militar. Oliveira Vianna exemplifica este princípio com a polêmica ocorrida entre o coronel Cunha Mattos e o deputado Simplício de Resende. O deputado, em resposta a frases ríspidas do coronel, provocou-lhe da tribuna. O coronel, sentindo-se ofendido, responsabilizou o ministro da Guerra, Alfredo Chaves, um civil, pelo conflito. O ministro, a fim de restabelecer a disciplina em consonância com o regulamento e em prestígio à autoridade da função que exercia, determinou a prisão disciplinar do coronel por 48 horas, decisão plenamente compatível com o *ethos* do campo militar. Porém, pelo fato da autoridade disciplinadora ser um civil, chamado, à época, pejorativamente de "casaca" pelos militares, sua atitude foi percebida como uma violação da dignidade militar, um ataque à honra da farda. Pelotas, no Senado, conforme relata Oliveira Vianna, parte em defesa do coronel:

> Eu não digo que as nossas leis o permitam; estou dizendo ao nobre ministro da Guerra o que eu entendo que deve fazer um militar, quando é ferido em sua honra, e que fique sabendo o nobre senador de Pernambuco, que quem está falando assim, assim procederá, sem se importar que haja lei que o vede. Eu ponho a minha honra acima de tudo.

Essa questão e inúmeras outras da mesma natureza, revelando uma dualidade de poder entre o campo militar e o campo civil por meio de um conflito entre um subordinado militar e uma autoridade superior civil, demonstra que a honra militar de longe sobrepuja a lei.

Frank McCann esclarece que a década de 1880 foi marcada pela preocupação do governo imperial com a lealdade do Exército. A distância entre estas duas instituições, entretanto, progredia de maneira contínua. O gabinete imperial era composto, na sua maioria, por bacharéis das faculdades de Direito de São Paulo e Recife, chamados pejorativamente pelos oficiais, conforme já salientei, de "casacas". "A escassez de oficiais na cúpula política gerava o sentimento de distanciamento e desvinculação do governo. O abismo entre as elites civis e militares crescia." Oficiais e unidades inteiras haviam se ligado a movimentos abolicionistas e chegaram a recusar o cumprimento de ordens no sentido de perseguir escravos fugidos. A identificação do campo militar com movimentos reformistas abriu um precedente inédito para os militares: a decisão de obedecer ou não a ordens de autoridades civis com base em critérios extramilitares. Este precedente promoveu uma maior autonomia dos militares em relação às normas sociais e políticas vigentes, o que teve por consequência o estabelecimento pelo campo militar de critérios próprios de obediência. Com a assinatura da Lei Áurea, o ideal militar facilmente migrou do abolicionismo para a república.

Ainda segundo McCann, o Exército sentia-se forçado a manter sua lealdade para com o imperador pelo fato de que este laço que unia a Instituição Militar à Instituição do Império tinha seu lastro no cumprimento da palavra e sua violação significaria ofensa a um juramento, o que para o Exército ainda é um desrespeito ao pundonor militar. Entretanto, em novembro de 1888, o ministério descumpriu ordens do imperador no sentido de limpar as fichas de oficias punidos por haverem manifestado publicamente suas opiniões políticas. O marechal Deodoro considerou isto um insulto ao orgulho, à honra e à dignidade do Exército. "A obediência do soldado não vai até o próprio aviltamento [...] o soldado é obediente, mas não servil; e àquele a quem não repugnaram atos de baixeza e servilismo não é digno da farda que veste", escreveria Deodoro ao imperador. Ainda

McCann:

> Honra, dever, país e disciplina são lemas do vocabulário militar no mundo todo. O Exército czarista russo nas décadas de 1880 e 1890 mantinha tribunais de honra regimentares que determinavam como os oficiais ofendidos deveriam responder a insultos. Na Rússia "a defesa da honra era característica fundamental da identidade coletiva do corpo de oficiais. Um insulto à pessoa do oficial, a seu regimento, ao Exército como um todo ou ao czar requeria resposta instantânea". Duelos de honra eram comuns em muitas sociedades do século XIX. Nos Estados Unidos o mais famoso desses duelos foi entre Aaron Burr e Alexander Hamilton, dois ex-oficiais. Os oficiais do Exército americano duelavam apesar de existir regulamento proibindo o ato desde o início daquele século; até mesmo o general Winfield Scott, que redigiu o regulamento, desafiava para duelos. No Exército americano, a honra estava ligada ao cumprimento adequado do dever, que consistia em executar ordens lícitas.

O 15 de novembro, segundo José Murilo de Carvalho, foi um movimento liderado por oficiais subalternos à frente de três regimentos que contavam com cerca de 500 homens. As forças legalistas eram em muito maior número. Só o brigadeiro Almeida Barreto comandava 1.096 homens, tropa mais do que suficiente para debelar o levante. A vitória estava na dependência da adesão da guarnição. O fiel da balança foi a autoridade militar, *in casu*, o prestígio do velho general, o Marechal Deodoro da Fonseca. "A um simples comando do general, Almeida Barreto se passou para o lado rebelde, o mesmo fazendo o coronel Ourique Jaques com todo um regimento." E este comando se deveu não a motivos ideológicos, mas puramente ocasionais, efeitos da Questão Militar, como "o próprio Deodoro disse a Ouro Preto, ao depor o gabinete, tratava-se apenas de 'vingar as afrontas por ele [Exército] recebidas do governo'. Toda a ideologia e toda a agitação vieram dos jovens positivistas de Benjamin Constant."

McCann explica que a República parece ter nascido de uma contradição: Deodoro derrubou uma monarquia à qual devotara toda a sua vida para implantar uma forma de governo que ele não acreditava. "Assim, num assomo de irritação, Deodoro, um monarquista, destinou o Império ao esquecimento e fez do Brasil uma República."

José Murilo de Carvalho lembra que a República Velha foi marcada por revoltas e intervenções militares na política. "Duas foram de oficiais superiores (1892, 1930), duas de praças (1892, 1915) e as outras de alunos e oficiais subalternos." Houve, nesta fase, o predomínio de movimentos liderados por oficiais subalternos que poderiam ser agrupados em dois grandes ciclos: o primeiro-tenentismo, de 1889 a 1904, e o segundo-tenentismo, de 1922 a 1930. Entre estes dois ciclos ocorreu o fenômeno do hermismo e a fracassada revolta dos sargentos de 1915.

Prossegue informando que o Manifesto dos 12 Generais e do Movimento Pacificador, que depôs Washington Luís em 1930, encerrando a República Velha e dando início a uma nova fase, a Segunda República, foi uma exceção tanto pelo fato de haver sido liderado por oficias da cúpula militar quanto pela peculiaridade de haver unido Exército e Marinha que, nesta ocasião, excepcionalmente, intervieram conjuntamente. "Foi a primeira tomada do poder pelos militares planejada e executada pelos altos escalões das duas forças".

José Murilo de Carvalho ainda esclarece que o Exército dos anos trinta era uma instituição fragmentada na qual grassava a indisciplina. Os conflitos internos eram agravados pela instabilidade política. O Exército, no período que se seguiu à Revolução, foi marcado por "revoltas, levantes, conspirações, agitações, protestos coletivos, ou até mesmo greves". Entre agitações, protestos, revoltas, motins e conspirações, incluindo uma greve de cadetes, foram contabilizados, no período de 1930 a 1945, 17 de oficiais generais, 28 de oficiais, 34 de praças e 15 mistas, em um total de 94 manifestações. Isso sem contar o "grande número de pequenas indisciplinas, protestos individuais, atritos dentro das unidades, nem manifestações de militares de caráter político-partidário".

Este autor explica que eram duas as categorias de movimentos militares. "Os movimentos de generais são quase sempre conspirações visando golpes políticos, ou protestos contra golpes dados por outros generais. Os movimentos de praças eram na sua maioria conspirações revoltosas ou revoltas levadas a efeito."

Neste período turbulento tanto para o país quanto para a Instituição Militar, dois oficiais assumiram a liderança do Exército e deram início a uma eficiente burocratização que transformaria gradualmente as suas feições, consolidando-o de maneira progressiva em uma instituição mais assemelhada às instituições da modernidade. São eles os generais Pedro Aurélio de Góes Monteiro e Eurico Gaspar Dutra.

José Murilo de Carvalho lembra que Góes Monteiro entendia que "era preciso acabar com a política no Exército para se poder fazer a política do Exército." Influenciado pelos modelos alemão e francês, trazido "pelos jovens oficiais que estagiaram no Exército alemão entre 1906 e 1912, os Jovens Turcos, e pelos alunos da Missão Militar Francesa", modelos estes próprios das democracias liberais, Góes Monteiro iniciou um processo de profissionalização do Exército segundo o qual a Instituição Militar devia dedicar-se à defesa externa, não se envolvendo com agitações intestinas. O Exército se tornou, pela orientação francesa, o "grande mudo", expressão que o caracteriza ainda hoje. Deveria, assim, nesta nova fase, manter-se calado diante das agitações políticas, dedicando-se exclusivamente à atividade da guerra.

Este autor assinala que a reforma de organização que deu início à burocratização do Exército foi iniciada por Góes Monteiro. "Abrangeu a efetivação do serviço militar obrigatório, o treinamento de reservas, a desprofissionalização dos sargentos, a homogeneização e doutrinação dos oficiais, o expurgo dos dissidentes e a formação de um núcleo hegemônico de oficiais." O mentor deste empreendimento, entretanto, era dotado de uma personalidade irrequieta, dispersiva e politicamente ambiciosa, não reunindo, dessa forma, as melhores condições pessoais para fazer avançar o seu projeto. Esclarece que Góes Monteiro

Teve, no entanto, a sorte de encontrar seu complemento perfeito no general Eurico Gaspar Dutra. Modesto, tímido, sem ambição política, sem pretensões intelectuais, Dutra era um executor, um administrador, um disciplinador, um homem da caserna. Seguia as orientações políticas de Góes que, por sua vez, confiava totalmente em sua ação. Os dois ocuparam posições-chaves, desde 1933, no Ministério da Guerra, na chefia do Estado-Maior do Exército, e na presidência do Clube Militar. De 1937 a 1945, com pequenas mudanças nos dois últimos anos, simplesmente monopolizaram o controle do Ministério e do Estado-Maior do Exército.

José Murilo de Carvalho conclui que a liderança intelectual de Góes Monteiro alinhada à disciplina e à lealdade de Dutra proporcionaram ao Exército um salto em direção à sua modernização.

O Exército Brasileiro, na sua trajetória modernizadora, ainda enfrentaria muitas dificuldades nas décadas que se seguiriam, mas não há como negar que chegou ao final do século XX como uma Instituição que gradualmente amadureceu por meio de um processo de burocratização que parece ter feito dele uma instituição da modernidade. Conforme disse em "O Carisma do Comandante",

> Ao longo de sua história, porém, o Exército viveu revoltas internas, insubordinações que mobilizaram grandes contingentes, regionalismos que motivaram tendências separatistas, revoltas lideradas por tenentes, revoluções incitadas e conduzidas por coronéis...
> Situações estas hoje impensáveis. A estrutura sobre a qual está constituído o Exército torna eventos dessa natureza acontecimentos somente cabíveis na história. Uma última quartelada, ocorrida em 1986, quando um capitão invade a Prefeitura de Apucarana em protesto aos baixos soldos, mostrou-se anacrônica, descontextualizada e sem sentido, tratada de forma institucional e na letra da lei pelo próprio Exército, deixando claro para todos, sobretudo para seus integrantes, que os tempos eram outros e que iniciativas como estas para nada se prestavam, servindo somente para promover o descrédito da Instituição e o prejuízo pessoal e profissional de quem delas participasse.

O general Eduardo Dias da Costa Villas Bôas, antigo comandante do Exército, ao manifestar-se acerca da crise orgânica que assolou o Brasil nos anos iniciais do século XXI, confirma que o Exército Brasileiro, em comparação com outras fases do desenvolvimento histórico do Brasil, parece, hoje, ser uma instituição da modernidade. No programa "O Comandante Responde", 5ª Edição, do Centro de Comunicação Social do Exército, veiculado no dia 14 de setembro de 2015, podemos verificar o seguinte posicionamento institucional:

Entrevistadora: Vários internautas estão falando sobre os movimentos populares por todo o Brasil, sobre manifestações mais intensas nas mídias sociais, abordando as questões relativas ao governo, contra o governo, alguns setores, mas quase sempre falando sobre intervenção militar. E aí eles perguntam qual a percepção do senhor sobre esse momento de insatisfação da população brasileira.

Comandante do Exército: Na verdade, o que está por trás dessas demandas são os valores que a nossa Força encarna, valores que a sociedade está se ressentindo. Então eu acredito que este seja a verdadeira motivação das pessoas ao pedirem a presença dos militares. Por outro lado, o Brasil hoje é um país maduro com instituições plenamente consolidadas e funcionando, nós temos um sistema de pesos e contrapesos que dispensa a sociedade brasileira de ser tutelada. E nos cabe cumprir o que está escrito na Constituição. Ali as nossas missões estão muito bem explícitas. Para o Exército, nós estamos adotando uma linha de atuação com base em três vetores. O primeiro é a manutenção da estabilidade. Só garantir e contribuir para a manutenção da estabilidade e não causar nenhuma instabilidade de forma alguma. E nós conseguimos isso, e conseguiremos isso, mantendo a isenção e a equidistância de todos os atores que estão operando no sentido de solucionarem essa crise e as crises que nós estamos vivendo. O segundo vetor é o da legalidade. Nós temos que cumprir as nossas missões respaldados em absoluto e estrito cumprimento do que está previsto em toda a legislação desde a Constituição às leis complementares, para que nós tenhamos segurança jurídica para essa atuação e o nosso pessoal não venha a ter nenhum tipo de problema posteriormente. E o terceiro vetor é o da legitimidade. Legitimidade que nos é proporcionada pela manutenção da estabilidade, por agir com legalidade, mas também pelos índices de confiabilidade que a sociedade brasileira nos coloca, em primeiro lugar junto com a Marinha e a Força Aérea, e também pela nossa coesão. O Exército tem que passar para a sociedade brasileira e todos os atores uma imagem monolítica, vamos dizer assim, como se fosse uma irmandade. Isso é fundamental para nós e para isso todos têm que contribuir, e precisam contribuir com o comando e com o nosso pessoal da ativa e os companheiros da reserva, a família militar, todos nós temos que estar essencialmente unidos. Esse é o aspecto mais importante.

O general Villas Bôas se posicionou de maneira semelhante no mesmo programa, 9ª Edição, veiculada no dia 23 de março de 2016, inobstante o agravamento da crise, conforme verificamos abaixo:

Entrevistadora: General Villas Bôas, temos visto, e tem ocorrido por todo o Brasil manifestações populares. Qual a percepção do Exército sobre este momento?

Comandante do Exército: O Exército faz parte da Nação brasileira. Estamos participando, vivendo e sofrendo as consequências dessa crise, que tem três componentes importantes: um componente político, um componente econômico e um componente ético e moral, e os três estão interligados. Nós, profissionais militares, e é importante que a sociedade saiba isso também, o Exército é uma instituição de Estado. E nos momentos de crise, as instituições sólidas, principalmente em decorrência dos seus valores e do seu comprometimento, essas instituições acabam se tornando referência para a sociedade como um todo, que a ela miram, e dela aguardam atitudes que sinalizem como sair da crise. Contudo, o nosso papel, como disse, de instituição de Estado, com as atribuições perfeitamente definidas na Constituição e também nas leis complementares, nós vamos pautar a nossa atuação em três pilares básicos. Primeiro o da estabilidade, contribuir para a manutenção da estabilidade, já que ela é condição essencial para que as instituições em nome da sociedade encontrem os caminhos que permitam sairmos dessa crise séria que estamos vivendo. Segundo, é a legalidade, toda e qualquer atitude nossa será absolutamente respaldada no que os dispositivos legais estabelecem, desde a Constituição até as leis complementares, conforme eu me referi, e sempre condicionado ao acionamento de um dos Poderes da República conforme o art. 142 da Constituição determina. E o terceiro aspecto é a legitimidade que nos é proporcionada pela credibilidade que a sociedade brasileira nos atribui, conforme as pesquisas de opinião indicam. E assim, nós temos certeza que é uma questão de tempo, e o Brasil terá condições sim de reverter essa situação e reencontrar o seu caminho de desenvolvimento, porque o Brasil é um país que tem grandes responsabilidades internacionais. Nós temos que colocar como foco novamente a questão nacional, o Brasil tem que reencontrar o sentido de projeto, restabelecer a sua ideologia de desenvolvimento, porque o Brasil, pela importância que tem, não encontra outra alternativa que não seja a de se transformar num país forte e uma referência na comunidade internacional.

Me parece, em função do que vimos até aqui, que o Exército tem buscado, conscientemente ou não, coadunar a transformação necessária a qualquer instituição da modernidade com a conservação de seus valores, de seus princípios e das disposições que o caracterizam como "o Exército de Caxias". Tem buscado a conservação sem se posicionar como um gigante reacionário; antes, bem diferentemente disso, tenta manter a impulsão do difícil movimento de conservação por meio de transformações que crê periféricas. E faz isso com a finalidade de acompanhar as mudanças dinâmicas que têm caracterizado a sociedade brasileira sem se descaracterizar como Instituição Militar tradicional.

Samuel Huntington entende que existe uma mentalidade militar e que a substância desta mentalidade pode ser apreendida por meio do estudo das atitudes, dos valores, das opiniões e da visão de mundo do militar, uma vez que são estes atributos que compõem esta mentalidade. Mas chama a atenção para o fato de que nem tudo o que pode ser observado na pessoa do militar reflete uma mentalidade militar, pois

> Os militares também são franceses e norte-americanos, metodistas e católicos, liberais e reacionários, judeus e anti-semitas. Uma declaração qualquer da parte de um militar pode não refletir suas atitudes enquanto militar, mas pode, ao invés, derivar de origens sociais, econômicas, políticas ou religiosas. Irrelevantes à sua condição de militar.

Entretanto, conforme explica, pessoas que convivem juntas por muito tempo no desempenho de um papel profissional tendem a desenvolver hábitos próprios, semelhantes e persistentes de pensamento que, por sua vez, promovem uma perspectiva comum sobre o mundo. Esta perspectiva poderia ser chamada de *ética profissional militar*, e, dentro desta ética, pelas características da atividade, para o militar, "a natureza humana é universal e imutável. Em todos os lugares e em todas as eras os homens são basicamente os mesmos." E a visão que o militar tem do homem é pessimista. O homem tem qualidades de bondade, força e razão, mas é mau e fraco por natureza. "O homem da ética militar é, por essência, o homem de Hobbes."

Segundo esse autor, o militar necessita, para o cumprimento da sua missão, de cooperação, organização e disciplina. Em face do entendimento que tem da natureza do homem, a obtenção desses requisitos não vem pronta, tem de ser construída. É um movimento contra o naturalmente dado. Assim, se faz necessária a subordinação da vontade individual à vontade do grupo e, para isso, são alçados ao *status* de valores militares a ordem, a hierarquia, a obediência e a divisão de funções.

Esses atributos, considerados valores essenciais no campo militar, dão-lhe um caráter eminentemente tradicional. O conservadorismo pode se identificar perfeitamente com a ética militar, mormente no que concerne à aceitação das instituições existentes, à concepção da inevitabilidade de uma realidade imperfeita e à desconfiança em relação a projetos que tenham por propostas a reversão radical desta realidade imperfeita. O militar, assim, atribui realismo ao conservadorismo. A realidade é imperfeita e é com esta realidade imperfeita que ele tem de lidar. A baixa visão que o campo militar tem da natureza humana enfatiza a importância da organização e da sociedade. Estas se constituem no único caminho para o sucesso dos empreendimentos humanos. Daí, no entendimento de Huntington, a ênfase nos valores de "subordinação, lealdade, cumprimento do dever, hierarquia, disciplina e obediência".

Os valores militares tendem a parecer conservadores. Huntington explica que uma sociedade que caminha na direção do liberalismo tende a gerar um movimento oposto no campo militar, que busca fortalecer suas convicções conservadoras. Entretanto, o conservadorismo militar não se confunde com reacionarismo, o que comumente acontece. O militar pode ser um conservador, de forma alguma um reacionário. O campo militar divide-se em "componentes constantes e componentes variáveis." Esta divisão é tão fundamental na caracterização do campo que somente foi reconhecida após a sistematização da profissão militar. Os componentes constantes seriam o reflexo de uma concepção de natureza humana imutável que, no entanto, permite a convivência de um cerne fundamental com uma mudança permanente que se opera em função das inovações tecnológicas e sociais características das sociedades liberais e progressistas. Prossegue:

> O militar ideal, portanto, é conservador em estratégia mas de mentalidade aberta e progressista com respeito a novas armas e táticas. É igualmente perito em ambos os aspectos constantes e variáveis da ciência militar. Na verdade, a essência de sua arte pode ser definida como a relação entre os dois elementos: "as condições fundamentais invariáveis de boa chefia em relação com formas táticas variáveis..."

O conservadorismo militar, dessa forma, não é o mesmo que reação. Se aproxima mais daquilo que, pedagogicamente, poderíamos chamar de *conservadorismo dinâmico*, não estivesse a dinâmica já implícita no conceito de conservadorismo, pois admite transformações que se operem em função das mudanças tecnológicas e sociais próprias de uma sociedade mais ampla que tenda ao liberalismo ou ao progressismo. Mas o conservadorismo dinâmico não aproximaria o conservadorismo militar mais do positivismo do que do conservadorismo clássico? Temos que ver.

Roger Scruton dá uma definição que parece melhor se adequar a este conceito de conservadorismo distinto de reacionarismo. Este autor informa que "o conservadorismo surge diretamente da sensação de pertencimento a alguma ordem social contínua e preexistente e da percepção de que esse fato é importantíssimo para determinar o que fazer." Esta característica, *per se*, já aproxima o campo militar do conservadorismo; ademais, prossegue Scruton, o "desejo de conservar é compatível com todos os tipos de mudança, desde que essa mudança signifique continuidade."

Verificamos, assim, que em relação ao campo militar, o âmago do conceito de conservadorismo não se centra em um sentimento irracional de aversão ao novo ou reação à transformação, mas na ideia fundamental de continuidade. Esta parece ser a palavra chave do conceito de conservadorismo no campo militar: *continuidade*; e não reação, fossilização ou paralisia.

É este o sentido de conservadorismo que parece estar expresso na diretriz do antigo comandante do Exército, general Enzo Martins Peri:

> Há que se olhar para frente. Renovar o antigo que habita em cada soldado profissional é um necessário ato de coragem. Sem desprezar o permanente, desfazer-se do provisório; sem perder os valores que conformam e dão credibilidade à nossa Instituição, abrir as claraboias para o arejamento e preparar-se para vencer a guerra do futuro – com tudo que ela terá de "nunca visto". É este o desafio que concito todos a enfrentar.

Assim, até aqui, vimos o Exército Brasileiro sob a perspectiva da "Transformação: a transformação como valor", através da família militar, inserida que está em dois mundos, o "mundo de dentro" e o "mundo de fora", fazendo a interface, para o militar e para a Instituição, entre estas duas realidades e, contribuindo, dessa forma, para a promoção das transformações institucionais mais significativas que se têm operado principalmente nas últimas quatro décadas da História recente do país. Vimos o "Exército Brasileiro: novos desafios".

A partir daqui, veremos o Exército Brasileiro sob a perspectiva da "Conservação: o valor da transformação". Parafraseando Roberto DaMatta em "O que faz o brasil, Brasil?", vamos analisar, malgrado todo o processo de modernização que se tem operado na Instituição Militar do Brasil, "O que faz o exército, Exército?", isto é, o que faz de um exército, o Exército Brasileiro, o "Exército de Caxias". Chegamos ao "Exército Brasileiro: mesmos valores".

Para isto, é importante que conheçamos com precisão dois princípios fundamentais para o Exército Brasileiro que se manifestam de diversas formas em múltiplas circunstâncias dentro do campo militar, inclusive através dos dois pilares que se constituem na base da organização institucional do Exército, as conhecidas hierarquia e disciplina militares. São os princípios que estudaremos mais pormenorizadamente somente no capítulo 6, mas que parecem delinear a fisionomia e definir a identidade da

Instituição Militar no Brasil: os princípios da *tradição* e da *autoridade*...

2. *Transformações sociais e estabilidade institucional*

Valores, crenças, conceitos, atitudes, comportamentos, sentimentos, percepções, visões de mundo, meras opiniões e até mesmo sólidas instituições, estão todos envoltos em um turbilhão de ideias contraditórias que se digladiam, compondo-se e decompondo-se a cada instante, o que conduz a um contínuo e intenso sentimento de insegurança, instabilidade e imprevisibilidade não somente em relação ao futuro das relações sociais mas em relação mesmo às formas segundo as quais elas se têm desenvolvido no presente e aos seus mais diversos significados.

Sentimento de instabilidade que domina as relações sociais no momento mesmo em que se realizam, o que denuncia com maior vigor a intensidade deste fenômeno transformador. Podemos mesmo afirmar que o presente, hoje, tem se apresentado mais incerto do que o futuro de épocas socialmente mais estáveis, com seus conceitos, valores, crenças e instituições sedimentadas em bases menos indiscerníveis.

Marshall Berman já nos havia alertado que

> Ser moderno é encontrar-se em um ambiente que promete aventura, poder, alegria, crescimento, autotransformação e transformação das coisas em redor – mas ao mesmo tempo ameaça destruir tudo o que temos, tudo o que sabemos, tudo o que somos [...] ela nos despeja a todos num turbilhão de permanente desintegração e mudança, de luta e contradição, de ambiguidade e angústia. Ser moderno é fazer parte de um universo no qual, como disse Marx, "tudo que é sólido desmancha no ar."

Neste capítulo, pretendo analisar a instituição Exército Brasileiro a partir dessa ameaça típica dos tempos atuais; "ameaça que promete destruir tudo o que temos, tudo o que sabemos, tudo o que somos". Destruir não no sentido de exterminar, mas de transformar tão profundamente a ponto de mudar as mais firmes convicções. Essa ameaça chega mesmo ao ponto de abalar a crença na existência de convicções firmes que possam ser consideradas perenes.

A sociedade que vive esse momento não foi assaltada por esse movimento transformador que a tudo ameaça destruir, mas foi conduzida no sentido de produzi-lo. A realidade atual não é uma nova realidade, transformada, mas o próprio movimento de transformação, que tira sua existência justamente do embate do que pretende se estabelecer com o que já fora estabelecido: o conflito entre o que era e o que pretende ser.

O Exército é uma instituição que parece caminhar em sentido diverso do movimento de transformação que tem caracterizado a sociedade ocidental de hoje, em uma tentativa de manutenção da estabilidade, da solidez, da clareza, da determinação, da segurança, no qual cada coisa tem seu lugar próprio, seus contornos bem definidos e seus significados minuciosamente delineados. O próprio Marshall Berman, ao referir-se à tentativa de conservação e continuidade nestes tempos de transformações avassaladoras, parece antever um verdadeiro *movimento* de estabilidade ocorrendo em algumas instituições quando reconhece que "manter essa vida talvez exija esforços desesperados e heroicos".

Edmundo Campos Coelho chama de *institucional* a fase de desenvolvimento na qual o Exército ingressa a partir dos anos trinta. Nesta fase, sob a batuta do general Góes Monteiro e dentro da política e da doutrina por ele elaboradas, o Exército Brasileiro adquiriu a capacidade de organizar seus valores e objetivos de maneira relativamente autônoma diante dos demais grupos sociais e com alguma independência em relação ao poder político. O Exército completa, assim, nesta fase, o processo por meio do qual deixa de ser uma mera organização e transforma-se em uma instituição autoconsciente na percepção de seus integrantes, constituindo-se em um centro específico de decisão.

Entretanto, para uma análise, no Exército Brasileiro, deste movimento que visa a estabilidade, há que se levar em conta ser ele constituído por homens e mulheres oriundos de um meio social muito mais amplo. Pessoas que fazem parte de uma sociedade em transformação. Vêm dela e, mesmo após ingressarem na Instituição, nela permanecem inseridos, integrando, concomitantemente, inúmeros outros grupos, organizações e mesmo outras instituições, tais como a família, a igreja, a escola, condomínios residenciais, clubes e vizinhança. São também submetidos a poderosas influências e se beneficiam de outras instituições que interferem, hoje, de maneira muito mais incisiva que no passado, no dia a dia da Instituição Militar, a exemplo da Justiça, da Imprensa e da Universidade.

A Justiça é acessível a qualquer militar que se julgue prejudicado nos seus direitos em face da Instituição, sendo dotada de poder para decidir sobre suas questões internas. A Imprensa não somente pode conformar a opinião dos militares, despertando-lhes sentimentos e valores desenvolvidos pela sociedade mais ampla que muitas vezes entram em choque com os valores institucionais, como também, por sua ação, condiciona posicionamentos da Instituição, tornando-os submissos aos novos valores. A Universidade, absorvendo um número cada vez maior de militares de carreira, tem promovido uma diferenciação na visão de mundo desses profissionais em relação àqueles que permanecem, durante toda a sua vida, exclusivamente imersos no sistema de ensino militar.

João Rodrigues Arruda, a título de exemplo, inserido neste último caso, levanta uma questão que, segundo ele, diz respeito a uma característica estrutural do Exército que pode vir a se tornar pivô de atritos internos. Trata-se do sentimento próprio do oficial de que ele seria o único "julgador dos atos" e "protetor dos direitos" das praças. Nesse sentido, de acordo com este autor, a natureza das relações existentes entre senhor/escravo e tutor/tutelado teriam contaminado e se confundido com a natureza das relações desenvolvidas entre estes dois círculos sociais dentro das Forças Armadas brasileiras, relações vigentes entre o círculo dos oficiais e o círculo das praças. Historicamente, no entendimento dele, a supremacia do oficial sobre a praça seria facilitada pela debilidade intelectual desta.

Segundo Arruda, o conflito de hierarquia entre esses dois grandes círculos sociais inerentes à Instituição Militar teria surgido quando a figura de *pater familias,* característica do oficial como aquele que punia, mas também como aquele que protegia, vai desaparecendo pela diminuição progressiva, na percepção da praça, da imagem do oficial como protetor e sua consequente maximização como agente repressor, isto é, aquele que sempre e somente pune.

Isto estaria ocorrendo, ainda segundo este autor, porque a supremacia do oficial sobre a praça, nas Forças Armadas brasileiras, se fundamentaria historicamente sobre a presunção de veracidade da palavra do oficial, uma vez que seria deste o monopólio dos atributos da honra e da verdade.

Levando-se em consideração o fato de que João Rodrigues Arruda é tenente QAO (Quadro Auxiliar de Oficiais) reformado do Exército Brasileiro, isto é, é oficial oriundo da carreira do sargento que cursou uma faculdade civil, graduou-se em Direito e logrou êxito em um concurso para o Ministério Público Militar, me sinto autorizado a concluir que este militar, que ingressou em uma carreira civil após anos de estudos no meio universitário brasileiro, estudos estes concomitantes ao desenvolvimento da sua carreira no Exército, foi conquistado pelo pensamento pós-moderno via meio acadêmico.

Ressalto aqui não se tratar de um profissional qualquer, mas de um militar da carreira do sargento cuja trajetória o fez ascender ao oficialato e que, ao ser transferido para a reserva remunerada, a pedido, no posto de primeiro-tenente, servia em uma Organização Militar (OM) de elite do Exército Brasileiro, a Brigada de Infantaria Paraquedista.

Dessa forma, Arruda tem plena consciência de que uma das principais atribuições do comandante é justamente esta que ele ressalta como problemática, isto é, o comandante tem o dever de defender os interesses do subordinado, conforme registrado no Manual "O Exército Brasileiro", EB20-MF-10.101, e, ainda, em diversos outros documentos. Esta característica da carreira militar é ostensiva e amplamente difundida, inclusive disponível no *site* oficial do Exército nos seguintes termos: "O impedimento de sindicalização advém da rígida hierarquia e disciplina, cabendo ao comandante a responsabilidade pelo bem estar de seus comandados."

O problema parece residir, portanto, para o referido autor,

não na suposta infalibilidade do oficial e inferioridade intrínseca da praça, mas na hierarquia existente entre estes dois círculos: o oficial é hierarquicamente superior à praça. Hierarquia e disciplina, em dias de igualitarismo absoluto, parecem estar incomodando muitas pessoas.

Bem por isso, não obstante a sua bem sucedida carreira e a bela trajetória de vida, o que deixa claro se tratar de um militar de alta qualidade profissional e um homem de elevado valor moral, o tenente Arruda demonstra haver sido conquistado por uma das correntes de pensamento vigentes no meio acadêmico brasileiro, corrente de pensamento esta que repulsa todo tipo de hierarquia e disciplina e somente aceita como digno um igualitarismo absoluto nas relações entre os homens. Daí identificar abjeta a relação hierárquica que se desenvolve entre os círculos de oficiais e de praças que, malgrado reconhecer como estrutural nas Forças Armadas brasileiras, somente se manteria pela debilidade intelectual da praça, situação em transformação pelo acesso dela à universidade, como foi o caso dele. Qualquer relação com o pensamento marxista dominante no meio acadêmico seria mera coincidência?

Maud Chirio, conforme veremos no capítulo 7, apresenta o Exército Brasileiro como um organismo vivo. Revela conflitos internos, mas também suas superações, demonstrando como conseguiu restaurar seus pontos de ruptura. Apresenta uma organização em movimento que, ao longo do tempo, vai amadurecendo em instituição.

O "terremoto de 1969", expressão desta autora, parece ser o melhor exemplo de como uma instituição em crise pode, ao solucioná-la, sair mais forte do que nela entrou. Crise que poderia incapacitar o Exército para o cumprimento de suas missões institucionais de Força Armada, mas que, conforme se verificou nos anos subsequentes, teve resultado diverso, fortalecendo ao invés de enfraquecer.

O Exército, assim, por suas características de instituição forte, isto é, instituição que molda o caráter e plasma a personalidade de seus integrantes conforme a sua própria imagem mais do que por eles possa ser influenciada, incute muito eficientemente valores e crenças nos homens e nas mulheres que o integram, desenvolvendo as habilidades e as capacidades que os tornam portadores da identidade institucional. Caso não seja eficiente nessa tarefa de transmissão e conservação de valores, tarefa essencial à formação do militar e permanente socialização dele ao campo, corre o risco de ver a sua identidade oficial, a identidade que revela possuir através do seu *site* oficial e dos manuais, regulamentos, portarias e diretrizes de comando nele contidos, corre o risco, como disse, de ver a sua identidade oficial se tornar mera letra morta, ideal perdido em um passado remoto sem correspondência com a realidade concreta da vida dos seus integrantes e da existência da própria Instituição.

3. O empreendimento da conservação

Barrington Moore esclarece acerca das dificuldades enfrentadas por uma instituição que valoriza os conceitos de *tradição* e *autoridade,* buscando preservar sua identidade por meio de um programa rígido e bem definido de manutenção e transmissão de valores às novas gerações, visando não à mudança, mas ao contrário, à conservação de uma identidade, a despeito das grandes transformações que possam estar se operando na sociedade mais ampla. As Ciências Sociais, segundo Moore, tendem a se preocupar e a identificar como objeto de pesquisa somente a mudança social. Esquecem-se ou ignoram, segundo ele, que a continuidade social, da mesma forma como a ruptura e a transformação, é um problema de grande complexidade que deve ser identificado pelo pesquisador como um objeto de pesquisa carregado de significado.

A continuidade social tem importância pelo fato de que, quando ocorre, é tão dinâmica e tão rica em significado quanto a mudança e a transformação, uma vez que para se operar, exige ação intensa e metódica por parte dos agentes sociais. Ação para conservar, manter e transmitir às novas gerações, em conflito com a ação para mudar, romper e transformar. Não ocorre, dessa forma, de maneira espontânea ou inercial; necessita ser construída.

Conservar valores, crenças e atitudes dentro de um grupo social ou de uma instituição cujos integrantes encontram-se continuamente expostos às influências exógenas que os impulsionam à mudança, e ainda transmiti-los às novas gerações, o que talvez seja ainda mais difícil, se constituem em um verdadeiro e poderoso movimento contra o movimento da mudança. Isso se faz por meio de ação social, e não de inércia social, como normalmente se pensa; gera conflitos, não sendo meramente o resultado de uma postura inercial.

Assim, Barrington Moore critica o emprego da expressão "inércia social" para explicar a preservação de valores, atitudes e crenças. A conservação, longe de simplesmente se traduzir como fruto da inércia, se constitui em resultado de intenso trabalho social de promoção da continuidade. Com efeito, esclarece o citado autor que

> A conclusão da inércia, de que a continuidade cultural e social não exige explicação, apaga o facto de que ambas têm de ser creadas de novo em cada geração, frequentemente com grandes dificuldades e sofrimento. Para manter e transmitir um sistema de valores, os seres humanos são forçados, empurrados, enviados para a prisão, lançados em campos de concentração, adulados, subornados, transformados em heróis, encorajados a ler os jornais, colocados contra uma parede e fuzilados, e, por vezes, até lhes é ensinada sociologia. Falar de inércia cultural é esquecer os interesses e privilégios concretos que são servidos pela doutrinação, pela educação e por todo o complicado processo de transmitir cultura de uma geração à seguinte.

O estudo da sociologia do Exército Brasileiro, pelo que podemos observar das informações fornecidas em seu *site* oficial, e levando em conta a realidade da sociedade mais ampla, parece trazer luz sobre nuanças ainda pouco esclarecidas de um conflito que se desenvolve entre o *movimento* da Instituição no sentido de conservar e transmitir às novas gerações de militares seus valores culturais e sociais, preservando assim suas mais caras tradições, e um amplo movimento de transformação e de ruptura que parece vigorar no âmbito da sociedade brasileira. Uma luta de gigantes, travada entre a carreira e o emprego, no entendimento de Richard Sennet, conforme veremos no capítulo 6.

Em referência à sociedade mais ampla, Manuel Castells relaciona a velocidade das mudanças sociais recentes à rapidez com que se têm operado as transformações de ordem tecnológica e econômica. O patriarcalismo foi atacado e enfraquecido em muitas sociedades, promovendo alterações profundas na condição feminina, o que acarretou na transformação do campo de relações entre os sexos em um domínio de disputas. Ocorre, dessa forma, uma redefinição nas relações entre homens, mulheres e crianças, implicando em mudanças nas estruturas da família, na sexualidade e na própria personalidade dos indivíduos. O meio ambiente ganhou significado preponderante, influindo decisivamente sobre as instituições governamentais, as empresas da iniciativa privada e as organizações do chamado terceiro setor. Os sistemas políticos enfrentam uma permanente crise de legitimidade alimentada e mantida pelo princípio da transparência, que se faz sentir por meio da ação da imprensa e pela importância que tem hoje a opinião pública. Os movimentos sociais, fragmentados e efêmeros, chamam a atenção diariamente para questões antes consideradas locais e de pouca ou nenhuma importância.

A perplexidade gerada por esse novo mundo cuja única constância parece ser as transformações que se processam ininterruptamente de maneira confusa e inexplicável, em um ritmo avassalador e inesperado, no qual se tem a impressão, segundo Marshall Berman parafraseando Marx, de que "tudo que é sólido desmancha no ar", reforça a ideia de que, na fala de Manuel Castells, "a *identidade* está se tornando a principal e, às vezes, única fonte de significado" para as pessoas e para os grupos sociais.

Assim, o Exército, como toda instituição forte, está firmemente alicerçado sobre princípios e valores. Neste caso, princípios e valores muito bem definidos, divulgados de forma intensa a fim de que sejam do conhecimento geral e, o que é ainda mais importante, continuamente interiorizados em todos os seus integrantes por meio dos processos formais de socialização, como formaturas e reuniões do comandante; solenidades e cerimônias; eventos comemorativos de feitos e heróis; prática de ordem unida; instruções em sala de aula e exercícios no terreno; manifestações externas de respeito aos seus elementos simbólicos, reverência aos seus significados e deferência à sua tradição e autoridades, pessoais e institucionais, entre outros.

Além desses processos de socialização oficiais, previstos em regulamentos, manuais, portarias e diretrizes de comando, existem outros, informais, muitas vezes imperceptíveis e, talvez por isso mesmo, até mais poderosos na produção dos efeitos almejados. São os processos de socialização operados no dia a dia da vida na caserna, por meio das atividades de rotina mais prosaicas do campo militar. Manifestam-se por ocasião das conversas, dos posicionamentos pessoais diante das inúmeras circunstâncias da vida, das ações, dos gestos e das posturas, da linguagem, do vestuário, das opiniões, e tantas outras situações que se configuram nos alojamentos, nos refeitórios, na prática de esportes, nos momentos de descontração, nos grêmios, nas reuniões sociais, enfim, em tudo o que ocorre dentro do campo militar ou nas atividades da vida das quais participem militares. Em tudo isto subjaz poderosos processos de socialização que reforçam no militar as características que devem tanto ser manifestas por ele quanto guardadas no mais íntimo do seu coração.

Entretanto, toda essa certeza que a Instituição demonstra possuir em relação à sua identidade, seus valores e seus princípios e os meios através dos quais devem ser eles interiorizados em seus integrantes, divulgados de maneira precisa nos documentos, manuais, regulamentos e informações contidos no seu *site* oficial, não se coaduna com o mundo no qual ela existe e no qual vivem seus integrantes.

David Harvey observa que o mundo de hoje está permeado "pelo sentido do fugidio, do efêmero, do fragmentário e do contingente", não respeitando nem mesmo o seu próprio passado. Essa transitoriedade que marca os novos tempos é obstáculo a toda ação que vise à preservação e à continuidade. A modernidade caracteriza-se, segundo ele, por uma implacável ruptura com tudo o que foi construído em períodos precedentes. Essa ruptura voraz de tudo o que foi ou está posto pela sociedade tem por causa um poderoso processo de múltiplas triturações e fragmentações do social, cujo movimento, após iniciado, revelou-se não estar sujeito a nenhuma forma de controle, não sendo possível nem a diminuição do seu ritmo e nem o direcionamento de seus rumos ou mesmo a previsão da direção que poderá seguir, subordinando-se exclusivamente ao acaso. Entretanto, pergunto eu, será mesmo? Mas é nessa linha de raciocínio que levanta a crucial pergunta, de importância inquestionável para instituições como o Exército, que trilham pela senda da incessante busca por suas certezas absolutas: "como descobrir os elementos 'eternos e imutáveis' em meio a essas disrupções radicais"?

O projeto da modernidade, no entendimento de David Harvey, gerou a expectativa, no século XVIII, de que o esforço intelectual dos pensadores tornaria possível o desenvolvimento de uma ciência objetiva capaz de descobrir uma moralidade e uma lei universais, regedoras do universo humano. Descoberta que permitiria a elaboração de formas racionais de organização social, o que libertaria a humanidade do mito, da religião, da superstição e das formas arbitrárias do uso do poder, isto é, seria afastado ou *iluminado* o lado sombrio da natureza humana. Assim, a sociedade seria liberta dos seus grilhões por meio da segura e precisa revelação "das qualidades universais, eternas e imutáveis de toda a humanidade". O futuro prometia a compreensão do mundo, o progresso moral, a justiça das instituições e a própria felicidade humana.

O século XX foi crucial para um despertar da consciência, para uma retomada da realidade pela humanidade na sua trajetória social. O século da Torre de Babel pós-moderna, na qual o ser humano descobre que não chegará ao céu por meio da obra das suas mãos. Século da confusão das línguas, quando as nações e os povos, não mais se entendendo, por sua incapacidade de comunicação e compreensão mútua, se separam e se digladiam. Século no qual a soberba do homem, erigida sobre sua vã confiança na racionalidade de uma ciência que desvelaria todas as verdades e proporcionaria todas as certezas, desprezou, ainda nas suas primeiras duas décadas, o direito natural, alçando o direito positivo, racionalmente construído pela inteligência humana, à categoria de obra suprema, e sob cujos auspícios as mais terríveis atrocidades foram perpetradas pela humanidade contra ela própria, e tudo isso antes que findasse sua primeira metade. Século no qual a Torre de Babel pós-moderna, cuja construção teve seu início no Iluminismo do século XVIII, na contínua busca do homem por sua autonomia, tem o mesmo destino da sua antecessora da

Antiguidade, sendo abandonada muito antes de atingir os céus. Abandonada da mesma forma que a primeira, por uma humanidade em confusão, perplexa, perdida, em frangalhos e assolada pelas nefastas consequências de duas Grandes Guerras, tendo, à sua frente, nada mais que o início de um longo percurso de reconstrução.

Voltando a David Harvey:

> O século XX – com seus campos de concentração e esquadrões da morte, seu militarismo e duas guerras mundiais, sua ameaça de aniquilação nuclear e sua experiência de Hiroshima e Nagasaki – certamente deitou por terra esse otimismo. Pior ainda, há a suspeita de que o projeto do Iluminismo estava fadado a voltar-se contra si mesmo e transformar a busca da emancipação humana num sistema de opressão universal em nome da libertação humana.

Marshall Berman considera o século XX emblemático. Não entende a pós-modernidade como um fenômeno autônomo, mas como uma fase da modernidade, uma vez que ela prossegue se modernizando, quer dizer, a modernidade permanece em processo de modernização. Segundo ele, encontraria-se atualmente em sua terceira fase. A primeira teve seu início no século XVI, coincidindo com a Reforma Protestante, e vai até a Revolução Francesa. A segunda tem aí seu início e se protrai até o século XX, quando atinge sua fase atual.

A modernidade tem no século XX, segundo este autor, seu momento de inflexão. Foi neste século que o pensamento humano revelou sua incapacidade de apreender a vida. O pensamento moderno cresceu e se desenvolveu de vários modos, entretanto, chegou ao seu ponto de estagnação e entra, nesse instante, em um estágio de regressão. Os pensadores do século XX promoveram, se comparados aos do século anterior, um achatamento radical de perspectiva e uma diminuição das possibilidades da imaginação. Os autores do século XIX, ao mesmo tempo em que eram entusiastas da vida moderna, lutavam ardorosamente contra as suas principais características. A insatisfação que nutriam em relação às ambiguidades e contradições, às rupturas e fragmentações, às incertezas e inseguranças, era justamente o que alimentava o seu poder criativo. Seus sucessores do século XX tomaram rumos muito diferentes, promovendo polarizações inflexíveis e totalizações limitadas. Enxergaram a modernidade pela ótica de um entusiasmo cego e acrítico ou condenaram-na através de uma atitude de distanciamento e indiferença. Consideraram, assim, que a modernidade não oferecia nenhuma perspectiva de sucesso para a atuação do homem na tentativa de influenciá-la ou modificá-la. A humanidade estava como que à deriva, simplesmente seguindo os ditames de uma força maior e invencível, como que presa dentro da jaula de ferro weberiana. As visões abertas da vida moderna foram substituídas por visões fechadas e desprovidas de horizonte. Deve ser por isso que, ainda segundo Berman,

> não só a sociedade moderna é um cárcere, como as pessoas que aí vivem foram moldadas por suas barras; somos seres sem espírito, sem coração, sem identidade sexual ou pessoal – quase podíamos dizer: sem ser. Aqui, como nas formas futuristas e tecnopastorais do modernismo, o homem moderno como sujeito – como um ser vivente capaz de resposta, julgamento e ação sobre o mundo – desapareceu. Ironicamente, os críticos do "cárcere de ferro", no século XX, adotam a perspectiva do carcereiro: como os confinados são desprovidos do sentimento interior de liberdade e dignidade, o cárcere não é uma prisão, apenas fornece a uma raça de inúteis o vazio que eles imploram e de que necessitam.
> [...]
> Inútil tentar resistir às opressões da (sic) injustiças da vida moderna, pois até os nossos sonhos de liberdade não fazem senão acrescentar mais elos à cadeia que nos aprisiona; porém, assim que nos damos conta da total futilidade disso tudo, podemos ao menos relaxar.

Berman apresenta uma solução *sui generis* para o triste destino que teve no século XX toda a euforia que caracterizou a modernidade do século XIX. Euforia carregada de promessas e esperanças, cujas perspectivas ilimitadas e sem fronteiras, infinitas nas suas possibilidades e riqueza, conduziu a um lugar estreito, lúgubre, escorregadio e sem saída, onde reina a desesperança e o medo. "Dentro desse contexto insípido, eu gostaria de trazer novamente à vida o dinâmico e dialético modernismo do século XIX".

Berman propõe, dessa foram, um retorno às origens, uma volta ao passado, como se a caminhada de duzentos anos para trás fosse mais fácil que caminhar para frente, mesmo que lentamente. Prossegue ele informando que seu argumento básico "é, de fato, que os modernismos do passado podem devolver-nos o sentido de nossas próprias raízes modernas, raízes que remetem a (sic) duzentos anos atrás." Isto se faz necessário porque "perdemos o controle sobre as contradições que eles tiveram de agarrar com toda a força, a todo momento, em suas vidas cotidianas, para poderem sobreviver, afinal". Esse retorno, segundo ele, realmente parece se fazer necessário, pois será por meio dele que

> voltaremos a tomar contato com uma cultura modernista admiravelmente rica e vibrante que tem brotado dessas lutas: uma cultura que contém vastas reservas de força e saúde, basta que a reconheçamos como nossa.
>
> Pode acontecer então que voltar atrás seja uma maneira de seguir adiante: lembrar os modernistas do século XIX talvez nos dê a visão e a coragem para criar os modernistas do século XXI. Esse ato de lembrar pode ajudar-nos a levar o modernismo de volta às suas raízes, para que ele possa nutrir-se e renovar-se, tornando-se apto a enfrentar as aventuras e perigos que estão por vir. Apropriar-se das modernidades de ontem pode ser, ao mesmo tempo, uma crítica às modernidades de hoje e um ato de fé nas modernidades – e nos homens e mulheres modernos – de amanhã e do dia depois de amanhã.

Solução insólita não fosse ela sugerida por Marshall Berman. Apesar de ser ele, será que, mesmo assim, não seria insólita? Não seria uma caminhada em direção ao paraíso perdido que na verdade conduz ao lago de fogo? Seja como for, o Exército Brasileiro parece seguir direção mais sólida na tentativa de solucionar problema tão complexo. É possível que esteja à procura de respostas nas tentativas que tem implementado com o claro objetivo de fortalecer sua identidade através da uma precisa definição e uma eficiente preservação e transmissão de seus mais tradicionais princípios e valores.

4. O "aqui dentro" e o "lá fora"

O Exército elaborou, e mantém sempre bem difundido no âmbito de seu público interno, um vade-mécum de valores, deveres e ética militares. Ainda na sua introdução, esclarece que a carreira militar exige "do indivíduo inúmeros sacrifícios, inclusive o da própria vida em benefício da Pátria". Prossegue informando que, por esse motivo, a carreira militar possui peculiaridades que exigem o desenvolvimento e a preservação de certos princípios e valores. Para justificá-los, explica que

> A carreira militar não é uma atividade inespecífica e descartável, um simples emprego, uma ocupação, mas um ofício absorvente e exclusivista, que nos condiciona e autolimita até o fim. Ela não nos exige as horas de trabalho da lei, mas todas as horas da vida, nos impondo também nossos destinos. A farda não é uma veste, que se despe com facilidade e até com indiferença, mas uma outra pele, que adere à própria alma, irreversivelmente para sempre.

Os valores militares são definidos como "referenciais fixos, fundamentos imutáveis e universais", única fonte capaz de influenciar, "de forma consciente ou inconsciente, o comportamento e, em particular, a conduta pessoal de cada integrante da Instituição", de tal forma que a "eficiência, a eficácia e mesmo a sobrevivência das Forças Armadas decorrem de um fervoroso culto a tais valores".

Podemos vislumbrar, por tudo o que até o presente momento foi exposto, o quão distante está o Exército Brasileiro dos conceitos elaborados na pós-modernidade. Se a pós-modernidade, conforme vimos em Berman, promete "destruir tudo o que temos, tudo o que sabemos, tudo o que somos", despejando todos "num turbilhão de permanente desintegração e mudança, de luta e contradição, de ambiguidade e angústia"; se estar na pós-modernidade "é fazer parte de um universo no qual, como disse Marx, 'tudo o que é sólido desmancha no ar'", o Exército Brasileiro parece ser a antítese da pós-modernidade, a clara evidência de que ela não é absoluta e de que há resistências sociais organizadas às suas pretensas imposições.

Estão elencados e detalhadamente conceituados no referido vade-mécum os valores, os deveres e a ética militares que devem ser diuturnamente cultuados, desenvolvidos, introjetados e reforçados por todos e sobre todos os integrantes do campo, não somente nas atividades formais da vida castrense, mas, e talvez primordialmente, nas atividades informais e casuais, que têm ocasião nas situações e circunstâncias mais prosaicas do dia a dia da vida na caserna, e mesmo fora dela, a exemplo das atividades sociais, de lazer, familiares e privadas das quais participem qualquer militar. Estas situações são tidas como oportunidades que têm o militar e seus familiares de demonstrar o quão profundamente têm em si interiorizados os atributos que os identificam como integrantes da Instituição. Isso fica claro na exortação acima citada de que a carreira militar não se coaduna com o conceito de "um simples emprego, uma ocupação", mas que se trata de "um ofício absorvente e exclusivista, que nos condiciona e autolimita até o fim", e que a farda não se constitui em uma simples "veste, que se despe com facilidade e até com indiferença", mas em uma "outra pele, que adere à própria alma, irreversivelmente para sempre".

São, assim, elencados e detalhadamente conceituados como valores militares: patriotismo, civismo, fé na missão do Exército, amor à profissão, espírito de corpo e aprimoramento técnico-profissional. Como deveres militares: dedicação e fidelidade à Pátria, respeito aos Símbolos Nacionais, probidade e lealdade, disciplina e respeito à hierarquia, rigoroso cumprimento dos deveres e ordens, trato do subordinado com dignidade. E como ética militar: sentimento do dever, honra pessoal, pundonor militar e decoro da classe.

O Exército incentiva, dessa forma, de maneira até muito incisiva, que seus integrantes desenvolvam fortes laços afetivos com a Instituição e deles entre eles, em uma relação de longo prazo. Richard Sennet chama a atenção para o fato de que um dos princípios que caracterizam a pós-modernidade é justamente o princípio segundo o qual "não há longo prazo". As instituições modernas procuram se enquadrar em um esquema de curto prazo, o que "corrói a confiança, a lealdade e o compromisso mútuo." Uma instituição que opere com estrutura de rede flexível, sem um rígido comando de cima para baixo, do tipo piramidal, terá que se contentar com laços sociais frouxos com seus integrantes bem como deles entre eles. Laços sociais fortes e lealdade entre a instituição e seus integrantes perderam, dessa forma, o valor na pós-modernidade. A lealdade institucional passa a ser vista como uma armadilha, pois os jovens, para serem bem sucedidos, devem trabalhar, usando uma expressão de John Kotter, "mais fora do que dentro" das organizações, haja vista os integrantes das instituições pós-modernas não poderem mais contar com elas. Se tornaram, portanto, empregados negociáveis, distantes, sem compromisso, meros cooperadores superficiais sem nenhuma lealdade institucional.

Ulrich Beck alerta para o perigo de que, na pós-modernidade, qualquer pessoa ou organização que exclua a possibilidade de uma morte institucional estaria subestimando o fato de que esta possibilidade diz respeito a uma realidade presente, atual e que se encontra em toda parte, uma vez que esta época de mudança social radical está plena de "instituições zumbis, que têm estado clinicamente mortas durante um longo tempo, mas não são capazes de morrer."

Talvez seja contra esse perigo, trazido pelos ventos da pós-modernidade e que parece pairar sobre todas as instituições públicas, que o Exército Brasileiro, mesmo inconscientemente, esteja precavendo-se com providencial cuidado.

Celso Castro chama a atenção para um aspecto simbólico constitutivo da identidade do oficial da Linha de Ensino Militar Bélico, quer dizer, do integrante da carreira que é a espinha dorsal da Instituição, formado pela Academia Militar das Agulhas Negras (AMAN), que ele chama de "oposição entre 'lá fora' e 'aqui dentro'". "O curso da Aman pode ser visto como um ritual de passagem que tem por objetivo desarticular a identidade civil anterior e desenvolver nos indivíduos o 'espírito militar'".

Ainda segundo este autor, uma nova visão de mundo é construída nessa fase inicial da carreira do oficial, caracterizada por uma marcante distinção entre o mundo militar, o "aqui dentro", e o mundo civil, "o lá fora". Os civis são cognominados "paisanos", o que já indica o fato de serem atribuídas características positivas aos militares e negativas aos civis. No imaginário do cadete já é inculcada a ideia de que "enquanto os militares seriam em geral ativos, disciplinados, respeitosos, altruístas e preocupados com a pátria, os 'paisanos' seriam em geral preguiçosos, indisciplinados, individualistas e ocupados apenas com seus próprios interesses." E prossegue:

> Ou seja, a mensagem que se transmite é a de que, em geral, os militares não são apenas diferentes dos civis, mas também melhores: uma elite, fundada em princípios éticos e morais corretos e sãos. Nessa visão, o modo de vida militar seria superior ao civil porque fundado na experiência da preeminência da coletividade sobre os indivíduos. A carreira militar é representada como uma "carreira total", um mundo coerente, repleto de significação e onde as pessoas têm "vínculos" entre si.

José Murilo de Carvalho entende que as Forças Armadas devem ser estudadas como organizações que possuem características e vida próprias, e não como representantes de grupos sociais externos, como têm sido comumente estudadas. Observa isso por vê-las como organizações que tentam envolver todas as dimensões da vida de seus integrantes, o que tem por consequência a formação de uma identidade forte e coesa. E identidade forte e coesa "aumenta o grau de autonomia da organização em relação ao meio ambiente."

Celso Castro ainda ressalta um aspecto singular do Exército; peculiaridade que, por ser de tão longa duração, tornou-se o único caso entre as instituições públicas brasileiras. Trata-se do padrão das experiências vivenciadas pelo cadete na AMAN, praticamente inalterado desde os anos trinta. Isto pôde ser observado não somente por meio de consultas a arquivos a que teve acesso como também por entrevistas realizadas com cadetes atuais e coronéis e generais da reserva e reformados, que foram cadetes entre as décadas de trinta e cinquenta. Perguntas "versando sobre assuntos cotidianos como estudo, trotes, punições, competição e companheirismo entre alunos" obtinham respostas similares em todas as gerações. Esse padrão de respostas dado por militares de gerações tão distantes revelou uma continuidade em experiências, inobstante seu afastamento no tempo.

Essa continuidade observada nas experiências vivenciadas por todas as gerações de cadetes parece ser um aspecto da socialização do oficial que contribui para a coesão reinante no Exército e o sentimento de cumplicidade que une o oficial de AMAN, independentemente de sua geração, pois vincula emocional e afetivamente todos os que um dia foram cadetes, do jovem tenente ao velho general.

Eduardo Raposo, ao analisar os períodos caracterizados pelas incertezas das grandes transformações, apresenta um conceito esclarecedor que pode ser chamado, no que se refere às posturas institucionais, de "inversão de sinais". Uma crise se configura quando as circunstâncias são, elas próprias, um rompimento com a tradição, com o passado, com a autoridade dessa tradição. Nestes momentos de crise, as instituições sociais são tomadas pela perplexidade, pois não se veem capazes de acompanhar a rapidez e a violência dos acontecimentos. São obrigadas, para sobreviverem à travessia desses períodos de turbulência, a se adaptarem, transformando as soluções passadas em novos problemas a serem solucionados. Com efeito,

> A história das instituições do mundo ocidental, nos últimos cento e cinquenta anos, nos remete aos papeis desempenhados, circularmente, tanto pelo Estado quanto pelo mercado na regulação das crises do capitalismo, mostrando que suas virtudes são limitadas e que suas soluções envelhecem rapidamente.

Este autor prossegue informando que os Estados, através de suas instituições, a partir do fim da Segunda Guerra, foram os principais agentes de estabilização social. O advento da globalização que irrompeu nos anos setenta é em si uma crise que, "invertendo os sinais" cede o espaço ocupado pelo Estado novamente para a sociedade civil organizada. "Invertendo os sinais" novamente, a crise de 2008 traz de volta a influência das instituições do Estado.

O Exército Brasileiro vivencia hoje um momento de "cenários mais turvos, nos quais as regras se diluem e se modificam, fazendo com que o homem perca suas referências, ganhando, consequentemente, mais liberdade, porém menos segurança"; palavras de Raposo em referência às instituições.

Ao atravessar este momento de crise, o Exército, na tentativa de preservar a sua identidade institucional através da preservação de seus princípios, seus valores e suas crenças, necessita mais uma vez "inverter os sinais". Essa realidade atual da Instituição está muito clara no lema "Exército Brasileiro: mesmos valores, novos desafios". Mas como fazer essa inversão e "inverter" para que direção? Este é o grande enigma sobre o qual se tem buscado trazer luz neste livro, levando-se em conta que, ainda segundo Raposo,

> não há determinismo em nenhum processo histórico e não estamos destinados, como Sísifo, a reproduzir indefinidamente nosso passado. Procurar, porém, conhecer as circunstâncias e as tensões que condicionam nossas práticas sociais, acredito ser uma das tarefas possíveis em direção à transformação das mazelas que afligem nossa sociedade.

Assim, podem e devem ser identificados alguns parâmetros que condicionam essa "inversão de sinais" no caso do Exército Brasileiro. Parâmetros delineados por determinadas características institucionais que se confundem com o próprio Exército, e que, por isso, para a Instituição, são inegociáveis.

Desconhecer ou negligenciar esses parâmetros sob a perspectiva de que "os tempos são outros", pode levar o estudioso da modernidade, no que se refere ao Exército Brasileiro, e o político, que com ele, em algum momento, pode ver-se obrigado a se relacionar, à ilusão de estar navegando em terreno sólido, quando na verdade seu deslinde se faz sem nenhuma conexão com a realidade. Não é sem motivo que, segundo José Murilo de Carvalho, desde a Missão Militar Francesa, nos anos vinte, o Exército é percebido como o Grande Mudo.

Eduardo Raposo exemplifica com precisão um destes equívocos elementares e suas surpreendentes consequências:

> Goulart agride, aos olhos das Forças Armadas, a noção de hierarquia, ao anistiar fuzileiros navais presos após se amotinarem manifestando-se pela substituição de Silvio Mota, ministro da Marinha, e ao prestigiar, com sua presença, no dia 30 de março, às vésperas do golpe que o deporia, uma reunião de sargentos no Automóvel Club do Brasil.

O Exército dos tempos atuais é uma Instituição que cultua efusivamente seus heróis e seus feitos e se orgulha de ter seus alicerces na hierarquia e na disciplina, não tendo por característica, como dizia Marshall Berman em relação à modernidade, definir-se pelo "Isto *e* Aquilo", mas pelo "Isto *ou* Aquilo".

Os limites, em todas as questões da sua existência institucional, estão muito bem definidos e expressamente publicizados, de maneira a eliminar, dentro do possível, o ambíguo, o indeciso e o flutuante. O militar busca a segurança e o terreno sólido. Seus conceitos, preceitos e valores tendem a estar explicitamente esclarecidos nos manuais, regulamentos, portarias e diretrizes, de maneira que, para o profissional das armas, nada deve ser deixado no terreno do inexato, do movediço, do incerto, senão como momento fugaz de transição em direção à solidez, à precisão e à certeza. Momento incômodo que deve ser superado o mais rapidamente possível. O "Isto *e* Aquilo", quando ocorre, sempre tenderá a estabilizar-se em "Isto *ou* Aquilo", quer dizer, decorrido um incômodo interregno de indefinição, deve estabilizar-se em preto *ou* branco, certo *ou* errado, desonesto *ou* honesto, quente *ou* frio, firme *ou* frouxo, fraco *ou* forte, serviço *ou* folga, militar *ou* civil, macho *ou* fêmea, homem *ou* mulher, enfim, "Isto *ou* Aquilo".

As palavras de um general-de-exército, pronunciadas em meados desta década de 2010 para o Corpo de Cadetes da Academia Militar das Agulhas Negras (AMAN), refletem bem essa realidade do Exército Brasileiro. Dizia o general, ao olhar para a tropa formada à sua frente, composta por todos os cadetes e oficiais instrutores e professores da Academia, estar-se diante do presente e do futuro do Exército Brasileiro. O presente, todos os que ali se encontravam, cadetes e oficiais instrutores; o futuro, os cadetes. E que a missão primordial de todo oficial formado por aquela Academia é transmitir à nova geração a *honra* e os *valores* recebidos das gerações passadas exatamente da maneira como haviam sido construídos pelos antigos e preservados pelas gerações de verdadeiros soldados, de forma que se perpetuem nos que estão chegando e sejam legados aos que hão de vir, fazendo valer o lema do Dia do Exército do ano de 2015: "Exército Brasileiro: mesmos valores, novos desafios".

Este acontecimento, uma formatura de todo o Corpo de

Cadetes da AMAN para um general-de-exército, levando-se em conta as suas palavras, os militares presentes e todos os procedimentos do evento, dentre os quais canto de canção, desfile da tropa e hasteamento solene da Bandeira Nacional realizado pelo próprio general, é exemplo vivo de realização concreta dos conceitos de *autoridade* e *tradição* no Exército Brasileiro, manifestando-se como poderosos instrumentos de manutenção da estabilidade institucional e da preservação da identidade da Instituição.

O posicionamento do Exército Brasileiro diante da sociedade mais ampla começa a delinear-se, dessa forma, como instituição pública conservadora inserida em uma sociedade envolta em vertiginoso movimento de mudança, cujos integrantes participam de todos os temas da atualidade em debate ao mesmo tempo em que são submetidos à *autoridade* da Instituição e à *tradição* de seus valores e princípios, construídos desde os antigos.

Na análise que estamos fazendo do grande movimento de conservação característico do Exército Brasileiro das últimas décadas, em face de um processo de transformações advindas da sociedade mais ampla, principalmente pela via da família do militar, veremos, no próximo capítulo, os dois fundamentos deste movimento de conservação: os conceitos de *tradição* e *autoridade* para o Exército e para seus integrantes, conceitos que se configuram nos dois princípios que estão na base dos pilares fundamentais do campo militar: a hierarquia e a disciplina.

Capítulo 6: Tradição e autoridade

1. A tradição da carreira e a modernidade do trabalho

O Exército Brasileiro tem definido por meio de diversos documentos, de maneira muito clara, as características da carreira militar que compõem a sua identidade, difundidas tanto para o seu público interno quanto para toda a sociedade mais ampla, incluído aí o universo dos cidadãos que voluntariamente buscarão ingressar na carreira das armas. São elas:

4.2.1 RISCO DE VIDA

Durante toda a sua carreira, o militar convive com o risco. Seja nos treinamentos, na sua vida diária ou na guerra, a possibilidade iminente de um dano físico ou da morte é um fato permanente de sua profissão. Como consta do juramento do soldado, o exercício da atividade militar, por natureza, exige o comprometimento da própria vida:

*"Prometo cumprir rigorosamente as ordens das autoridades a que estiver subordinado, respeitar os superiores hierárquicos, tratar com afeição os irmãos de armas e, com bondade os subordinados, e dedicar-me inteiramente ao serviço da pátria, cuja honra, integridade e instituições defenderei **com o sacrifício da própria vida**".*

4.2.2 SUJEIÇÃO A PRECEITOS RÍGIDOS DE DISCIPLINA E HIERARQUIA

Ao ingressar nas Forças Armadas, o militar tem de obedecer a severas normas disciplinares e a estritos princípios hierárquicos, que condicionam toda a sua vida pessoal e profissional.

4.2.3 DEDICAÇÃO EXCLUSIVA

O militar não pode exercer qualquer outra atividade profissional, o que o torna dependente de seus vencimentos e dificulta o seu ingresso no mercado de trabalho, quando na inatividade.

4.2.4 DISPONIBILIDADE PERMANENTE

O militar se mantém disponível para o serviço ao longo das 24 horas do dia, sem direito a reivindicar qualquer remuneração complementar, compensação de qualquer ordem ou cômputo de serviço especial.

4.2.5 MOBILIDADE GEOGRÁFICA

O militar pode ser movimentado em qualquer época do ano, para qualquer região do país, residindo, em alguns casos, em locais inóspitos e de restrita infraestrutura de apoio à família.

4.2.6 VIGOR FÍSICO

4.2.6.1 As atribuições que o militar desempenha exigem-lhe elevado nível de saúde física e mental, não só por ocasião de eventuais conflitos, para os quais deve estar sempre preparado, mas, também, no tempo de paz.

4.2.6.2 O militar é submetido, durante toda a sua carreira, a periódicos exames médicos e testes de aptidão física, que condicionam a sua permanência no serviço ativo.

4.2.7 RESTRIÇÕES A DIREITOS TRABALHISTAS

O militar não usufrui de alguns direitos trabalhistas, de caráter universal, que são assegurados aos trabalhadores de outros segmentos da sociedade, dentre os quais se incluem:
- remuneração do trabalho noturno superior à do trabalho diurno;
- jornada de trabalho diário limitada a oito horas;
- obrigatoriedade de repouso semanal remunerado; e
- remuneração de serviço extraordinário, devido a trabalho diário superior a oito horas diárias.

4.2.8 FORMAÇÃO ESPECÍFICA E APERFEIÇOAMENTO CONSTANTE

O exercício da profissão militar exige uma rigorosa e diferenciada formação. Ao longo da vida profissional, o militar de carreira passa por um sistema de educação continuada, que lhe permite adquirir as competências específicas dos diversos níveis de exercício da profissão militar e realiza reciclagens periódicas para fins de atualização e manutenção dos padrões de desempenho.

4.2.9 VÍNCULO COM A PROFISSÃO

Mesmo na inatividade, o militar permanece vinculado à profissão. Os militares inativos, quando não reformados, constituem a "reserva" de 1ª linha das Forças Armadas, devendo se manterem prontos para eventuais convocações e retorno ao serviço ativo, conforme prevê a lei, independente de estarem exercendo outra atividade, não podendo, por tal motivo, se eximirem dessa convocação.

4.2.10 PROIBIÇÃO DE PARTICIPAR DE ATIVIDADES POLÍTICAS

O militar da ativa é proibido de filiar-se a partidos e de participar de atividades políticas, especialmente as de cunho político-partidário. Isso busca caracterizá-lo como servidor do Estado brasileiro.

4.2.11 PROIBIÇÃO DE SINDICALIZAR-SE E DE PARTICIPAR DE GREVES OU DE QUALQUER MOVIMENTO REIVINDICATÓRIO

O impedimento de sindicalização advém da rígida hierarquia e disciplina, cabendo ao comandante a responsabilidade pelo bem estar de seus comandados. A proibição de greve decorre do papel do militar na defesa do País e de seus interesses. Em sua tarefa prioritária e essencial para a Nação brasileira, o militar é insubstituível.

4.2.12 CONSEQUÊNCIAS PARA A FAMÍLIA

As exigências da profissão não ficam restritas à pessoa do militar, mas afetam, também, a vida familiar, considerando que:

a) o núcleo familiar não estabelece relações duradouras e permanentes na cidade em que reside, porque ali, normalmente, passa curto período de tempo;

b) formação do patrimônio familiar é extremamente dificultada;

c) a educação dos filhos é prejudicada;

d) o exercício de atividades remuneradas por cônjuge do militar fica comprometida.[15]

Observamos, pelas características da carreira militar acima expostas, a existência de diferenças fundamentais entre a realidade da vida no Exército e a realidade da vida na sociedade mais ampla, e ainda mais para a de um cidadão que se considere pós-moderno, liberal ou progressista.

---

[15] (MINISTÉRIO DA DEFESA, Portaria nº 012-EME, de 29 de janeiro de 2014, p. 4-2 – 4-6).

O militar, dentro desse ideal apresentado, ao ingressar no Exército, abre mão de direitos considerados essenciais pela nossa sociedade em favor da Instituição à qual passa a servir de maneira integral e que doravante terá sobre ele um controle relevante. Abre mão da própria vida, se for necessário dela dispor no exercício da atividade fim. O profissional de carreira submete voluntariamente toda a sua vida aos ditames da Instituição, comprometendo-se, inclusive, antecipadamente ao incorporar às suas fileiras, a incluir, nesse pacto de absoluta entrega, a sua futura família, ainda não constituída, a qual, em momento oportuno, após o período de sua formação militar dentro da sua carreira específica, será incentivado a estabelecer, já dentro das regras estipuladas. Pacto que, conforme constatamos acima no item "consequências para a família", engloba previamente seu cônjuge e filhos, que já nascem como integrantes do público interno na visão da Instituição.

Essa realidade institucional do Exército Brasileiro está em aberto confronto com o que Richard Sennet define como flexibilidade do trabalho. Com efeito, a flexibilidade crescente e aparentemente ilimitada que vem caracterizando a sociedade pós-moderna transformou, no trabalho, o conceito de carreira em emprego. Carreira tem a conotação de algo preestabelecido, que tem um início, um desenvolvimento e conduz, inexoravelmente, através de um percurso bem definido e previamente vislumbrado, a um fim antevisto. Significa, assim, "um canal para as atividades econômicas de alguém durante a vida inteira." Trabalho, ao contrário, tem o significado de partes ou blocos desconectados que não compõem necessariamente um todo de algo homogêneo ou coerente. É imprevisível, movediço e pode conter muitas surpresas.

A natureza do trabalho regido pela flexibilidade, ou seja, a natureza do emprego, categoria de trabalho característico das sociedades pós-modernas, é incompatível com compromissos de longo alcance, quer sejam no tempo quer sejam em profundidade. Ora, as características da carreira militar que vimos acima, registradas em manual e divulgadas ostensivamente no *site* oficial do Exército, não deixam dúvidas, tanto para a pessoa que ingressa na carreira quanto para a que a tem em pleno desenvolvimento, que o compromisso assumido é não somente de longa duração como também abarcará todos os aspectos tanto da sua vida quanto da vida da sua família.

A "flexibilidade dá às pessoas mais liberdade para moldar suas vidas." Entretanto, pode engendrar um processo de corrosão do caráter, entendido este como "os traços pessoais a que damos valor em nós mesmos, e pelos quais buscamos que os outros nos valorizem", haja vista o caráter dizer respeito a um atributo que se expressa "pela lealdade e o compromisso mútuo, pela busca de metas a longo prazo, ou pela prática de adiar a satisfação em troca de um fim futuro", conforme explica Sennet.

Essa questão fica evidente no tratamento que o Exército dá ao assunto, fornecendo respostas precisas aos questionamentos de Sennet acerca das possíveis consequências de uma corrosão do caráter pela flexibilidade característica da sociedade pós-moderna. O referido autor ressalta a dificuldade de se encontrar um valor duradouro em uma sociedade impaciente, que se limita a se concentrar no momento imediato, não conseguindo, por isso, discernir metas de longo prazo. "Como se podem manter lealdades e compromissos mútuos em instituições que vivem se desfazendo ou sendo continuamente reprojetadas?"

O Exército, ao definir e publicizar as características da carreira militar que compõem sua identidade, parece tentar proteger-se, como instituição, das incertezas e armadilhas de uma sociedade em constante transformação que não tem firmeza quanto aos valores que a sustentam e nem pode, por isso mesmo, planejar seus rumos com clareza.

A Instituição não fica, entretanto, somente na definição e divulgação das características de identidade idealizadas. Investe na formação dos profissionais de carreira e na sua permanente e ininterrupta socialização ao campo militar. Com efeito,

4.7.1 O ingresso na carreira militar ocorre mediante concurso público, do qual participam jovens brasileiros.

4.7.2 As escolas de formação militar têm como norma a elevada exigência no desenvolvimento de suas atividades, tais como: formaturas, aulas, reuniões, manobras, exercícios físicos e inspeções. Uma programação que começa, diariamente, às 06:00 h da manhã com a "alvorada" e termina às 22:00 h com o "toque de silêncio". A maior parte delas funciona em regime de internato.

4.7.3 Não se trata, apenas, de uma situação acadêmica, em que, terminada a aula, ou mesmo antes, o aluno retira-se para sua casa ou para onde lhe aprouver. Durante todo dia, estão presentes os encargos e os deveres, as condições de disciplina e a exposição aos riscos do treinamento militar, em qualquer nível.

4.7.4 Os alunos de uma escola militar são submetidos a rigorosos testes de avaliação, que abrangem as áreas cognitiva, afetiva e psicomotora para a carreira militar.

4.7.5 Os valores e as atitudes próprios do militar e a necessária capacitação profissional são desenvolvidos por meio do serviço diário, da orientação constante, de um cuidadoso e realístico programa de ensino e de instrução, que abrange aulas, conferências, exercícios práticos e manobras, em que o risco estará sempre presente, como em qualquer atividade militar.[16]

Fica claro, pelo texto acima, que o Exército forma o militar de carreira de maneira a exigir e dele obter uma entrega total. As atividades oficiais, no período de formação, cobrem o intervalo diário das 0600h às 2200h em regime de internato. Entre as 2200h e as 0600h o militar permanece aquartelado, realizando, neste interregno, além do descanso necessário e suficiente, uma série de outras atividades pessoais, tais como estudar para as avaliações, preparar seus uniformes e seu equipamento, tirar serviços, que têm a duração de 24 horas contínuas, entre outras necessárias ao seu bom desempenho como aluno.

Alfred Stepan salienta que esses jovens, muito cedo em suas vidas, passam a integrar uma estrutura organizacional regida por normas burocráticas e racionais capaz de eficientemente socializá-los segundo valores próprios, o que influencia a ação dos militares como instituição política.

Duas áreas dessa estrutura burocrática, segundo Stepan, se destacam na socialização do oficial, promovendo tanto uma eficiente interiorização de valores quanto um forte alinhamento aos ditames da Instituição: os sistemas de *educação* e de *promoções*. "As normas burocráticas são obedecidas rigorosamente no tocante aos padrões educacionais do quadro de oficiais no Brasil." As promoções são condicionadas à realização de cursos em escolas específicas. Os oficiais destinados ao desempenho das mais <u>importantes funções no Exército</u>, únicos a atingirem o último

---

[16] (MINISTÉRIO DA DEFESA, Portaria nº 012-EME, de 29 de janeiro de 2014, p. 4-14 – 4-15).

posto, general-de-exército, e a integrarem o Alto-Comando do Exército, são os formados pela Academia Militar das Agulhas Negras. Para ser promovido a oficial superior, o capitão deve realizar um curso de dois anos na Escola de Aperfeiçoamento de Oficiais (EsAO) e, para exercer funções de comando de Unidade e Estado-Maior e concorrer à promoção a general, o oficial superior deve submeter-se a um difícil exame de admissão à Escola de Comando e Estado-Maior do Exército e lá frequentar um curso de dois anos. Isto tem por consequência o desenvolvimento, no oficial, de um forte espírito de corpo.

Ainda na fala de Stepan, o desempenho do militar na realização desses cursos é igualmente importante para o seu *status* na carreira. Uma primeira colocação em qualquer deles gera um permanente prestígio, quando o oficial passa a ser identificado pela elogiosa qualificação de "zero-um". O Exército fundamenta-se, assim, não somente sobre uma estrutura burocrática, mas sobre uma desenvolvida e eficiente estrutura burocrático-acadêmica. Estrutura que promove e constantemente reforça no oficial uma "servidão ao êxito" e uma consequente preservação da tradição. "Assim, qualquer sucesso real no Exército brasileiro depende de realizações acadêmicas."

A formação acadêmica não encerra o ciclo de formação de um oficial, que se prolonga no desenvolvimento da carreira. Existe uma preocupação primordial com a interiorização de valores e atitudes militares, que deverão nortear toda a conduta do profissional durante toda a sua vida, tanto profissional quanto pessoal. O profissional das armas é trabalhado, dessa forma, para sentir-se militar e externar as características da carreira a ponto de ser percebido por todos, a todo momento, seja qual for o local e em qualquer circunstância, como sendo um integrante da Instituição. O militar de carreira, para o Exército, deve ser um militar, e não simplesmente um profissional desempenhando algum tipo de função, adotando determinados procedimentos ou sendo encarregado de tarefas específicas, mesmo que plenamente apto a executá-las. A introjeção de valores e a manifestação das características desejadas parece ter mais ênfase e ser mais importante que a capacitação para o bom desempenho de uma função ou encargo específicos.

É fácil observar um grande contraste entre a carreira militar no Exército e o movimento que abala a sociedade de hoje, o qual, de acordo com Richard Sennet, tem por sinal mais característico "o lema 'Não há longo prazo'. No trabalho, a carreira tradicional, que avança passo a passo pelos corredores de uma ou duas instituições, está fenecendo." Um jovem, assevera Sennet, hoje, tem a perspectiva, ainda no segundo ano de faculdade, de mudar de emprego pelo menos onze vezes e trocar sua aptidão básica por outras três ao longo dos quarenta anos de trabalho que espera poder realizar.

Em contraste, a graduação de um oficial de carreira do Exército Brasileiro se faz na Academia Militar das Agulhas Negras (AMAN), tem a perspectiva de durar pelo menos trinta anos após a conclusão da formação e, ao fim, quando da sua transferência para a reserva remunerada, o oficial permanece identificando-se e sendo reconhecido como coronel ou general do Exército. A carreira dá sentido à vida; o emprego, vazio à existência.

2. Um olhar sobre o conceito de "tradição"

Tradição e autoridade são dois conceitos muito usados em Ciências Sociais tanto no sentido de destacar características de conservação quanto no de salientar aspectos de transformação da sociedade. O próprio entendimento de movimento e mudança, em certa medida, depende daquilo que, em um dado momento, foi estabelecido, estabilizado, às vezes cristalizado. Conceitos e instituições assentados em suas tradições são, dessa forma, *a priori*, necessários à caracterização de uma mudança ou de uma transformação social, haja vista que um movimento somente pode se qualificar como tal em referência a algo estático, ou seja, algo que tenha sido construído e, em um grau mínimo, tenha se estabilizado. A ocorrência da transformação exige a existência prévia daquilo que será transformado, obviedade desconsiderada nos dias de hoje.

Os exércitos, de uma forma geral, são instituições conservadoras. Internamente conservadoras, quando buscam preservar suas tradições, cultuar o conceito de autoridade e desenvolver um respeito sagrado pela obediência; e externamente conservadoras, quando sua própria existência encontra sua razão de ser na necessidade que tem toda sociedade de preservar suas instituições, seus valores, seus princípios e seus fundamentos, enfim, a própria sociedade civil e o Estado que a compõem, sem os quais a Instituição Militar não existiria.

Carl Friedrich explica que, com o advento do Iluminismo, o conceito de autoridade passou a contrapor-se à razão. Os métodos da razão vieram a ser percebidos como científicos e os da autoridade como que fundamentados na revelação ou na crença irracional. O método da autoridade tornou-se uma espécie de superstição que deveria ser superado por um método científico. Esse entendimento teve sua origem no conceito de tradição, pois o reconhecimento da autoridade teria nela os seus alicerces. Desenvolveu-se, a partir daí, uma cultura contra a autoridade e outra contra a tradição, estando ambas intimamente ligadas.

Friedrich busca, a partir desse fato, explicar que a autoridade e a tradição são conceitos que se relacionam com a razão, se constituindo a tradição na própria base do raciocínio e da argumentação racional. A tradição tem uma função vital na sociedade e nos diversos grupos, incluindo as organizações e as instituições, pois abre muitas possibilidades de comunicação e integração, o que gera a coesão social. O indivíduo não pode ser concebido fora de uma tradição, pois a individualidade se desenvolve a partir da aceitação ou da rejeição de certos valores e crenças tradicionais de uma determinada sociedade. A tradição excessiva engessa uma determinada ordem, porém uma tradição insuficiente mina e dissolve um grupo social. Este autor explica que

> A palavra tradição deriva do latim *tradere,* que significa transferir ou entregar. O termo tem uma raiz religiosa ou eclesiástica, conforme sucede com grande parte do nosso vocabulário político. As próprias palavras do fundador e do chefe precisam ser transferidas e entregues de geração a geração. Um grande historiador da religião cristã [Adolf Harnack] escreveu que a

tradição é "a entrega de um depósito precioso, cuja fonte é considerada divina, a uma pessoa especialmente escolhida."

Friedrich prossegue informando que Israel é um exemplo do quanto pode ser importante o conceito de tradição para a coesão social e para a sobrevivência de um grupo mesmo atravessando momentos de grandes adversidades. A tradição foi um dos fatores que possibilitou a preservação da cultura judaica por quase dois mil anos sem que a nação tivesse um território definido e uma estrutura governamental. Neste exemplo, tradição e carisma não se revelam conceitos contraditórios e tradição e modernidade podem se interpenetrar e se transformarem mutuamente, adaptando o grupo social às mudanças dos tempos. A modernidade, neste caso, não foi obtida pela destruição ou superação da tradição, como comumente se supõe que ocorra, mas a relação entre elas foi o que promoveu o aperfeiçoamento da tradição e o advento da modernidade.

Tradição, conforme esclarece Friedrich, pode ser definida como um conjunto de convicções, crenças, valores, atitudes, comportamentos, opiniões, disposições, sentimentos e percepções de um determinado grupo social construído ao longo dos anos pela interação de seus integrantes, que persiste por várias gerações e se expressa nos costumes, nos hábitos e nas normas deste grupo, definindo as formas de relacionamento, as relações de poder e a visão de mundo existentes entre seus integrantes. É o amálgama que permite uma certa dose de consenso essencial à manutenção da ordem social do grupo e à sua caracterização como tal. É aquilo que distingue, grosso modo, um militar de um *hippie*, quando ambos se encontram inseridos em um terceiro grupo social, uma sala de aula de um curso de graduação em uma faculdade pública, por exemplo, onde, mesmo descaracterizados enquanto integrantes de seus grupos de origem, facilmente se percebe suas idiossincrasias a ponto de qualificá-los, um como militar, o outro como *hippie*.

Tradição é o fenômeno que socializa o indivíduo ao grupo, explica Friedrich, infundindo nele uma forma específica de ver e compreender o mundo por meio de um complexo de atitudes, comportamentos, valores, crenças, opiniões, disposições e convicções. A tradição muda lentamente de uma geração para outra. Não é estática, como pode parecer; ao contrário, não só é compatível com a mudança como se constitui em um pré-requisito para que esta ocorra. A tradição exerce tanto uma função vital para a sobrevivência de um grupo social quanto se constitui no fenômeno que permite sua evolução gradual.

Anthony Giddens, em certa medida, vai em um mesmo sentido:

> A tradição é rotina. Mas ela é rotina que é intrinsecamente significativa, ao invés de um hábito por amor ao hábito, meramente vazio. O tempo e o espaço não são as dimensões sem conteúdo que se tornaram com o desenvolvimento da modernidade, mas estão contextualmente implicados na natureza das atividades vividas. Os significados das atividades rotineiras residem no respeito, ou até reverência geral intrínseca à tradição e na conexão da tradição com o ritual. O ritual tem frequentemente um aspecto compulsivo, mas ele é também profundamente reconfortante pois impregna um conjunto dado de práticas com uma qualidade sacramental. A tradição, em suma, contribui de maneira básica para a segurança ontológica na medida em que mantém a confiança na continuidade do passado, presente e futuro, e vincula esta confiança a práticas sociais rotinizadas.

Max Weber entende a dominação legítima de caráter tradicional "baseada na crença cotidiana na santidade das tradições vigentes desde sempre e na legitimidade daqueles que, em virtude dessas tradições, representam a autoridade". É por isso que na dominação tradicional "obedece-se à *pessoa* do *senhor* nomeada pela tradição e vinculada a esta (dentro do âmbito de vigência dela), em virtude de devoção aos hábitos costumeiros."

Weber elucida que a autoridade do senhor neste tipo de dominação é reconhecida através de regras tradicionais. A tradição confere, assim, a dignidade pessoal do senhor. Um grupo social desse tipo necessariamente caracteriza-se como uma associação fundamentada em princípios comuns de educação. O senhor investido de autoridade não é apenas um superior, mas um senhor pessoal; e seus seguidores não formam um quadro administrativo de funcionários, mas são servidores pessoais que não são apenas membros da associação, mas companheiros tradicionais. As relações de poder neste grupo não se fundamentam em deveres objetivos do cargo, mas na fidelidade pessoal do servidor. Os estatutos podem existir, mas não são decisivos, o que é decisivo, mormente em momentos de crise, é a pessoa indicada pela tradição como legitimamente investida da autoridade de senhor.

Weber ainda esclarece que um aspecto importante nesse tipo de dominação tradicional é que a autoridade da qual está investido o senhor não é incondicional, como somos levados a crer nos dias de hoje. O senhor pode perdê-la caso não se mantenha dentro daquilo que a tradição determina para o conteúdo das suas ordens. Não somente o conteúdo das ordens deve estar dentro do que estabelece a tradição, mas toda uma forma de agir, de pensar e de ser é determinada pela tradição. Assim, o senhor deve dominar uma linguagem específica e transitar nela com flexura: a linguagem cultural do grupo social do qual é reconhecido como senhor. E desempenhar, dentro desta linguagem, o papel de senhor. A transgressão dos limites impostos pela tradição é uma ameaça à autoridade do próprio senhor. Sempre que o senhor violar estes limites impostos pela tradição para a sua atuação sofrerá resistência por parte dos seus comandados. Resistência que não se dá contra o sistema de poder do grupo social mas contra a própria pessoa do senhor. A tradição, porém, dá uma liberdade ao senhor para agir com arbítrio dentro de uma área delimitada. Por exemplo, pode fixar responsabilidades e encargos a seus seguidores ou definir modos de realizar algumas tarefas, indicar a forma de solucionar problemas ou a maneira de cumprir determinadas missões, mas essas orientações rapidamente assumem caráter duradouro e acabam sendo estereotipadas pela tradição.

Os assessores pessoais em uma dominação baseada na tradição, segundo Weber, são muitas vezes recrutados de maneira puramente patrimonial, entre os favoritos do senhor, que os prefere por questões de confiança àqueles profissionalmente preparados para o desempenho de funções específicas, uma vez que, inobstante estes terem preparo técnico, não mantém com o superior, como aqueles, uma relação pessoal.

Todavia, explica Friedrich, tradição não é fetiche nem tradicionalismo, que seria a fossilização de uma prática ou de uma crença considerados bons somente pelo fato de terem sobrevivido por longos períodos de tempo. Pensar tradição dessa maneira é observar apenas um aspecto da sua realidade: o tempo, ignorando todos os outros. Nesse sentido reducionista, tradição é percebida como uma palavra pejorativa. Tradição tampouco deve ser confundida com ideologia, quando é consciente e deliberadamente transformada em instrumento de preservação ou de mudança de uma ordem social. Essas duas variantes do termo, tradicionalismo e ideologia, não passam de corruções da definição que, na sua pureza conceitual, é o elemento que possibilita a cultura e o seu refinamento em erudição, uma vez que até mesmo a ciência de um grupo social é o resultado de um entrelaçado de tradição e de desafios à tradição. A mudança e a transformação pressupõem um completo domínio da forma tradicional, pois é ela que define uma maneira de ser sem a qual o jogo social degeneraria em "luta de todos contra todos", segundo a lei da selva, em que tudo seria válido e o caos se tornaria rei, nas palavras de um velho contratualista.

A desatenção às tradições de um grupo social provocam reações muitas vezes amargas e contundentes em seus integrantes. Podemos fazer uso, para uma melhor compreensão desse fato, de uma frase de Edward Coke citada por Carl Friedrich explicando que "aquilo que foi requintado e aperfeiçoado por todos os homens mais sábios na antiga sucessão de eras e provado e aprovado por experiência contínua não pode, a não ser com grande risco, ser alterado e mudado."

Alteração e transformação abruptas em uma determinada realidade sem um fundamento sólido que justifique a mudança provoca reações fortes e deixa marcas indeléveis, como a própria frase de Coke deixa antever ao informar que o fenômeno da tradição, longe de ser estático, é uma construção de várias gerações que vem se requintando e se aperfeiçoando ao longo dos tempos. Tem, dessa forma, uma razão e uma inteligência por trás de cada uma das suas manifestações, mesmo que não seja fácil percebê-la, normalmente permanecendo obscura aos olhos de quem a observa ou mesmo a vivencia, mas que contribui muito intensamente para a coesão, a força e a integração do grupo social.

A partir do século XX, continua Friedrich, a palavra tradição foi dotada de uma conotação depreciativa. Chamar alguém de conservador ou tradicional significa rotulá-lo de "velho tonto", "homem fora das tendências modernas, científicas e progressistas". No entanto, tradição e modernidade, longe de serem conceitos dicotômicos, são conceitos que coexistem em uma relação dialética. A modernização de uma sociedade ou de um grupo social, um processo de democratização, por exemplo, para citar uma expressão que vive na boca das pessoas públicas atualmente, para que se realize sobre fundamentos sólidos e se consolide através do tempo, não pode ser imposto artificialmente de cima para baixo, mas é necessário que se desenvolva lentamente através da convivência dos "elementos congeniais da antiga sociedade às necessidades da nova". A tradição, dessa forma, deve ser levada em conta por ter sua importância em um processo de mudança eficaz. "Já se observou muitas vezes que até mesmo o ímpeto revolucionário mais violento fracassa politicamente no que se refere a alterar costumes populares altamente relevantes".

Ainda segundo Friedrich, a própria linguagem de um grupo social somente pode ser elaborada e transmitida às novas gerações por meio de uma tradição, entendida linguagem no seu sentido *lato*, não apenas a verbal, mas "os modos de comportamento, costumes e discernimentos" de um grupo social.

A força e a coesão de um grupo social tiram a sua seiva das suas tradições, pois são elas que dão origem à noção, no indivíduo, de que ele faz parte de algo muito maior do que as circunstâncias atuais e mesmo do que ele próprio. Ele se percebe, enquanto integrante do grupo, como um indivíduo dotado de personalidade e portador de direitos, e que esta condição de dignidade se deve mais ao grupo do qual faz parte do que às suas qualidades individuais, uma vez que estas são valorizadas em virtude da sua participação no grupo. Isso tem por efeito a produção de um sentimento nele de que ele, o indivíduo, tem a responsabilidade de conservar o que fora construído pelos seus antepassados e transmitir todo este legado que faz dele o que ele é àqueles que virão após ele. Esse sentimento de pertença e a consciência de que desfruta dos benefícios da sua condição de integrante do grupo vincula cada indivíduo ao grupo por meio de um compromisso pessoal caracterizado pelo sentimento de que seus direitos estão indissoluvelmente associados a um feixe de deveres correspondentes. Um grupo social que realiza a proeza de vencer o tempo deve ter sido capaz de incutir no indivíduo que o integra o sentimento de que pertence a algo maior do que ele, do que sua geração e do que as circunstâncias que vivencia na rotina do tempo presente.

Edmund Burke dá uma pista e um exemplo disso que acabei de falar ao informar que um grupo social que se mantém através dos tempos

> Deve ser encarado com outra reverência, porque não se trata de uma parceria em coisas inferiores apenas para a satisfação da grosseira existência animal de uma natureza efêmera e perecível. O Estado é uma associação que participa de todas as ciências, todas as artes, todas as virtudes e todas as perfeições. Como os fins dessa associação não podem ser obtidos [senão] em muitas gerações, torna-se uma parceria não só entre os vivos, mas também entre os mortos e os que hão de nascer.

Nikolai Berdiaev parece ter entendimento semelhante ao de Burke ao explicar que a vontade orgânica de um grupo social se revela em toda a sua trajetória histórica "pela forma da sua cultura geral", e não somente na superficialidade dos acontecimentos dos últimos momentos. Com efeito,

> Não se pode dar o nome de povo a esta geração humana, desenraizada do grande passado, agarrada a um farrapo de tempo, à só geração contemporânea, e não ainda toda ela, mas a algumas partes apenas dela, que se consideram árbitros dos destinos históricos. O povo é um grande conjunto histórico, compreende todas as gerações ligadas entre si, não apenas as vivas, mas também as do passado, as de nossos pais e de nossos avós.
> [...]
> Na vontade do povo, na sua vontade comum, na sua vontade orgânica, entram a *lenda* histórica e as tradições, a memória histórica das gerações passadas à eternidade.

3. Um olhar sobre o conceito de "autoridade"

O conceito de autoridade que vou apresentar agora, da mesma forma como apresentei o de tradição acima, é fruto dos estudos de Carl Friedrich. Segundo ele, a Revolução Francesa despertou nos intelectuais um sentimento de hostilidade em relação ao conceito de autoridade. A autoridade passou a ser vista como a fonte de muito mal, às vezes como a fonte de todo o mal. Este conceito ficou associado à superstição irracional, ao despotismo e à exploração. Autoridade e razão se tornaram conceitos antitéticos na modernidade.

Entretanto, Friedrich sustenta que a base da autoridade é a razão, pois uma autoridade é reconhecida como tal pela sua capacidade de elaborar uma comunicação racional, mesmo que esta comunicação não seja efetivamente realizada ou conscientemente percebida. Pensar diferente disso é confundir autoridade com poder, o que é um erro muito comum. A autoridade pode ser atribuída a pessoas, mas também a coisas, como a lei, uma pesquisa científica ou mesmo um dicionário quando desejamos saber o significado de uma palavra qualquer. Autoridade não é sinônimo de autoritário, pois a autoridade não está fundamentada no uso da força, sendo voluntariamente seguida por pessoas que a aceitam e acreditam na sua orientação, mesmo quando ela causa desconforto, no caso, por exemplo, de um soldado obedecendo a uma ordem do seu comandante no cumprimento da sua missão.

A origem da palavra autoridade, ainda segundo Friedrich, se relaciona com o conselho que não pode ser ignorado com segurança, a exemplo da recomendação que um médico dá a um paciente que sofre de uma doença grave. Podemos constatar isso no fato de que "há homens que seguem outros homens sem serem obrigados a fazê-lo" por alguma razão que faz com que eles creiam que isto seja o correto, o racional e o melhor a ser feito. A pessoa investida de autoridade ou tida como portadora deste atributo passa a ideia de que é capaz de apresentar razões que justifiquem suas decisões, caso houvesse a necessidade de fazê-lo ou lhe fosse exigido que o fizesse. O mesmo ocorre com uma coisa à qual se atribui autoridade, como a lei, o dicionário, a bula de um remédio, o manual de instruções de um eletroeletrônico ou as conclusões de uma pesquisa científica. Estas coisas são percebidas, sem que se exija ou seja necessária uma mínima prova, como que fundamentadas em uma razão lógica e concreta. Sempre que não houver a necessidade da apresentação desta prova de razão e houver pessoas que sigam outras sem o emprego da força ou do poder, ou a mera possibilidade do seu emprego, estaremos diante de uma autoridade.

Autoridade, explica Friedrich, não se confunde com legitimidade, pois esta se relaciona com a força aplicada corretamente e de maneira justa e aquela com a força exercida com a aprovação geral dos envolvidos, mesmo que dela não advenha um benefício visível ou que ela não esteja vinculada à realização da justiça. A legitimidade pressupõe um valor moral, uma decisão correta, o certo a ser feito, um sentido de justiça. A legitimidade outorga autoridade, mas pode haver autoridade sem legitimidade. A autoridade não depende da questão moral, da valoração do certo ou do errado a ser feito, mas da razão, do sentimento por parte de quem obedece de que aquele que está investido de autoridade, se desafiado, será capaz de produzir razões que justifiquem suas palavras e ações.

Todavia, em referência ao conceito de autoridade, Friedrich esclarece que a capacidade que tem o líder de produzir razões para suas decisões não pode passar de um sentimento da parte de quem é liderado, pois quando as pessoas começam a pensar na razão pela qual devem seguir alguém ou na capacidade que tem esse alguém de produzir razões para suas decisões, é porque esse alguém está prestes a perder a sua autoridade. A autoridade se fundamenta na crença de que, se desafiado, o líder se sairá bem na produção das razões, porém não se coaduna com a consumação do desafio pelo subordinado nem com sua consequente produção de razões pelo superior. Quando se chega a esse ponto, de ser necessário que as razões e as justificativas efetivamente sejam produzidas, isto é, quando o subordinado cogita da possibilidade de exigir do superior uma explicação para as suas decisões ou determinações, é porque a autoridade já se esvaeceu ou está a ponto de esvair-se.

Mas é importante entender que estou falando do pedido de explicações por parte de quem está sob a autoridade no sentido de provocar uma justificativa das decisões da parte de quem está investido dela, isto é, no sentido de pôr em xeque quem está investido da autoridade, não no sentido de o subordinado buscar uma melhor compreensão das diretrizes para uma mais acertada execução das determinações. Este último caso, muito comum no campo militar, não põe em xeque a autoridade; muito ao contrário, entremostra que, aquele que está sob a autoridade, ao aspirar a realização exata e da melhor forma possível daquilo que a autoridade determina, vê naquela pessoa a própria pessoa da autoridade.

Aqui podemos observar, na dicção de Friedrich, o fundamento da autoridade do especialista e daquele que é conhecido pela sua experiência, a exemplo do médico, do engenheiro e do advogado no primeiro caso e, no segundo, do sargento veterano que, em uma situação real de guerra, é investido, informal mas efetivamente, pelos soldados, da autoridade que, no tipo ideal da dominação racional-legal weberiana, seria exclusivamente do tenente, situação esta muito bem retratada no filme "*Platoon*".

Autoridade, assim, conforme explica Friedrich, é uma qualidade de comunicação eficaz. Comunicação não por meio de palavras, mas também por meio delas: um processo complexo que se desenvolve através de toda uma linguagem, na sua maior parte subliminar, pois não se percebe o fenômeno, nem suas causas, nem seus processos, nem suas consequências, ocorrendo apenas a submissão passiva a seus efeitos.

Prossegue informando que uma comunicação eficaz pressupõe o domínio da linguagem por meio da qual ela é feita; e linguagem, por sua vez, tem por matéria-prima os valores e as crenças de um grupo. Assim, a autoridade pode ser entendida como a capacidade que tem alguém em ganhar a aceitação de outrem através da elaboração racional de uma mensagem muito mais profunda do que a mera mensagem visível e percebida, porém tão somente sentida.

Autoridade entendida dessa forma, continua ele, é uma qualidade de comunicações subliminares dependente do domínio, normalmente não consciente, da linguagem de um determinado grupo. Sendo a matéria-prima da linguagem os valores e as crenças do grupo e estando estas explícita e implicitamente consolidadas nas tradições do grupo, "não pode haver autoridade sem tradição, nem tradição sem autoridade. Contudo, nenhuma delas é o oposto da razão, já que ambas dependem do discernimento racional."

A autoridade, prossegue Friedrich, sempre está presente nos grupos sociais, ela não é derrubada, como normalmente se diz, mas substituída. As transformações ocorridas nas crenças e nos valores, mesmo que ocorram de maneira gradual e imperceptível, significam mudanças nas tradições, e essas mudanças redundam na substituição de uma liderança por outra e no florescimento de uma nova tradição. A lealdade é um atributo que se alicerça na autoridade ou no amor. Quando fundamentada na autoridade, há o predomínio do aspecto racional e a consequência é o aumento da força coercitiva do poder. Quando o fundamento para a lealdade é o amor, predomina a emoção e, se por um lado, ocorre a sua intensificação, por outro, a situação se torna instável.

Friedrich ainda sugere que a família é a instituição na qual a autoridade se expressa de forma muito nítida, revelando suas características mais fundamentais. Um pai bem sucedido no desempenho da sua autoridade vai gradualmente substituindo o simples comando pela persuasão. Assim procedendo, desenvolve sua autoridade através de uma progressiva apresentação de razões, respondendo às perguntas, mesmo que não formuladas pelos filhos, "Por que?" e "Para que?". Todavia, muitas vezes, isso não será possível, pois, por falta de tempo, a situação poderá não permitir uma explicação pormenorizada para suas decisões. Ao invés do "porquê" e do "para quê", os filhos terão que se contentar com o "porque eu quero assim". Há, neste processo de desenvolvimento de autoridade, um entrelaçamento deste conceito com o de poder. Mas vai sendo progressivamente incutido nos filhos a ideia de que sempre há uma razão que fundamenta a decisão do pai, mesmo quando ela não é explicitada. Assim, a criança vai lentamente apreendendo o significado das ordens do pai e das regras da família, sendo eficientemente socializada na instituição familiar. Essa crença, de que sempre há uma razão, mesmo quando não é explicitada, proporciona um sentimento de inclusão, de "participação da pessoa que se está formando. Ela ajuda, por assim dizer, a formar essas regras e a fazer que também sejam suas. Assim, a disciplina é substituída por autodisciplina." Com efeito,

Se, por outro lado, o poder dos pais for usado sem essa crescente participação e discernimento por parte do jovem, então desenvolvem-se relações coercitivas que, privadas de autoridade, levam à destruição da família ou à destruição da personalidade.

A fundação das organizações e seus desenvolvimentos em instituições, quando estes ocorrem, sofrem processos semelhantes. O "fundador" da organização, esclarece Friedrich, encontra pessoas que seguem suas ideias e cooperam com ele na construção da organização. No início, é detentor de grande poder, pois ninguém conhece melhor a sua ideia do que ele próprio. Com o passar do tempo, entretanto, lhe será paulatinamente exigida a elaboração racional das suas opiniões. Se não demonstrar essa capacidade, será substituído por outros que demonstrem possuí-la.

Esses processos, prossegue o autor, revelam a estreita relação existente entre os conceitos de autoridade e valores, pois os valores vão sendo incutidos pela autoridade e absorvidos pelos participantes de uma maneira muito lenta e gradual, durante o processo de socialização do indivíduo ao grupo, como, por exemplo, os valores da verdade, da probidade, da lealdade e da responsabilidade. Uma vez estabelecidos estes valores para os integrantes de uma organização e neles incutidos através da socialização do indivíduo ao grupo, bastará àquele que detém o poder basear suas razões nestes valores a fim de ser reconhecido como uma autoridade.

Carl Friedrich explica que a transformação se torna possível e eficaz quando o inovador tem a compreensão dos valores da organização ou da instituição. É comum os líderes mais velhos e experientes ficarem perplexos ao perceberem que, em um dado momento, a autoridade de que foram por tanto tempo portadores se evapora e é transferida a uma nova geração que teve a capacidade de compartilhar dos novos valores emergentes a partir da compreensão dos antigos valores consolidados. As razões da velha autoridade deixam de fazer sentido para as novas gerações quando ela perde a capacidade de elaborar racionalmente o curso das ações que propõe dentro da nova linguagem que vem surgindo e se estabelecendo no grupo. Paralelamente a essa perda de autoridade pela velha geração, a autoridade emergente domina esta nova linguagem porque, sem perder a conexão com os antigos valores, antes, dominando-os, demonstra a capacidade de compartilhar dos novos sem parecer que estes venham de fora, oriundos de uma outra tradição, pois se introduzem através de um discurso familiar. É por isso que

> o declínio da autoridade e sua perda final, com o correspondente ganho e aquisição final de outra autoridade, estão ligados intimamente à transformação nos padrões de valores e de crenças. [...] o desvanecimento da tradição, quando esta se torna mais distante na memória, é por si mesmo um caso específico e inescapável de tal transformação de valores.

Uma tradição, ainda segundo o autor de *Tradição e Autoridade*, se fortalece através da sua ritualização, pois, ao ser transformada em um símbolo, ganha substância em apelo emocional. Porém, sustentar que o único significado de uma tradição reside no feito de ter sobrevivido no tempo, que isto ou aquilo é assim porque sempre foi feito dessa forma ou considerá-la sinônimo de fossilização, é reduzi-la a uma invenção convencional desprovida de toda a importância para a integração do corpo social de uma organização, instituição ou mesmo de um simples grupo de pessoas. É desconsiderar todos os demais aspectos da sua realidade e analisá-la exclusivamente sob a perspectiva do tempo.

Tradição, para qualquer grupo social, ainda em Friedrich, é muito mais que isso, não é uma mera invenção convencional que possa ser jogada no lixo sem que isto afete profundamente a base das relações sociais do grupo que a produziu. Tradição é a cristalização de valores e crenças e, assim, é o fundamento da autoridade, é o que diferencia a autoridade genuína da simples emissão de comandos que são observados por motivos outros que não a aquiescência consciente por parte dos que respeitam a autoridade na pessoa de quem a exerce. Reconhecer uma autoridade pela sua capacidade de elaborar razões para suas decisões e ações é enfatizar valores substantivos do grupo em oposição a uma aceitação baseada na ética formalista do comando.

A autoridade entendida dessa forma, elucida Friedrich, tem por consequência a formação da lealdade do indivíduo ao grupo, pois ela promove a identificação do indivíduo com os princípios grupais mais fundamentais. O discurso que defende uma abordagem livre de valores tem fracassado se seu objetivo é a integração de um grupo social, pois "os homens dão valor à sua vida, não meramente à sua existência física, mas também à sua vida comunal com todos os valores que ela implica e procura garantir." A mera existência física não é, forçosamente, o valor mais elevado. Os valores são a base de boa parte da autoridade e são carimbados na alma dos indivíduos através da sua cristalização em tradições. Estas têm embutidos, além da sua visível característica de permanência no tempo, comum e equivocadamente considerada a única dotada de relevância, os princípios, os valores e as crenças mais essenciais do *ethos* de um grupo social.

Os valores não são absolutos, não são relativos, nem são eternos, explica Friedrich; são reais, são desenvolvidos através da experiência da pessoa com o grupo no qual é socializada e do qual faz parte. "Certas experiências de valor são universais, como a da vida", mas muitas "outras experiências desse tipo são restritas e, assim, só podem servir como fundamento para a autoridade em esferas limitadas." A elaboração racional eficaz em uma constelação de valores poderá ser um fracasso em outra, mas sempre serão eles que proporcionarão a base para a elaboração racional do que constitui a autoridade, e eles sobrevivem nas tradições e se alimentam dos seus rituais. A tradição possibilita a transformação do poder simples em autoridade, haja vista que, conforme elucida o autor de *Tradição e Autoridade*,

> a transformação de valores, que ocorre, em grande parte do tempo, mais ou menos gradualmente e sem ser premeditada, gera autoridade (e também a destrói). Esse processo contínuo só pode ser explicado e compreendido se a autoridade for vista na perspectiva da capacidade para elaboração racional, já que o raciocínio é, pelo menos em parte, baseado em julgamentos de valor. Esses julgamentos de valor – fenômenos subjetivos – não devem ser confundidos com valores que são fenômenos objetivos. A autoridade depende dessa existência. Sua existência talvez seja manifestada mais vividamente na tradição. Assim, a tradição é um fator vital na eficácia da autoridade. Uma tradição forte [...] proporciona uma base firme para a autoridade. Se tal tradição for

debilitada ou, então, regidificada pelo dogmatismo – as duas coisas andam juntas – a autoridade desintegra-se.

4. Tradição, autoridade e linguagem

Os grupos sociais que se organizam com a finalidade de atingir um objetivo de alguma forma complexo e que deva ser mantido por um período relativamente longo em um determinado estado, na sua trajetória para atingi-lo e mantê-lo na forma pretendida, desenvolvem modos de relações sociais específicos. Esses modos de relações sociais específicos vêm à existência em função da dinâmica própria de um grupo social determinado dentro de uma dada realidade. São modos de relações que necessariamente devem ser apreendidos por todos os integrantes daquele grupo bem como interiorizados nos que nele ingressam, oriundos de outros meios, a fim de que este grupo possa qualificar-se como um grupo singular, distinguindo-se dos demais e individualizando-se dentro da sociedade mais ampla que o concebeu.

Estou me referindo aqui a elementos sociais que passam a ter significados específicos para grupos sociais bem delimitados. Na medida em que estes elementos portadores de significado vão sendo desenvolvidos e se tornando mais complexos, mais estáveis, comuns a todos os seus integrantes e obrigatoriamente transmitidos aos iniciantes, estaremos diante de uma organização social. A prosseguir no seu desenvolvimento, transmitindo e interiorizando nos indivíduos estes significados de maneira que eles se sintam, eles próprios, seus legítimos portadores, de sorte que os significados do grupo sejam percebidos pelos indivíduos que o integram como se deles próprios fossem, ao mesmo tempo em que estes significados se tornam valores, a organização se constrói em instituição.

O Exército Brasileiro é, hoje, nesse sentido, uma instituição forte, entendido esse conceito como aquela instituição que molda, de forma muito contundente, o caráter do seu integrante segundo sua imagem e não o contrário, isto é, impregna no seu integrante a sua marca como a água que corre molda o leito de um rio. Em sua trajetória, desde muito cedo na formação da Nação brasileira, ainda no Segundo Império, o Exército já vinha desenvolvendo esses elementos sociais dotados de significados próprios, para si e para seus integrantes.

Um conceito que parece fundamental nessa trajetória do Exército, trajetória que proporcionou seu desenvolvimento de organização em instituição muito prematuramente, em concomitância à formação da própria Nação, que parece mesmo expressar-se através daquilo que o próprio Exército define como seus pilares fundamentais, a hierarquia e a disciplina, é o conceito de autoridade. E autoridade, tradição e linguagem são conceitos que caminham juntos.

Os grupos sociais que se desenvolvem a ponto de se tornarem instituições, necessariamente vencem uma longa etapa de organização, normalmente espontânea, durante a qual é construído todo um universo cultural próprio. Inobstante este universo cultural próprio estar inserido em uma sociedade mais ampla, e nela integrado, ele somente poderá ser objetivamente diferenciado dos demais universos culturais, ter uma identidade, podendo caracterizar, assim, a existência, ali, de uma instituição, se houver desenvolvido uma linguagem própria que, ao mesmo tempo em que seja comum a todos os seus integrantes, seja também capaz de diferenciá-lo dos demais universos culturais da sociedade mais ampla.

Carl Friedrich explica que a linguagem é um fenômeno transmitido de geração a geração através da tradição. E foi por meio dela, da linguagem, que a humanidade construiu sua trajetória tal qual é conhecida. "O homem não poderia ser o que é sem uma tradição através da qual ele aprende uma linguagem e, por conseguinte, não apenas palavras, mas também modos de comportamento, costumes e discernimentos."

Linguagem aqui significa, portanto, toda forma de comunicação que se opera dentro de um universo cultural específico, universo este identificado justamente pelos significados precisos que adquirem as formas pelas quais se realizam as relações sociais. Esta precisão de significados, por ser exclusiva daquele universo específico, é o que dá identidade àquele grupo social e pode fazer com que ele venha a se qualificar como um *locus* privilegiado, isto é, uma instituição.

A linguagem de uma instituição, portanto, não se limita à comunicação verbal, falada ou escrita, como o senso comum normalmente a compreende, mas como um fenômeno imanente a qualquer grupo social. Qualquer grupo social organizado, mormente o que se erige em organização ou instituição, necessita desenvolver um universo cultural dotado de uma linguagem própria composta de elementos sociais portadores de significado para aquele grupo social em específico.

Assim, compõe a linguagem de uma instituição toda manifestação que, por mais ordinária e rotineira, possa ser a expressão de valores e crenças, atitudes e comportamentos, sentimentos e percepções, opiniões leves e opiniões graves, tabus e mitos, temores e destemores, conceitos de belo e feio, bom e mal, desejável e repugnante, heroico e vergonhoso, elogiável e repreensível, sagrado e profano...

A linguagem de uma instituição compõe-se de todo um sistema de símbolos que a singularizam. Sistema de símbolos este provido de elementos materiais e imateriais dotados de significados profundos, como gestos e posturas, expressões fisionômicas e olhares, jargões e acentos, ritmos e musicalidade do corpo e da voz, espaços físicos e espaços imaginários, tempo sentido e tempo percebido, mesuras e sinais de respeito, descortesias e manifestações de desapreço, ações e omissões, palavras e objetos, ritos e cerimônias, formais e informais. Tudo isto e muito mais, cada qual carregado de significados profundos não apreensíveis *a priori,* mas que, uma vez identificados, muito têm a falar acerca daquele grupo social singular.

Uma instituição se constrói por meio da construção de um universo cultural próprio que, em essência, se caracteriza pelo desenvolvimento de uma linguagem peculiar composta de todos os elementos portadores de significados para aquele grupo social em específico, isto é, por todos os símbolos que compõem o seu sistema simbólico, transmitidos e continuamente reforçados pela tradição daquele grupo.

Estudar uma instituição pode ser, portanto, tentar extrair significado desses elementos que compõem sua linguagem, ou seja, estudar o seu sistema simbólico. Descobri-lo, desvendá-lo, decifrá-lo e interpretá-lo justamente onde ele menos parece portar significados, nas suas manifestações mais simples e corriqueiras do dia a dia, pois são nestas ocasiões que ele se revela de maneira mais espontânea e franca, ingenuamente desarmado, portanto; porquanto são nestas ocasiões que ele se revela através de manifestações que, por sua habitualidade e trivialidade, não têm, em si, consciência dos profundos e reveladores conteúdos de que são portadoras. E como os elementos do sistema simbólico de uma instituição são os instrumentos que permitem a esta instituição apreender a sua realidade, podemos, através da compreensão deles, compreender a realidade da própria instituição. E isso parece possível porque estes elementos simbólicos funcionam como instrumentos de mediação entre os fatos e a compreensão destes fatos por aquela instituição.

Bem por isso, os elementos do sistema simbólico de um grupo social bem delimitado, ao se realizarem no mundo real, desempenham ùma dupla função: ao mesmo tempo em que manifestam, fazendo vir à tona, os significados mais profundos daquele grupo social, interiorizam e reforçam estes mesmos significados em todos os que deles participam. Por isso o sistema simbólico de um determinado grupo social, ao mediar a apreensão da realidade pelos seus integrantes, conforma suas visões de mundo e, em consequência, molda a forma de ser de cada um deles.

A interiorização e o contínuo reforço desses significados se fazem por meio daquilo comumente chamado de tradição. Carl Friedrich explica que a palavra tradição tem suas raízes no latim, *tradere,* que significa transferir ou entregar. Sua origem, conforme vimos acima, é religiosa, e comporta o entendimento de que as palavras do próprio fundador ou do chefe, isto é, daquele investido de autoridade, "precisam ser transferidas e entregues de geração em geração." Lembra que Adolf Harnack referiu-se à tradição como "a entrega de um depósito precioso, cuja fonte é considerada divina, a uma pessoa especialmente escolhida", de maneira que "carisma e tradição não são conceitos necessariamente contraditórios".

A tradição, ainda segundo Friedrich, possui uma função vital no corpo político, pois proporciona a base para a comunicação e para a argumentação necessária a uma integração eficaz. A tradição varia, na sua importância, de um grupo social para outro, porém não resta dúvida, nas Ciências Sociais, de que um indivíduo só pode ser concebido dentro da tradição. Mesmo a individualidade não pode prescindir dela, pois "desenvolve-se numa pessoa que aceita certas características dos valores e das crenças tradicionais para a sociedade em que ela nasce, rejeitando outras."

Observamos, assim, que uma instituição forte interioriza e reforça em seus integrantes, através da tradição, os elementos que compõem sua linguagem própria, moldando neles sua visão de mundo ao mesmo tempo em que coíbe a manifestação das individualidades, a livre aceitação ou rejeição "dos valores e das crenças tradicionais" da Instituição. Faz isso por meio de intensos e contínuos processos de socialização sobre os seus membros, de maneira a caracterizá-los individualmente como aqueles que verdadeiramente lhe pertencem, portadores "dos valores e das crenças tradicionais" da instituição. Tornam-se, assim, ostensivamente portadores de todos os valores, crenças, atitudes, comportamentos, sentimentos, percepções... institucionais, perfeitamente integrados ao universo cultural da instituição e eficazmente inseridos em sua linguagem peculiar, onde passam a transitar com tanta facilidade e flexura que, ao menor contato com integrantes de outros grupos sociais são rápida e facilmente, através de suas ações, omissões, posturas e pensamentos, identificados como integrantes daquela instituição da qual fazem parte.

Nesse sentido, o Exército Brasileiro é, sem dúvida, uma das instituições mais fortes do país. E justamente por isso entendo que a tentativa de extrair significados das manifestações que se operam no dia a dia da vida institucional, por mais banais e pueris que possam parecer essas manifestações, constitui-se em um poderoso instrumento metodológico de compreensão sociológica desta instituição.

Carl Friedrich explica que a palavra autoridade em si tem pouca importância. O que interessa é "a coisa a que ela se refere" para os integrantes da Instituição que se quer estudar. A palavra em si pode significar muitas coisas, mas, "a que fenômeno específico [para os integrantes do Exército] nos poderíamos referir ao falarmos de autoridade?" O que significa, para o nosso público, o fenômeno incontestável de que "há homens que seguem outros sem serem obrigados a fazê-lo"?

Podemos, assim, através da análise de manifestações rotineiras das relações institucionais, esclarecer com maior precisão o significado do *conceito de autoridade* para o Exército Brasileiro e, por conseguinte, para os seus integrantes, os militares.

O Exército Brasileiro parece ser uma instituição forte pelo fato de saber interiorizar, muito eficientemente, nos seus integrantes, através da tradição, seus valores e suas crenças, seus sentimentos e suas percepções, suas atitudes e seus comportamentos, suas opiniões e suas interpretações, enfim, sua visão de mundo e sua linguagem.

O "bom militar" é aquele que compreende a linguagem da Instituição e nela transita com facilidade e flexura. Tanto melhor será considerado o militar quanto maior for a sua aptidão para absorver e viver a linguagem da Instituição. Para ser percebido com "bom", portanto, o militar necessita compreendê-la e apreendê-la, adotá-la como se sua fosse, transitando nela e por meio dela com exclusividade, vontade pessoal e eficiência. O bom militar tem a linguagem da Instituição interiorizada em si mesmo, fazendo parte da sua própria personalidade, de maneira que não exista mais o homem dissociado do militar que nele se construiu e nele reside. O homem e o militar em unidade se desvela no que nos versos de Camões se revela:

> Transforma-se o amador na cousa amada,
> Por virtude do muito imaginar;
> Não tenho logo mais que desejar,
> Pois em mim tenho a parte desejada.

> Se nela está minha alma transformada,
> Que mais deseja o corpo de alcançar?
> Em si somente pode descansar,
> Pois consigo tal alma está liada.

> Mas esta linda e pura semideia,
> Que, como o acidente em seu sujeito,
> Assim co'a alma minha se conforma,

Está no pensamento como ideia;
[E] o vivo e puro amor de que sou feito,
Como matéria simples busca a forma.

É nesse sentido que se diz rotineiramente na caserna que "a farda é uma segunda pele." A Instituição molda a personalidade do seu integrante à sua visão de mundo de forma tão eficiente, especialmente a do oficial formado pela Academia Militar das Agulhas Negras (AMAN), que não há mais como se desvendar o homem sem ao mesmo tempo se revelar o militar. Duas figuras que, homem e militar, na caserna, se fundem em uma única: o Oficial de AMAN.

O Oficial de AMAN é o militar sobre o qual, com maior cuidado e eficiência, a Instituição trabalha a interiorização da sua linguagem. E dá a ele plena consciência disso, laureando-o de prestígio na mesma proporção em que lhe impõe a responsabilidade correspondente de não somente manifestar e conservar, mas também a de transmitir às gerações mais modernas e aos integrantes dos demais níveis hierárquicos todos os valores da Instituição. São, assim, os guardiães da linguagem institucional.

Robert Michels já ensinava que toda organização forte tende a desenvolver uma aristocracia. Somente um grupo de profissionais selecionado e, o que é mais importante, trabalhado para dirigi-la e representá-la, será capaz de conduzir os passos dessa organização no sentido de não somente promover seu fortalecimento de maneira contínua, mas também conservar sua força em face de pressões dissociantes, externas e internas. Isso ocorre porque, para se tornar forte, uma organização, por motivos de técnica administrativa, táticas e mesmo estratégias de desenvolvimento, necessita de uma direção forte. E, em contrapartida, se não se fortalece, não desenvolve, concomitantemente, a capacidade de formar uma equipe dirigente forte e coesa. "Se uma organização é frouxa e vaga, torna-se impotente para dar nascimento a uma direção profissional."

A Instituição Militar demonstra haver compreendido essa questão e se precavido muito eficientemente dos seus efeitos, como bem explica Charles Wright Mills:

A ordem militar, antes uma frágil organização num contexto de desconfiança alimentado pelas milícias estaduais, passou a ser a mais ampla e mais cara das facetas do governo, e, embora bem versada no sorriso das relações públicas, tem agora toda a impiedosa e rude eficiência de um domínio burocrático em expansão.

Por esse motivo, o oficial de carreira formado pela AMAN é, neste livro, tomado por paradigma na tentativa de entender o militar integrante do Exército e o próprio Exército. Nele, podemos observar em maior intensidade as características que a Instituição quer ver ressaltadas naqueles que compõem seus quadros. Assim, o Oficial de AMAN é, de uma maneira geral, o exemplo do militar mais próximo do ideal institucional, aquele em quem a Instituição vai desenvolvendo ao longo dos anos a aptidão e a capacidade de representá-la legitimamente e, no devido tempo, dirigi-la.

Para isso, este militar é trabalhado por décadas para assumir as principais funções institucionais: assessorar as mais importantes decisões, compondo os Estados-Maiores; comandar suas Organizações Militares; atingir os mais elevados postos da carreira e, dentro de um universo de oficiais de AMAN selecionado ao longo de quase quatro décadas de capacitação e exigências de ostensivas demonstrações de apreensão dessa capacidade, ser escolhido, juntamente com uns poucos muito bem sucedidos, para atingir o generalato e, vencendo processos seletivos cada vez mais rigorosos, galgar os três postos de oficial-general, chegando a general-de-exército, quando passa a integrar a mais poderosa cúpula da Instituição, o Alto-Comando do Exército, de onde sai, após mais de cinco décadas de trajetória muito bem sucedida, o comandante do Exército, seu maior representante, guardião supremo, juntamente com os demais generais-de-exército, do capital simbólico herdado dos patronos, especialmente Caxias e Osorio.

Robert Michels atenta para o fato de que o

despotismo dos chefes não decorre apenas de um amor vulgar pelo poder e de um egoísmo imoderado, mas também da consciência do seu próprio valor e dos serviços que eles prestaram à causa comum. A burocracia mais fiel a seus deveres e mais competente será também a mais autoritária.

Observamos, assim, que um general realmente é dotado da capacidade para representar a Instituição. Foi preparado para isso durante toda a sua vida, desde tenra idade, quando ingressou, ainda adolescente, na Academia Militar das Agulhas Negras (AMAN). Ao longo das décadas, vai sendo continuamente preparado e lhe vão sendo exigidas sobejas provas de apreensão desse preparo, para, um dia, legitimamente representar e comandar a Instituição.

A tradição da Instituição, portanto, não se encontra alicerçada somente no seu Sistema de Ensino, que é, sem dúvida, um elemento fundamental para a manutenção da coesão e da identidade do Exército. Potencializando a capacidade de moldar a personalidade de seus integrantes por meio do seu Sistema de Ensino, a Instituição promove uma combinação desse Sistema com a trajetória de cada oficial na carreira, o que maximiza sua aptidão em conservar suas tradições ao mesmo tempo em que minimiza os efeitos de influências externas.

Observamos, portanto, que esta combinação *Sistema de Ensino do Exército – trajetória na carreira do oficial* se constitui em um instrumento que tem por efeitos tanto proteger a tradição quanto dificultar a influência de valores alienígenas. Os valores institucionais é que, ao contrário, rompendo os limites do campo militar, inundam as demais esferas da vida dos militares, fazendo com que eles interpretem o mundo pelas lentes da Instituição, conforme explica Charles Wright Mills:

> em virtude de seu preparo e experiência, os militares profissionais acreditam firmemente na definição militar da realidade mundial e, assim sendo, devido aos novos e terríveis meios de violência e à omissão tímida da diplomacia civil, sentem-se genuinamente receosos pela sorte de seu país. Os mais convictos e, em seus termos, mais capazes, se sentirão frustrados com o papel de técnicos rigorosamente apolíticos da violência. Além disso, muitos estão profundamente envolvidos, sendo impossível para eles adotar a solução de agir como soldado.
> Em termos dessa situação é que devemos compreender a atuação política dos senhores da guerra, e a grande influência que os militares exercem atualmente dentro da elite do poder na América.

Supõe-se que devam ser meros instrumentos dos políticos, mas os problemas que enfrentam exigem, cada vez mais, decisões políticas. Tratá-las como "necessidades militares" é, sem dúvida, entregar a responsabilidade civil, ou talvez mesmo a decisão, à elite militar.

Mills ainda alerta para um fato que hoje pode ser claramente observado na realidade brasileira. A interferência militar na política se faz mais pela ação dos civis que pela iniciativa dos militares. Estes, quietos nas suas atividades dentro dos quarteis, onde se sentem bem e de onde não querem sair, têm sido continuamente expostos a problemas e questões em relação aos quais prefeririam que fossem esquecidos. Com efeito, tal "como a política se infiltra no exército, também o exército se infiltra na política. Os militares se estão tornando políticos, de um lado, pela omissão civil, e de outro, pelas críticas civis às decisões militares."

E a isto soma-se o fato de que o oficial tem desenvolvido em si, desde o início de sua carreira, quando ingressa no Exército por meio da Academia Militar das Agulhas Negras (AMAN), um conceito que orientará toda a sua existência e sua forma mesmo de ser: o conceito da autoridade. Conceito desenvolvido continuamente ao longo da formação e da trajetória na carreira do oficial, que passa a compor sua personalidade sem que perceba, manifestando-se, muitas vezes, por meio da sua quase obsessão pela ordem e pela valorização da tradição.

Observamos, assim, que tanto a ordem quanto a tradição, tão caras ao militar e sempre associadas ao bom, ao correto, ao desejável, ao normal, ao justo, ao belo, ao dever, são expressões diretas da dignidade que o oficial confere ao princípio da autoridade.

A frase "Cadete! Ides comandar, aprendei a obedecer", é um bom exemplo de como o Exército dignifica e interioriza, desde muito cedo, na personalidade de um jovem destinado à carreira do oficial, o princípio da autoridade. Estampada em letras douradas e garrafais no Pátio Marechal Mascarenhas de Morais (P3M) para algumas gerações de oficias, ou Pátio Ten Moura (PTM) para outras, exatamente em uma posição elevada e de destaque, para onde converge o olhar de todos os militares em forma, é ostensivamente vista por todos os cadetes da AMAN pelo menos três vezes por dia durante os quatro anos de formação.

Isto ocorre pelo fato de ser este o principal Pátio de formaturas da Academia, aquele no qual todo o Corpo de Cadetes entra em forma, isto é, se reúne, como um todo, as quatro turmas dos quatro anos, juntas, para, daí, ingressarem no refeitório, todos os dias, antes de todas as refeições: café, almoço e janta. E dentro de um dispositivo organizado de maneira a obrigar que o olhar de todos esteja sempre voltado para esta frase.

Este Pátio, protegido pela mística da tradição, somente pode ser utilizado durante as formaturas oficiais. Um militar somente pode por ele transitar, pisar as suas lajes consideradas invioláveis, nesses momentos solenes que, inobstante diários e rotineiros, têm ocasião certa e procedimentos precisos. Ocasiões que têm hora de início e de término e nas quais cada procedimento está rigorosamente regulado. O cadete somente pode adentrar o Pátio para participar de uma cerimônia carregada de significados, como sói acontecer com qualquer ritual. Infelizmente, tenho constatado que esta tradição de uso do Pátio tem esmorecido nos últimos tempos, mas quero crer se tratar de um modismo disruptivo da pós-modernidade, como é tudo o que vem dela, que não prosperará no campo militar.

Este Pátio é, ainda, o local destinado às formaturas mais significativas para o Corpo de Cadetes. Algumas comemorativas, nas quais todos os militares, cadetes e oficiais instrutores, cada um enquadrado em seus escalões de comando nos locais correspondentes à sua situação hierárquica e funcional dentro daquele grande dispositivo militar, se reúnem diante de uma autoridade, algumas poucas vezes, o Presidente da República, outras nem tão poucas, o general comandante da AMAN, outras ainda, amiúde, o coronel generalável comandante do Corpo de Cadetes. Nestes momentos solenes, a figura da autoridade é exaltada diante de todos os participantes.

É o Pátio onde são realizadas as duas formaturas anuais mais importantes da Academia: a Formatura do Espadim, em agosto, para o 1º ano, e a Formatura da Espada, em dezembro, para o 4º ano. Formaturas não raramente presididas pelo Presidente da República, quando este é homem que honra a farda, ou pelo Ministro da Defesa, com, no mínimo, a presença do Comandante do Exército.

Na primeira, os cadetes do 1º ano, após mais de meio ano de socialização à rotina do cadete e mais de ano e meio da formação de um Oficial de AMAN, ao serem considerados, e se considerarem a si mesmos, dignos de ostentarem o título de "cadete", recebem o Espadim de Caxias, "arma distintiva utilizada pelos cadetes" que representa "a servidão militar dos futuros oficiais". O espadim é o símbolo que expressa "o atributo mais importante do cadete, primeiro troféu a ser conquistado e o último a ser devolvido para o Exército." Trata-se de uma "Miniatura do sabre do Marechal-de-Campo Luís Alves de Lima e Silva, ex-cadete e pilar sustentáculo da nação independente", representação máxima da autoridade, da ordem e da tradição para o Exército Brasileiro. "Sabre heroico, forjado em vitórias magnânimas, sem traços de prepotência, arrogância ou revanchismo", o legítimo símbolo do princípio da autoridade e representante idealizado da própria autoridade na perfeição dos seus atributos.[17]

O Espadim, símbolo de uso exclusivo do cadete, "é a cópia da Espada usada por Caxias como General, somente desembainhada uma vez – na Ponte de Itororó, para exortar suas tropas com o brado: *Sigam-me os que forem brasileiros!'"*. É o verdadeiro "símbolo da honra militar, por sua invencibilidade e por representar o patriotismo, a cultura, a energia, a bravura e a bondade do Patrono do Exército, que foi o exemplo vivo de todas as virtudes militares." É entregue ao cadete do 1º ano desde 1932, em exuberante cerimônia, na qual, desde aquela época até aos dias de hoje, seu usuário tem a honra de proferir o solene juramento: *"Recebo o sabre de Caxias como o próprio símbolo da Honra Militar!".*[18]

A segunda formatura anual de grande significado realizada nesse Pátio é a Formatura da Espada, quando da conclusão do curso de formação pelo 4º ano, ocasião na qual o cadete entrega o seu espadim e, ao ser declarado aspirante, recebe a sua espada de oficial, símbolo de comando, de tradição e de autoridade militar, que ostentará durante toda a sua carreira.

Esse pátio localiza-se no centro do Conjunto Principal da

---

[17] *O Espadim*, 2014.

[18] Ibid.

Academia, em local de destaque, circundado por todas as edificações da construção original da AMAN, concluída em 1944.

Observamos, assim, que uma grande variedade de representações simbólicas, todas sobrepostas e talentosamente orquestradas, têm por finalidade, e por efeito, desenvolver no futuro Oficial de AMAN a mais completa reverência, admiração e submissão à autoridade, introjetar nele o valor da tradição e inculcar o sentimento da ordem.

Autoridade menos instituída que merecedora desse atributo. Trata-se de uma autoridade que é instituída porque merece ser autoridade. Pois a autoridade, além de instituída, é construída, não "cai de paraquedas", como se fala no jargão militar, mas trilha uma trajetória certa, precisa, proba, difícil: não a trajetória do prazer ou da vontade pessoal, mas a do dever. E sobrevive nela e a ela, chegando a um *locus* de honra, onde reina "a Verdade, a Probidade, a Lealdade e a Responsabilidade", os quatro valores que o cadete, desde o momento em que adentra a Academia, já no período de adaptação, no qual ainda não ostenta este título, vê, lê e ouve em todos os locais e momentos, em placas, nas paredes e nas falas dos instrutores e cadetes mais antigos. Os quatro valores que um candidato, como é chamado no período de adaptação, é obrigado a decorar e continuamente repetir. Por isso, deste o início ao final, da adaptação à declaração a aspirante, do espadim à espada, e, a partir daí, por toda a vida, a frase "Cadete! Ides comandar, aprendei a obedecer" não deixa incólume o coração de um Oficial de AMAN. Em qualquer fase da sua carreira, em qualquer época da sua vida, esta frase tem tanto a lhe dizer quanto dele a revelar.

Esta frase retrata bem o fato de que o cadete é levado a crer que nada lhe é gratuitamente dado, tudo é por ele pessoalmente conquistado. Primeiro tem que obedecer para, somente depois, estar apto a comandar. E a obediência é o único caminho possível nessa habilitação para o comando. Não há mérito se não houver esforço, não há honra se não houver conquista, não há autoridade que não tenha vencido grandes dificuldades. Não há autoridade que não tenha, antes, se submetido com perfeição à própria autoridade.

As autoridades militares idealizadas, todas elas, foram heróis de grandes batalhas. Se não nos teatros de operação, como nas refregas da Campanha do Paraguai ou nos campos da 2ª Guerra

Mundial, na proteção da Nação, muitas vezes, protegendo-a dela mesma. É ensinado ao cadete que nada deve esperar em troca. A recompensa, se não estritamente dentro do caminho do dever, caracterizado pelos valores militares da laboriosidade e da frugalidade, servem-lhe como demérito. O mundo militar é, assim, um mundo dentro do mundo, distinto do mundo que o circunda e considerado, pelo militar, mormente pelo Oficial de AMAN, como aquele mundo que mais se aproxima do mundo perfeito, ideal, conforme já ensinara Charles Wright Mills:

Nesse mundo militar, debate e persuasão não são premiados: obedece-se ou ordena-se, e os assuntos, mesmo sem importância, não devem ser resolvidos pelo voto. A vida no mundo militar, portanto, influencia o espírito na apreciação de outras instituições, bem como da sua. O senhor da guerra frequentemente vê as instituições econômicas como meios de produção militar, e a grande empresa como uma espécie de estabelecimento militar mal dirigido. Em seu mundo, os salários são fixos, os sindicatos impossíveis. Vê as instituições políticas como obstáculos corruptos e quase sempre ineficientes, cheias de criaturas indisciplinadas e brigonas. E por acaso se sentirá feliz, ao ver civis e políticos fazerem papeis de tolos?

E não somente por ser o seu mundo privado, isto é, o seu *habit*, delineado pela linguagem na qual fora tão bem instruído, mas também por ser um mundo superior, o mundo da laboriosidade e da frugalidade, no qual se trilha o caminho do dever. Este é o local onde o militar, ao mesmo tempo em que se sente livre, se sente mal quando o pensa invadido por qualquer pessoa que não faça parte dele. Conforme salienta Carl Friedrich, existe uma tradição nos exércitos segundo a qual, dentro do seu mundo, "os comandantes militares têm a possibilidade de exercer um extenso critério para alcançar um objetivo que foi estabelecido." E, por isso,

Os militares têm, nessa tradição, uma tendência para se ressentir da interferência civil no seu trabalho. Sentem que, pelo fato de estarem encarregados da defesa de seu país, quaisquer meios capazes de servir a esse objetivo capital são válidos. Os críticos, no Congresso, de tais atividades militares são vistos no mínimo como sem patriotismo. Sessões secretas ante comissões do Congresso poderão proporcionar uma medida de controle ex post facto que, por reação antecipada, poderá induzir os militares a evitarem certos tipos de atividade. Todavia, tais limitações a sua autoridade discricionária são invariavelmente ressentidas pelos militares, que sentem que sua capacidade para elaboração racional não deveria ser questionada assim por pessoas que não sabem "como as coisas são".

Só se entra legitimamente neste mundo pelas portas certas. O jovem, ao chegar à AMAN, mesmo oriundo da Escola Preparatória de Cadetes do Exército (EsPCEx), já com um ano de formação de oficial na condição de militar plenamente ambientado à Instituição, durante todo o período de adaptação na Academia, período de cerca de 40 dias de internato no qual lhe é apresentada a rotina acadêmica de forma intensa e ininterrupta, não tem o direito de ostentar o honroso título de "cadete". E é disso diuturnamente lembrado pelos cadetes mais antigos selecionados para trabalhar com ele neste período, adaptando-o à rotina acadêmica e servindo-lhe de exemplo. E também pelos oficiais instrutores, que ostensivamente lhe vetam o título de "cadete" ao mesmo tempo em que exaltam as virtudes dos que têm a honra de ostentá-lo.

Somente após vencer esse difícil período, no qual tem por "graduação" a alcunha de "candidato", quer dizer, "candidato" a cadete, alcunha persistentemente repetida por todos os que já venceram um dia esta humilhante fase, quer sejam cadetes quer sejam oficiais, pode o jovem gloriar-se no título de cadete. E isto se dá através de uma cerimônia rica em significados, na qual o "candidato", com seu uniforme de aluno da EsPCEx, entrando em forma do lado de fora da Academia adentra seu Portão Monumental, atravessa o "retão", trajetória de 800m que, cruzando o Campo de Marte, conduz do portão Monumental ao Conjunto Principal, despindo-se de seus antigos trajes e orgulhosamente vestindo pela primeira vez sua farda de cadete, entra novamente em forma, desta feita, no Pátio de formaturas, no seu dispositivo dentro do Corpo de Cadetes, com as demais turmas de cadetes mais antigos do 2º, 3º e 4º anos, sendo, pela primeira vez, chamado de cadete, e considerado, por todos e por si mesmo, um verdadeiro cadete.

Esse ritual de passagem, em um mês e meio, incute naqueles que estão ingressando na AMAN o sentimento do quão honrável é ser chamado de cadete. Esse período desenvolve no "candidato" o desejo de livrar-se desta depreciativa alcunha, instigando nele o anseio pelo momento em que poderá ostentar o título de "cadete", que passa a ser percebido como uma qualificação honrosa. É por isso que esse título é valorizado antes mesmo do momento da sua conquista. O "candidato" é eficientemente preparado para isso, pois o direito de ostentar esse título é, de fato, considerado uma verdadeira conquista da qual o cadete se sente merecedor. Não em função de haver sido bem sucedido em um concurso público ou de estar iniciando uma carreira importante, mas por ter vencido uma grande dificuldade: o período de adaptação. Período difícil, cansativo, penoso, sofrido, cheio de privações, no qual lhe foi ensinado o valor do título que por mérito passa a ostentar.

Aprende de seus superiores, cadetes mais antigos e oficiais instrutores, nessa fase de adaptação, que, na República, existem somente dois títulos, legal e oficialmente mantidos, o de cadete e o de general. Sim, muito cedo na carreira, o "candidato" a cadete aprende que somente cadetes e generais têm títulos. A praça tem graduação; o oficial, posto. O cadete tem algo em comum com o general, e algo que lhes é exclusivamente comum: somente eles dois possuem um título. Por isso, tanto o general quanto o cadete, ao assinarem os seus nomes, escrevem-nos precedidos por "Gen" ou "Cad", isto é, Gen Fulano, Cad Beltrano. Privilégio não permitido a nenhum outro posto ou graduação no Exército, cuja identificação vem sempre após o nome: Fulano – Cel, Sicrano – 2º Sgt. Prerrogativa simbólica, porém de grande significado, este fato é muitas vezes lembrado na Academia por meio da frase "o cadete tem uma coisa que somente um general possui: um título". Ao cadete é ensinado que, no momento da sua declaração a aspirante-a-oficial, perderá o seu título e somente poderá novamente ostentar um título por ocasião da sua promoção a general-de-brigada, 30 anos mais tarde.

E, conforme já observamos, a autoridade de um general ou a de um comandante é bem distinta, no imaginário do militar, da autoridade de um civil. O general, entre 40 e 50 anos à frente do cadete, trilhando com brilhantismo o caminho que deve percorrer uma autoridade, a trajetória do dever, personifica a própria autoridade: legítima, verdadeira, imaculada, conforme esclarece Carl Friedrich:

> a autoridade parece derivar do fato de que a pessoa que exerce a autoridade possui um conhecimento, um discernimento ou uma experiência superiores. A autoridade reside nesses dons, que são acompanhados pela capacidade da pessoa para dar razões extensas para aquilo que decide dizer ou fazer. Essas razões poderão não ser demonstráveis conclusivamente para que tal raciocínio seja autoritário. Na realidade, só quando não são demonstráveis é que há autoridade no sentido estrito em questão.

Observamos, assim, que o início da carreira do Oficial de AMAN, mesmo que isso não tenha sido conscientemente planejado, faz vislumbrar as possibilidades do seu desenvolvimento. O título, elemento comum ao cadete iniciante e ao general autoridade, funciona para o iniciante como um conselho à interiorização dos valores, ao domínio da linguagem e o nela transitar com sabedoria, observando suas regras e seus limites, que lhe hão de conformar uma visão de mundo e uma forma peculiar de pensar: a do Oficial de AMAN.

Oficial de AMAN: oficial da carreira do general, oficial generalável; reverente à autoridade; entranhado pela tradição; obsequioso pela ordem; dominando, como ninguém, a linguagem do campo militar e, por isso mesmo, sendo por ela dominado; trilhando o caminho do dever, *locus* privilegiado onde reinam os valores militares da laboriosidade e da frugalidade, da hierarquia e da disciplina, único caminho digno de uma legítima autoridade; desprezando os que julga trilharem caminho diferente, mormente se este for o caminho do prazer ou o da vontade e satisfação pessoais.

E, como que incentivando o iniciante, esse início de carreira faz com que o cadete sinta-se, por meio do título, ligado à maior autoridade da Instituição, o general. Aprende muito cedo na vida que, ao deixar de ser um cadete, perde o seu título; ao atingir o generalato, recupera-o definitivamente. Entre um momento e outro, a trajetória da carreira do Oficial de AMAN, na qual galgará todos os postos. E por meio deste feito, poderá se tornar um integrante do mesmo círculo de dignidade do Duque de Caxias e do Marquês do Herval.

É dessa forma que tem início a trajetória do Oficial de AMAN: o jovem passa a integrar, depois de vencer sua primeira provação, sua fase de "candidato", o seleto grupo ao qual é, com exclusividade, dirigida a sábia recomendação: "Cadete! Ides comandar, aprendei a obedecer".

Assim, uma instituição forte, como o Exército Brasileiro, é, necessariamente, para qualificar-se com este adjetivo, dotada de uma linguagem própria, construída durante um longo período de tempo, capaz de distingui-la dos demais grupos sociais e da sociedade mais ampla, constituindo-lhe uma tradição. Linguagem comum a todos os seus integrantes porque neles é interiorizada e continuamente reforçada por meio de uma tradição eficaz. E tradição eficaz porque chancelada pelo princípio da autoridade, que, conforme vimos, se constitui em um fenômeno que possibilita a existência de "homens que seguem outros sem serem obrigados a fazê-lo".

O Oficial de AMAN, no Exército Brasileiro, compõe o grupo sobre o qual a Instituição mais investe no sentido de habilitá-lo no domínio da sua linguagem. E faz isso por meio do enaltecimento das suas tradições, quando se utiliza de um poderoso instrumento de socialização, espontaneamente gerado no desenvolvimento da sua linguagem institucional: a combinação *Sistema de Ensino do Exército – trajetória na carreira do oficial.* Instrumento que, mais que proteger a Instituição de influências externas, condiciona a mente do Oficial de AMAN a interpretar o mundo segundo a ótica do Exército. Além do efeito de proteção contra influências externas, promove a ampliação da linguagem institucional sobre as demais esferas da vida, fazendo com que, na mente do Oficial de AMAN, o campo militar invada o mundo, tornando-o verde-oliva.

"Cadete! Ides comandar, aprendei a obedecer" é uma frase lapidar que mostra ao jovem destinado à carreira do Oficial de AMAN, desde a sua fase de "candidato" no "período de adaptação", o caminho que deve trilhar para ser bem sucedido e prosperar: o caminho do dever, onde reinam os valores militares da laboriosidade e da frugalidade. Em contrapartida, introjeta-lhe muito prematuramente o desprezo por todos os que julga trilharem caminhos diversos, principalmente se este for classificado como o caminho do prazer ou o da vontade e satisfação pessoais. A autoridade é, a partir daí, lapidada, delineada e paulatinamente revelada ao militar iniciante. A verdadeira autoridade, à qual toda reverência é legitimamente devida, "não cai de paraquedas". Mais do que simplesmente instituída, é merecedora desse atributo, porque conquistado através de um caminho preciso e muito bem definido, que, de tão difícil, é trilhado por poucos.

5. Tradição, autoridade e razão

Segundo Max Weber, há dominação quando existe a probabilidade de se encontrar obediência para ordens específicas dentro de um determinado grupo de pessoas. A dominação legítima pode ter caráter racional, tradicional ou carismático. A racional se baseia na crença de que o direito de mando de quem emite ordens e elas próprias, as ordens emitidas, são dotados de legitimidade. A tradicional também se baseia em uma crença, porém não na legitimidade de ordens ou do direito de quem as emite, mas na santidade das tradições vigentes desde sempre e nos representantes da autoridade que emite ordens em virtude destas tradições. E por fim, a dominação carismática se baseia "na veneração extracotidiana da santidade, do poder heróico ou do caráter exemplar de uma pessoa e das ordens por esta reveladas ou criadas".

O Exército Brasileiro, levando-se em conta essa classificação de Weber, apresenta uma tendência a amalgamar esses três tipos de dominação na construção de um perfil que seria o líder militar arquetípico, máxime na figura ideal do comandante, uma vez que, em um primeiro momento, fundamenta a autoridade deste sobre as normas da burocracia estatal, o que é próprio da dominação racional-legal, porém, em um segundo momento, intenta potencializar a autoridade do comandante por meio da tradição, o que é característico da dominação tradicional, e, por fim, a fim de fazer do chefe um líder, ainda aviva esta autoridade pelo incremento do carisma, conforme salientei em *O Carisma do Comandante*.

Assim, tendo em vista as especificidades da aplicação desses tipos ideais na análise que estamos fazendo do Exército Brasileiro, devemos levar em conta que os conceitos de *tradição* e *autoridade*, conforme nos ensina Carl Friedrich, com o advento do Iluminismo, foram dissociados da ciência e da razão e, nestes tempos de modernidade, encontram-se associados à revelação, à crença irracional, ao despotismo tenuamente velado e à exploração. Dessa forma, hoje, são percebidos como uma espécie de superstição irracional, devendo ser suplantados por um método científico.

Contudo, tanto a *tradição* quanto a *autoridade* relacionam-se intimamente com a *razão* e com o raciocínio. A *tradição* é a própria base para o raciocínio e para a argumentação racional, conforme já vimos em Friedrich, uma vez que a ciência mesma "é toda resultado de um entrelaçado de tradição e de desafios à tradição" e que, para desenvolver-se, exige um domínio completo da forma tradicional, conforme sucede com toda perícia em qualquer ofício; e a *autoridade* é o atributo que capacita alguém a dizer o que é verdadeiro, isto é, a revelar a *tradição*, expressão da *razão*.

Isso porque *tradição* pode ser vista como um complexo de valores, convicções, crenças, hábitos, costumes, normas..., todos verdadeiras descobertas, racionalmente construídos, elaborados e sedimentados ao longo de muito tempo através das mais ricas experiências e pelas mais brilhantes mentes, persistindo como valores por várias gerações e se constituindo, portanto, em uma "perfeição artificial da razão, obtida por um longo estudo, observação e experiência" que, "por muitas sucessões de eras, foi melhorada e requintada por um número infinito de homens graves e eruditos, tendo, pela longa experiência, alcançado tal perfeição", de forma que "nenhum homem por sua razão pessoal poderá ser mais sábio" do que ela, a própria "perfeição da razão", conforme vimos em Edward Coke citado por Friedrich. Ainda segundo este autor, *autoridade* pode ser vista como a capacidade de se emitir comandos que, se possível ou necessário, poderiam ser, por aquele que os emite, racionalmente justificados como certos, eficientes e superiores. Comandos *a priori* dotados de credibilidade em virtude da crença de estarem solidamente fundamentados na verdadeira *tradição* que, por sua vez, é a expressão da mais límpida *razão*.

Daí o adágio amplamente difundido no campo militar de que "Missão dada é missão cumprida" ou "Missão: não se pede não se escolhe. Cumpre-se." Quer dizer, um superior hierárquico, aos olhos do subordinado, deve saber perfeitamente o porquê da necessidade do resultado da missão determinada, sendo desnecessário ao subordinado conhecer a razão que, invariavelmente, existe e está presente em toda circunstância que envolva uma ordem emitida por um superior.

Com efeito, o militar, desde que ingressa no Exército, é instruído no sentido de que, se um superior emitiu uma determinada ordem, é porque seu cumprimento se faz necessário e, caso fosse exigida uma explicação, ela poderia ser racionalmente apresentada, porém, pela urgência característica da atividade militar, muitas vezes, o subordinado terá que prescindir desta explicação.

Posso exemplificar, neste momento, com um procedimento da rotina da caserna, tradicional e inerente à função de comandante no Exército Brasileiro, no qual verificamos claramente a cumplicidade existente entre *tradição* e *autoridade* e a conexão destes conceitos com a *razão*, no sentido que até aqui dei a estes termos.

O comandante, antes de qualquer exercício ou missão, nos diversos escalões de comando, via de regra realiza uma exposição minuciosa da "situação geral" do exercício ou da missão para todos os seus subordinados. Nesta ocasião, apresenta o planejamento geral da ação, como ela deverá se desencadear em suas diversas etapas e quais os objetivos finais deverão ser atingidos. Os militares subordinados, por este meio, tomam conhecimento da coordenação geral da operação e da integração da ação de cada um com o todo, a fim de que haja um entendimento generalizado acerca de tudo o que está para acontecer e quais são os objetivos que devem ser atingidos ao final da operação. Todos os subordinados, portanto, passam a ter a compreensão da sua missão específica no contexto mais amplo da operação, por mais simples que possa ser a missão de um determinado militar, p. ex., deslocar uma viatura para uma posição estabelecida e lá permanecer até segunda ordem. E tem essa compreensão porque ela lhe foi proporcionada pelo seu comandante.

O cadete da Academia Militar das Agulhas Negras (AMAN), desde o início da sua formação, aprende da necessidade do comandante proceder dessa forma. Essa é uma ação de comando rotineira e, sempre que as circunstâncias o permitirem, imprescindível. O bom comandante sempre procede assim, sempre esclarece a operação geral e dá a cada um as razões da sua missão particular, integrada no todo. A necessidade desse procedimento de esclarecimento aos subordinados por parte do comandante justifica-se racionalmente pelos dois efeitos que ostensivamente produz, ambos muito importantes no campo militar.

O primeiro efeito desse procedimento justifica racionalmente a sua adoção pelo fato de que o subordinado se empenhará com muito mais afinco sempre que tiver a compreensão da importância da sua ação no contexto geral da operação, por mais simples que ela seja, e, no desencadeamento das ações, terá melhores condições de adotar condutas apropriadas diante de imprevistos, no sentido de contribuir para o cumprimento final da missão, que ele sabe qual é pelo esclarecimento que lhe foi proporcionado pelo seu comandante. Assim, o comandante, em todos os escalões de comando, sempre deve expor as razões da ação de cada militar, por mais simples que ela seja, o conceito geral da operação e os objetivos finais a serem atingidos, pois isto aumentará a eficiência no cumprimento da missão como um todo e as possibilidades de sucesso ao final.

O segundo efeito deste procedimento de esclarecimento reside no fato de que ele é uma ação de comando que contribui para a construção da relação comandante-subordinado, pois promove o fortalecimento desta relação através do desenvolvimento da confiança mútua alicerçada na prática do desempenho dos papeis de comandante e de subordinado. Desenvolve, no superior, a aptidão do comando e, no subordinado, promove a identificação da pessoa do militar no desempenho da função de mando com a figura do comandante que, paulatinamente no caminhar do seu comando, deve, a partir de uma posição formal de chefe, chegar a uma posição real de líder.

Os dois efeitos ostensivos resultantes do esclarecimento da operação geral pelo comandante, quais sejam, a compreensão do todo e a ação de comando, parecem ser, aos olhos dos que são preparados para o exercício do comando e dos que já o desempenham, duas verdades lógicas e, por isso, aceitos como suficientes para justificar racionalmente a adoção sistemática e disseminada dessa conduta por parte de todo comandante no desempenho da sua ação de comando. Por isso, erige-se em dever fundamental do comandante. Um *habitus*, podemos dizer, ou, nos termos deste livro, uma *tradição* sabiamente construída, alicerçada na *razão*, realizada pela *autoridade*.

Entretanto, essa *tradição* do campo militar, além desses dois efeitos, produz, veladamente, um terceiro, talvez mais poderoso e mais importante para a hierarquia e a para a disciplina de um exército, quer dizer, para o fortalecimento da *autoridade* na figura do comandante.

Os militares, na situação de subordinados, por meio desse procedimento de seus comandantes de sempre expor todo o conceito da operação e explicar as *razões* da missão de cada um, sem que percebam, estão sendo condicionados, sob a ótica dos conceitos de *tradição* e *autoridade*, a cumprirem toda e qualquer ordem que lhes seja dada por uma autoridade militar, com ou sem explicação. Uma ordem emitida por uma autoridade militar passa a prescindir, no imaginário do subordinado, de toda e qualquer explicação, pois a repetição rotineira desse procedimento de esclarecimento da operação geral inculca no militar a ideia de que sempre há motivos reais para todas as ordens emitidas pelo comandante. Assim, no imaginário do subordinado, por meio deste procedimento de esclarecimento rotineiro por parte do superior, é inculcada a ideia de que o comandante sempre tem a capacidade de produzir razões para explicar e justificar racionalmente todas as suas ordens, uma vez ele comumente faz isso e o subordinado rotineiramente vê isso acontecer. Assim, é próprio do campo militar a sensação de que em todas as ocasiões nas quais a autoridade militar não der as razões das suas ordens, é porque as circunstâncias não o permitiram, mas os motivos existem e o comandante sempre sabe o porquê de tudo o que ordena.

Dessa forma, sempre que receber uma ordem, o subordinado, por meio desse procedimento tradicional da caserna de apresentar a operação geral para todos os escalões, esclarecendo o porquê e a importância da atuação de cada um dentro do contexto mais amplo, mesmo que naquela operação a atuação individual seja elementar, o subordinado, como disse, estará condicionado a sentir que o comandante tem a capacidade de explicar e justificar racionalmente as suas ordens e as suas decisões, mesmo quando não o fizer, sendo esta explicação, por isso mesmo, absolutamente prescindível.

Vemos, assim, um exemplo de como os conceitos de *tradição* e *autoridade*, operando dentro dos ditames da *razão*, cooperam, juntos, para o funcionamento da dinâmica de relações sociais dentro do campo militar, contribuindo para a estabilidade da Instituição e para a conformação de uma identidade institucional. Daí que "Missão dada é missão cumprida" e "Missão: não se pede não se escolhe. Cumpre-se."

É ainda importante observar que, segundo Carl Friedrich, *tradição* e *autoridade* não se opõem à mudança e, por conseguinte, não contrariam a modernidade, antes, ao contrário, lhes são requisitos.

Me parece importante referir a esse fato em virtude de que, como já ensinara Marshall Berman, não é incomum *tradição* e *autoridade* serem percebidas como em oposição irredutível à modernidade e à mudança. Com efeito, este autor afirma que, para muitos pensadores, "Aí não há ambiguidades: 'tradição' – todas as tradições da humanidade atiradas no mesmo saco – se iguala simplesmente a dócil escravidão, e modernidade se iguala a liberdade; caminhos unilateralmente fechados." E prossegue explicando que

> Esse modernismo busca a violenta destruição de todos os nossos valores e se preocupa muito pouco em reconstruir os mundos que põe abaixo. Tal imagem ganhou força e credibilidade à medida que a mentalidade dos anos 60 evoluiu e que o clima político atingiu seu apogeu: em alguns círculos, "modernismo" tornou-se a palavra-código para todas as forças em revolta.

Tradição/autoridade e *modernidade/mudança*, sob esse prima, não se excluiriam, como pensam muitos, mas poderiam ser vistos como conceitos que se interpenetram e se transformam mutuamente. Os estudos e as pesquisas modernas, chamados de "científicos", quando analisados mais pormenorizadamente nos seus desenvolvimentos, revelam terem sido construídos sobre a *tradição* e, por isso, seus resultados revestem-se do manto da *autoridade* no que diz respeito aos seus assuntos e objetos de estudo. Uma tradição pode gerar contradições que podem dar ensejo a mudanças. A modernização é, assim, um fenômeno que vem à existência justamente ao unir os elementos congeniais de uma antiga sociedade às necessidades da que vem emergindo, conforme já salientara Carl Friedrich. Em suma, a modernidade, a transformação e a ruptura não surgem do nada, mas são fenômenos que, para virem à existência, dependem de uma matéria-prima preexistente à sua concepção: a *tradição* e a *autoridade*. E, aquelas, não implicam, necessariamente, na aniquilação destas.

Assim, a existência de uma dialética entre os conceitos de *tradição* e *autoridade* e o movimento transformador que caracteriza a modernidade da sociedade permite coadunar a qualificação do Exército Brasileiro como instituição que tende a conservar seus valores, conceitos e disposições com o de instituição que vem se transformando ao longo dos anos com o intuito de se modernizar, buscando, por esse meio, manter a conexão com a sociedade à qual tem por missão prover a segurança. Este parece ser o fenômeno que subjaz no lema do Exército do ano de 2015: "Exército Brasileiro: mesmos valores, novos desafios".

6. Tradição, autoridade e modernidade

Tradição, conforme ensina Roger Scruton, é um conceito que inclui

> todo tipo de costume, cerimônia e participação na vida institucional, em que tudo é feito não mecanicamente, mas por uma razão; e a razão não está naquilo que ainda acontecerá, mas no que já aconteceu. Não importa se a razão não pode ser dita pela pessoa que a obedece: as tradições são postas em prática e não

planejadas; não obstante, são conscientes da falta de discurso.

A tradição, ainda segundo Scruton, surge da própria organização do grupo social e se realiza por meio de toda manifestação da Instituição que pode ser observada, vista, descrita e mensurada concretamente. A *tradição* se realiza através das formaturas, das reuniões, dos ritos e do cerimonial militar; dos uniformes, das insígnias e das Armas, Quadro e Serviço; da organização, composição e ação conjunta de militares fardados, armados e equipados enquanto integrantes de frações enquadradas em escalões de comando, em deslocamentos ou reunidos para o cumprimento de qualquer missão ou atividade; das manifestações de respeito entre militares e destes com os civis; dos heróis e dos símbolos carregados de significados e de valores subjacentes; das comemorações de datas e eventos considerados importantes; dos discursos de militares que se pronunciam publicamente; das instruções, atividades físicas e da educação; do serviço; dos códigos de trato diário; da ética militar; da disciplina e do respeito à hierarquia, até mesmo em atividades sociais privadas; ou seja, através de tudo o que se realiza dentro do campo militar, quer seja em atividades profissionais quer seja na vida social e privada dos militares.

Conforme disse em *O Carisma do Comandante*, no Exército Brasileiro, tudo o que se realiza concretamente revela uma *tradição*, pois, por mais insignificante que possa parecer qualquer atividade ou qualquer procedimento realizados por um militar, eles sempre funcionam como poderosos instrumentos de socialização do homem ao campo. Nesse sentido, o conceito de *tradição* se adequa muito bem à definição de Carl Friedrich segundo a qual é ela, a *tradição*, que proporciona "a base de muita comunicação e de argumentação integrativa eficaz", tendo, assim, uma função vital na coesão interna de um grupo social.

A palavra tradição deriva do latim *tradere,* que significa transferir ou entregar. O termo tem uma raiz religiosa ou eclesiástica, conforme sucede com grande parte do nosso vocabulário político. As próprias palavras do fundador e do chefe precisam ser transferidas e entregues de geração a geração. Um grande historiador da religião cristã [Adolf Harnack] escreveu que a tradição é "a entrega de um depósito precioso, cuja fonte é considerada divina, a uma pessoa especialmente escolhida."

Considero, portanto, a *tradição* como definidora da fisionomia, dos contornos, da plástica, da forma visível, tangível, palpável da Instituição. Assim, quando o Exército Brasileiro é visto fisicamente, sentido por sua presença ou percebido por alguém, o é por meio da realização da *tradição*, pois é através de uma manifestação dela que alguém pode olhar, ver, ouvir e perceber a presença do Exército Brasileiro, ou mesmo, apenas senti-la. A *tradição*, neste sentido, realiza-se por meio de tudo da Instituição que pode ser visto ou ouvido, mesmo que o observador não compreenda os significados subjacentes àquelas manifestações materiais, mesmo que não entenda os significados sutis e por isso mesmo profundos de cada uma daquelas manifestações, significados estes que se constituem na força vital que dá sentido, vida e valor a cada uma dessas manifestações.

Assim, entendo que aquilo que literalmente se vê e se ouve da parte da Instituição, quer dizer, tudo o que se realiza na Instituição e por ela, por mais trivial ou rotineiro que possa parecer, se constitui na realização, no mundo real e concreto, da *tradição* daquela Instituição. A *tradição*, dessa forma, se realiza no *agir* do Exército Brasileiro, desde as mais ínfimas manifestações de qualquer de seus integrantes até os mais grandiosos feitos de toda a Instituição, desde que dotados de um sentido interior.

Ainda segundo Roger Scruton,

> É um fato notável que as pessoas reconheçam autoridade em seus companheiros, em organizações sociais, em instituições e no Estado. É igualmente notável que essa autoridade possa exigir a obediência dessas pessoas a tal ponto que elas possam morrer voluntariamente por ela, assim como poderiam fazer por qualquer ideal ou credo religioso. Na medida em que as pessoas mostram disposição para sacrificar suas vidas por algo maior que elas, então – falando historicamente – a nação e a ordem social devem rivalizar com a religião como as principais beneficiárias de tal gesto.

Nesse sentido, entendo por *autoridade* a força motriz, a

energia vital, o *leitmotiv,* o caráter de uma instituição, quer dizer, aquilo que movimenta, dá significado, valora cada ato ou procedimento, quer seja pequeno quer seja grandioso, aquilo que dá lastro e confere autenticidade a cada ação, alimentando e sustentando a vida de uma instituição. É o *pensar* e o *sentir* o mundo e tudo o que há no mundo. É o *ethos* do campo. A *autoridade* confere autenticidade à *tradição* e dela tira a sua seiva, proporcionando, ambas, vigor e vida a uma verdadeira instituição e impedindo que, conforme já alertara Sennet, as mudanças sociais radicais transformem-na em um zumbi clinicamente morto, em uma casca oca sem energia ou vida, incapaz, inclusive, de simplesmente deixar de existir.

Com efeito, já nos ensinara Marcel Mauss que

> O que se passa é uma imitação prestigiosa. A criança, como o adulto, imita atos bem sucedidos que ela viu efetuados por pessoas nas quais confia e que têm autoridade sobre ela. O ato se impõe de fora, do alto, mesmo um ato exclusivamente biológico, relativo ao corpo. [...]
> É precisamente nessa noção de prestígio da pessoa que faz o ato ordenado, autorizado, provado, em relação ao indivíduo imitador, que se verifica todo o elemento social.
> [...]
> Tudo em nós todos é imposto. [...] Temos um conjunto de atitudes permitidas ou não, naturais ou não. Assim, atribuiremos valores diferentes ao fato de olhar fixamente: símbolo de cortesia no exército, de descortesia na vida corrente.
> [...]
> Mas o princípio é este: exemplo e ordem. Há portanto uma forte causa sociológica em todos esses fatos.

Max Weber repousa a legitimidade de uma *tradição* na crença de que existem ordens e poderes senhoriais tradicionais, que existem desde tempos imemoriais. A *autoridade* de um senhor se fundamenta em regras tradicionais e ele é voluntariamente obedecido em virtude de sua dignidade pessoal, atributo outorgado pela força da *tradição.* As relações entre o senhor e os membros do quadro administrativo não são definidas por deveres objetivos, mas por fidelidade pessoal de servidor. Forma-se, assim, em torno de uma *autoridade* pessoal legitimada pela *tradição*, uma associação caracterizada por princípios comuns de educação cujos membros podem ser companheiros tradicionais ou súditos. Esta associação é percebida por seus integrantes como se sua existência não tivesse nunca tido um princípio, mas como se existisse desde sempre.

Tradição e *autoridade* são, portanto, no entendimento de Roger Scruton, conceitos que surgem "diretamente da sensação de pertencimento a alguma ordem social contínua e preexistente e da percepção de que esse fato é importantíssimo para determinar o que fazer." Entretanto, devemos observar que o "desejo de conservar é compatível com todos os tipos de mudança, desde que essa mudança signifique continuidade".

Nesse sentido, Carl Friedrich entende que *tradição* e *modernidade* não são conceitos necessariamente contraditórios. Existe uma relação entre eles que, antes de ser dicotômica, é dialética, pois uma *tradição* pode conter contradições que dão origem às mudanças, quer dizer, estes conceitos se interpenetram e se transformam mutuamente.

A trajetória do Exército Brasileiro é um exemplo de como uma instituição tradicional, que tem por fundamentos conceitos como os de *tradição* e *autoridade*, pode estar em conexão com o movimento da sociedade, desenvolvendo-se por meio de um contínuo processo de modernização.

Frank McCann relata o caminho percorrido pelo Exército da proclamação da República ao auge do Estado Novo, precisamente de 1889 a 1937. Podemos observar, neste período da sua história, profundas mudanças na Instituição, sempre no sentido de se adaptar aos novos tempos, porém mantendo sua devoção à *tradição* e à *autoridade*. "Durante o século XIX a monarquia e o Exército foram as únicas instituições nacionais do Estado e da sociedade, ambos notavelmente fracos." O Exército foi a instituição central da República Velha, porém não tinha "ideologia, estrutura, experiência, pessoal, mandato político e vontade para assumir plenamente esse papel."

A década de vinte, prossegue McCann, foi marcada pelos movimentos tenentistas. Tenentes faziam revoluções e eram bem-sucedidos. Entretanto, o Exército viu na educação a chave da disciplina e da formação do oficial ideal, e por toda esta década procurou uma fórmula para produzi-lo. Na década de trinta, o general Góes Monteiro moldaria um novo Exército, profissional e afastado da política. A criação da Academia Militar das Agulhas Negras (AMAN) nos anos quarenta, pelo general José Pessoa, em substituição à Escola Militar do Realengo, única escola de formação de oficiais da Linha de Ensino Militar Bélico, quer dizer, da carreira que é a espinha dorsal da Instituição, equilibrou o treinamento profissional militar com a educação geral de nível universitário, intensificando a profissionalização e a burocratização do Exército.

Assim, o Exército vai se tornando uma instituição da modernidade quando o público vai paulatinamente tendo precedência sobre o privado, o interesse nacional sobre os interesses locais e a vontade impessoal da burocracia estatal sobre as vontades personalistas. A Instituição demonstra ser dotada da capacidade de adaptar-se às mudanças dos tempos sem perder sua identidade e sua coesão, situação entrevista nas palavras de despedida do serviço ativo do general Cesário, meu primeiro comandante nos idos tempos de tenente de Cavalaria no 1º RCC, ainda na Avenida Brasil, em Bonsucesso, Rio de Janeiro: "A história do Brasil se confunde com a história do Exército. Ele é o 'cerne da nacionalidade brasileira.' – como escreveu meu saudoso pai." Com efeito, assevera Frank McCann:

> A história política do Brasil republicano é a história do crescimento da nação-Estado brasileira. O Exército, como a única instituição nacional, foi um ator central dessa história. Levando o poder do governo central às pátrias, o Exército contribuiu para a mudança política, para a formação da nação-Estado e para o engrandecimento da pátria nacional. Como braço forte do Estado, o papel do Exército foi, usando aqui a expressão de Alain Rouquié, "a intervenção do Estado em si mesmo."

Ainda nesse sentido, Alain Rouquié explica que as clivagens político-ideológicas manifestas no seio da oficialidade do Exército Brasileiro no movimento tenentista do início do século passado, opondo os oficiais profissionalistas aos intervencionistas e os velhos generais aos jovens tenentes, além de terem sido imensuravelmente menos expressivas do que as ocorridas nos demais exércitos da América Latina, foram atenuadas pelos valores burocráticos e normas éticas próprias da Instituição Militar brasileira.

A partir dos anos trinta, explica Rouquié, a distância hierárquica e as diferenças entre as gerações de oficiais cessam de aflorar como divisões de pensamento. Isso ocorre não pelo fato de que essas divergências tenham, necessariamente, deixado de existir, mas porque "as transformações organizacionais e técnicas tornarão cada vez mais impensáveis *pronunciamentos* de jovens oficiais." O efeito foi imediato no fortalecimento da coesão interna e na institucionalização das posteriores intervenções dos militares na política. E este fenômeno se deve ao investimento que o Exército fez na educação e na formação do oficial da Linha de Ensino Militar Bélico, quer dizer, a carreira que é a espinha dorsal da Instituição. Todos os oficiais que integram esta carreira, sem exceção, a partir da década de quarenta, são formados na Academia Militar das Agulhas Negras (AMAN). De fato, ainda Rouquié,

> A passagem obrigatória por uma escola militar, e sobretudo a institucionalização da carreira de oficial, com suas regras de promoção e acesso fundadas em critérios universalistas de capacidade e de mérito, reforçam a coesão da instituição e sua autonomia em relação ao poder político. Ao contrário do que o legislador freqüentemente pensa – e, em sua trilha, alguns sociólogos otimistas e imprudentes –, a profissionalização não "despolitiza" os exércitos. Pois o prestígio dos modelos europeus, a consciência de competência dada pela técnica avançada e pela organização burocrática racional dão ao único ramo profissional do aparelho de Estado nas nações da América do Sul recursos políticos que favorecem a intervenção nos negócios públicos. Face a estas realidades e àquela, não menos coercitiva, relacionadas à socialização estreita, autoritária e isolada dos futuros quadros, a origem sócio-familiar sobre a qual se fundamentaram tantas explicações audaciosas passa a ser, a partir daí, apenas secundariamente decisiva.

Assim, o Exército Brasileiro tem demonstrado ser capaz de compatibilizar os conceitos de *tradição* e *autoridade* com a modernidade da sociedade ocidental. Hoje, efetivamente, o

Exército é uma instituição burocrática regida pela norma geral e impessoal, com suas carreiras institucionalizadas obedecendo a regras universais de promoção e acesso fundamentadas na capacidade e no mérito. Entretanto, não perde, por isso, suas características históricas de respeito à *tradição* e à *autoridade*, conceitos fundamentais da sua identidade. Dessa forma, parece estar ocorrendo um fenômeno institucional segundo o qual os conceitos de *autoridade* e *tradição* têm sido reforçados pela burocratização e pela modernização da Instituição nos moldes em que estas se têm operado.

Encerramos, aqui, a segunda parte deste livro, a que chamei "Conservação: o valor da transformação" ou, como no lema "Exército Brasileiro: mesmos valores, novos desafios", chegamos ao termo da parte referente aos "mesmos valores".

A terceira parte deste livro, composta de um único capítulo, realiza uma síntese das duas anteriores, uma vez que o Exército é uma instituição que tem demonstrado, ao longo da sua trajetória, especialmente no século XX, um apreço igualmente profícuo tanto no sentido da transformação quanto no da conservação. Vamos analisar, portanto, nesse capítulo final, a construção do Exército em organização e o seu desenvolvimento em instituição, percorrendo um reto caminho que tem, à sua esquerda, o movimento da transformação e, à sua direita, o movimento da conservação.

Parte 3: Uma trajetória entre a transformação e a conservação

Capítulo 7: Trajetória sociológica do Exército entre a transformação e a conservação

> "É necessário suspender-se a aceleração do movimento do tempo que nos arrasta para o nada, e adquirir o gosto da eternidade."
>
> Nikolai Berdiaev, *Uma Nova Idade Média*

Os conceitos de *autoridade* e *tradição* são fundamentais para o Exército Brasileiro. O valor da tradição para a Instituição já pode ser vislumbrado no relato das suas origens. O Exército entende que suas raízes remontam

> ao período colonial, nos primórdios da formação da nacionalidade, durante a luta contra invasores holandeses. A primeira Batalha dos Guararapes, ocorrida em 19 de abril de 1648, foi o evento histórico considerado gênese do Exército. Nessa ocasião, as forças que lutaram contra os invasores foram formadas genuinamente por brasileiros (brancos, negros e ameríndios).[19]

---

[19] Livro Branco de Defesa Nacional.

O Exército Brasileiro, dessa forma, entende que as suas origens remontam às batalhas de Guararapes, no século XXVII, tendo adotado oficialmente esse evento como o símbolo do seu nascimento.

Além do tempo, quase quatrocentos anos de existência, o Exército também trabalha a mística da formação da nacionalidade brasileira, que se confundiria com a formação da Instituição. O Exército e o Brasil, dessa forma, teriam nascido juntos, a partir de um mesmo sentimento de amor à Pátria frente ao estrangeiro invasor mais forte que teria unido todos os componentes da nacionalidade brasileira em um mesmo ideal, o negro, o índio e o branco, unidos em um só corpo e em um só espírito.

Sentimento e ideal que se consumaram nas batalhas vitoriosas que consolidaram o Brasil nas mãos dos brasileiros. Essa mística pode ser vislumbrada na crença disseminada no âmbito do Exército, aqui nas palavras do general Luiz Cesário da Silveira Filho, de que "A história do Brasil se confunde com a história do Exército. Ele é o 'cerne da nacionalidade brasileira.' – como escreveu meu saudoso pai." Com efeito, assevera Frank McCann:

> A história política do Brasil republicano é a história do crescimento da nação-Estado brasileira. O Exército, como a única instituição nacional, foi um ator central dessa história. Levando o poder do governo central às pátrias, o Exército contribuiu para a mudança política, para a formação da nação-Estado e para o engrandecimento da pátria nacional. Como braço forte do Estado, o papel do Exército foi, usando aqui a expressão de Alain Rouquié, "a intervenção do Estado em si mesmo."

Eric Hobsbawn explica que esse tipo de tradição tem uma natureza ritual e simbólica que, por meio de uma relação de continuidade com um passado histórico apropriado, visa inculcar certos valores e certas normas de comportamento julgados importantes para a coesão social do grupo. Assim, essas tradições fortalecem a coesão social desde o momento da admissão de novos integrantes no grupo, legitimam o exercício da autoridade dentro da instituição por aqueles que, pela tradição, são os indicados a exercê-la, e promove uma contínua socialização por meio da interiorização de ideias, do estabelecimento de sistemas de valores e pela determinação de padrões de comportamentos.

Celso Castro salienta que a Batalha dos Guararapes, ocorrida em 19 de abril de 1648, foi um evento muito significativo na formação da nacionalidade brasileira, pois foi através dela que os holandeses foram expulsos após quase 15 anos de ocupação da região de Pernambuco. As tropas locais eram numericamente inferiores e integradas por brancos, negros e índios que, utilizando táticas de guerra irregular foram capazes de derrotar um inimigo superior em número, muito mais experiente na arte da guerra e melhor equipado. Assim, a nacionalidade e o Exército teriam nascido juntos pela presença das três raças constitutivas do povo brasileiro na defesa da integridade da Nação que surgia.

Os principais líderes deste feito são considerados os cinco "Patriarcas do Exército": Francisco Barreto de Menezes, comandante-em-chefe do exército entre 1648 e 1654; o reinol João Fernandes Vieira; o branco nascido no Brasil André Vidal de Negreiros; o índio Antônio Felipe Camarão; e o negro Henrique Dias. Estes são os patriarcas, ancestrais dos homens e das mulheres que hoje envergam a farda verde-oliva, sendo considerados dignos de figurar ao lado dos patronos: o do Exército, Caxias, e os das Armas. Antônio Dias Cardoso é o sexto homem, responsável pelo emprego eficaz das táticas de guerra irregular, sendo hoje, por isso, o patrono dos forças especiais do Exército, ainda na fala de Celso Castro.

Nessa guerra, informa Celso Castro, as três raças formam um pacto de honra para a salvaguarda da Pátria, palavra carregada de significado para o militar e utilizada pela primeira vez no Brasil na conflagração desse evento no qual foi constituída uma tropa militar que se denominou Exército Libertador ou Patriota.

O Exército, prossegue Celso Castro, considera, portanto, que suas raízes estão fincadas em Guararapes, no distante ano de 1648, de onde se vislumbra os primórdios do seu nascimento. São quatro as ideias centrais que se destacam na conformação da mística militar do Exército Brasileiro por meio dessa batalha. A primeira, a da existência de um vínculo indissolúvel entre o Exército e a Nação brasileira, cujas histórias se confundem. A segunda, a de que o Exército é uma instituição composta pelas três raças formadoras da nacionalidade brasileira. A terceira, a de que o Exército nasceu combatendo um inimigo estrangeiro, detentor de uma ideologia alóctone. E, por fim, a ideia de que "a vitória foi obtida contra um inimigo considerado militarmente mais poderoso. O Davi caboclo abate o Golias estrangeiro após uma longa guerra de 'resistência', baseada principalmente em táticas de 'guerrilha'."

Podemos observar, assim, que o Exército Brasileiro consagra quatro valores fundamentais através dessa tradição que pode ser considerada um mito de criação: (1) a existência de um vínculo indissolúvel entre o Exército e a Nação Brasileira, cujas histórias se confundem, conforme manifestou o já citado general-de-exército Luiz Cesário da Silveira Filho no momento da sua despedida do serviço ativo ao afirmar: "Não sou eu que pertenço ao passado. O passado é que me pertence!"; (2) o Exército é formado por todos os brasileiros, sem discriminação de qualquer natureza, caracterizando-se como uma instituição do povo na qual qualquer um, por mais humilde, por esforços e méritos próprios, pode atingir seus mais altos postos, não se admitindo privilégios de qualquer natureza; (3) o Exército é uma instituição que combate o inimigo externo na defesa da Nação brasileira, jamais se posicionando em defesa de facções ou contribuindo para fraturas internas, antes, ao contrário, sempre para a estabilidade e a unidade; e (4) o Exército tem por tradição a característica de vencer o inimigo, mesmo que mais forte, pois como se diz usualmente na caserna, podem faltar os meios, mas o homem é o melhor, o maior patrimônio da Instituição.

1. O Exército hoje

O Exército Brasileiro, hoje, tem por missões previstas na Constituição a defesa da Pátria, a garantia dos poderes constitucionais, da lei e da ordem e, ainda, o cumprimento das atribuições subsidiárias gerais previstas em legislação complementar de cooperar com o desenvolvimento nacional e com a Defesa Civil, apoiar a política externa do País e participar de operações internacionais de paz e de ajuda humanitária.[20]

O Exército integra o Sistema Nacional de Proteção e Defesa Civil (SINPDEC), devendo estar em condições de participar de ações de socorro e assistência a vítimas de desastres naturais em todo o território nacional, tanto em um primeiro momento de pronta resposta em casos de emergência quanto no desenrolar dos acontecimentos em fases posteriores, nas atividades de recuperação e reconstrução.[21]

Também tem as atribuições subsidiárias particulares de atuar contra delitos transfronteiriços e ambientais através de ações preventivas e repressivas. Para isso pode atuar isoladamente ou em coordenação com outros órgãos do Poder Executivo operando por meio de ações de patrulhamento e revista de pessoas, veículos terrestres, embarcações e aeronaves, quando poderá efetuar prisões em flagrante delito. Deve, ainda, cooperar com os órgãos federais na repressão a delitos no território nacional através do apoio logístico, de inteligência, de comunicações e de instrução e cooperar com os órgãos públicos federais, estaduais e municipais na realização de obras e serviços de engenharia.[22]

O Exército Brasileiro está fisicamente presente em todo o território nacional. Ainda segundo o Livro Branco de Defesa Nacional são 575 Organizações Militares (OM) e 306 Tiros de Guerra mobiliados por mais de 200 mil militares. O Comando do Exército é composto dos seguintes órgãos: (1) um órgão de direção-geral, o Estado-Maior do Exército (EME); (2) dois órgãos de assessoramento superior: o Alto-Comando do Exército e o Conselho Superior de Economia e Finanças; (3) seis órgãos de assistência direta e imediata ao Comandante do Exército: Gabinete do Comandante do Exército (Gab Cmt Ex), Secretaria-Geral do Exército (SGEx), Centro de Inteligência do Exército (CIEx), Centro de Comunicação Social do Exército (CComSEx), Centro de Controle Interno do Exército (CCIEx) e Consultoria Jurídica Adjunta do Comando do Exército (CJCACEx); e (4) sete órgãos de direção setorial: Comando Logístico (COLOG), Departamento de

---

[20] Ibid.

[21] Ibid.

[22] Ibid.

Engenharia e Construção (DEC), Departamento de Educação e Cultura (DECEx), Comando de Operações Terrestres (COTER), Departamento de Ciência e Tecnologia (DCT) e Secretaria de Economia e Finanças (SEF).

A parte operacional do Exército, segundo o Livro Branco de Defesa Nacional, cabe à Força Terrestre, composta por sete Comandos Militares de Área distendidos por todo o território nacional. Os Comandos Militares de Área são os antigos Exércitos, alguns ainda lembrados hoje, como o I Exército do Rio de Janeiro, o II Exército de São Paulo e o III Exército do Rio Grande do Sul. Assim, o antigos Exércitos hoje são chamados de Comandos Militares de Área. São eles: (1) Comando Militar da Amazônia (CMA), (2) Comando Militar do Oeste (CMO), (3) Comando Militar do Planalto (CMP), (4) Comando Militar do Sul (CMS), (5) Comando Militar do Leste (CML), (6) Comando Militar do Sudeste (CMSE) e (7) Comando Militar do Nordeste (CMNE).

Um Comando Militar de Área é composto por Divisões de Exército (DE), responsáveis pela parte operacional, e Regiões Militares (RM), que são grandes comandos logísticos. A Força Terrestre possui sete Divisões de Exército e 12 Regiões Militares. As Divisões de Exército, por sua vez, são compostas por brigadas e artilharias divisionárias. O Exército possui 27 brigadas e quatro artilharias divisionárias. A brigada é o módulo básico de combate, cuja composição é variável conforme a natureza da missão e as características da sua área operacional de atuação, se constituindo em uma Grande Unidade formada pela combinação de Armas e tendo por finalidade o cumprimento de missões de modo autônomo. O Exército possui cinco Armas: Infantaria, Cavalaria, Artilharia, Engenharia e Comunicações, um Serviço: Intendência, e um Quadro: Material Bélico. A brigada caracteriza-se, assim, pela flexibilidade de sua organização, armamentos, munições, veículos, equipamentos e qualificação de pessoal, normalmente constituindo-se de frações operacionais valor Unidade e Subunidade de: (1) manobra: infantaria e cavalaria; (2) apoio de fogo: artilharia de campanha; (3) defesa antiaérea: artilharia antiaérea; (4) apoio ao combate: engenharia e comunicações; e (5) apoio logístico (intendência, saúde e material bélico); podendo receber, conforme a necessidade, frações de aviação do Exército, guerra eletrônica, inteligência eletrônica, operações psicológicas, operações especiais, unidade antiaérea e apoio de veículo aéreo não tripulado (VANT). O Exército ainda possui três módulos de combate de emprego específico: o Comando de Aviação do Exército, a Brigada de Operações Terrestres e a Brigada de Artilharia Antiaérea.[23]

O Sistema de Ensino do Exército é considerado o principal fundamento da Instituição na conservação dos seus valores, princípios e crenças. É por meio dele que a Instituição não somente preserva suas características mais essenciais, aquelas que a qualificam como o Exército Brasileiro, mas também forma as novas gerações, inculcando nelas as tradições e os valores do passado resguardados no presente, de maneira que se perpetuem no futuro.

Assim, o Sistema de Ensino do Exército não tem por finalidade única a formação do profissional para o bom desempenho das suas atuais funções profissionais, mas primordialmente a transmissão de um legado secular que não pode se perder sob pena de se perder o próprio Exército. A formação moral do militar é considerada mais importante do que a formação técnica. A técnica pode ser apreendida ou aperfeiçoada em qualquer fase da vida e da carreira, porém a formação moral, a interiorização de valores, crenças, atitudes, comportamentos, opiniões, sentimentos, percepções, disposições, enfim, toda uma visão de mundo, uma forma de agir, pensar e sentir, aquilo que distingue o militar do "paisano", é a missão primordial de qualquer escola militar.

O ensino, dessa forma, em tempo de paz, é visto como a principal missão dos militares. Essa atividade proporciona grande prestígio a quem dela faz parte. O corpo docente de qualquer escola militar passa por um processo de seleção e a função desempenhada é a de instrutor para oficiais e monitor para sargentos. Ser instrutor em qualquer escola do Exército é símbolo de *status* e cada ano no desempenho desta função rende ao militar uma pontuação na sua quantificação do mérito, o que o coloca em posição de vantagem em todos os processos seletivos dos quais vier a participar, a exemplo dos processos para promoção por <u>merecimento, missão no exterior</u>, assunção de comando, entre

---

[23] Ibid.

outros.

O oficial, dessa forma, ao ser nomeado instrutor, ganha prestígio, fato que será sempre mencionado em todas as suas apresentações, mesmo depois de já haver encerrado o exercício da função, e proporciona uma vantagem material à carreira do oficial, uma vez que lhe renderá pontos na sua quantificação do mérito.

Um militar, para chegar a ser instrutor em alguma escola, passa por um processo de seleção e é nomeado para a função. A nomeação significa que a função será exercida por aquele militar em específico, não podendo ser substituído por um outro que, por exemplo, tenha as mesmas qualificações profissionais ou mesmo um currículo melhor. A vaga é dele durante o período da sua nomeação, que é inicialmente de dois anos, prorrogáveis por mais dois.

O processo de seleção para instrutor segue um rito semelhante em todas as escolas. A equipe de instrutores da escola se reúne com o fim específico de selecionar os militares que comporão a equipe do ano seguinte. Em um primeiro momento, são levantados os nomes pelos atuais instrutores e colocados à apreciação de todos. Os militares sugeridos e aceitos são contatados pelos proponentes a fim de se verificar o interesse de cada um. Em uma segunda reunião, já com o concorde dos indicados, a relação é concluída e os nomes são propostos. Consta da proposta uma ficha na qual são inseridas diversas informações sobre o militar, informações estas que dão uma visão da sua vida e da sua carreira e como ambas têm se desenvolvido. Muitos não são aceitos por diversos motivos que podem ser considerados desqualificantes para a função. A partir daí, os nomes selecionados são oficialmente propostos. Segue-se o trâmite de um processo e os militares são nomeados instrutores para o ano subsequente.

Um aspecto relevante levado em consideração na qualificação de um instrutor é o exemplo pessoal que ele deverá ser para os seus instruendos, mormente se a escola for de formação, como a Academia Militar das Agulhas Negras (AMAN) ou a Escola de Sargentos das Armas (EsA). Esse exemplo de militar com uma vida pessoal organizada e regrada segundo os valores da Instituição é, por vezes, levado mais em conta do que sua experiência profissional ou qualificação acadêmica para o exercício da função propriamente dita. A vida pessoal do militar é importante, pois deverá espelhar o que a Instituição espera de um oficial ou de um sargento naquela fase da carreira, pois ele será a referência para os seus instruendos. Um cadete da Academia Militar das Agulhas Negras (AMAN), dessa forma, deverá ver no tenente comandante do seu pelotão e no capitão comandante da sua subunidade um exemplo de oficial do Exército, tanto profissional quanto pessoalmente. Por isso, em uma seleção de instrutores para a AMAN, o fato do tenente ou capitão cogitado para a função ser casado e ter filhos, entre outros fatores de ordem pessoal, ganha importância igual ou superior a certas qualificações puramente profissionais.

As principais escolas do Exército são a Academia Militar das Agulhas Negras (AMAN), a Escola de Aperfeiçoamento de Oficiais (EsAO), a Escola de Comando e Estado-Maior do Exército (ECEME), o Instituto Militar de Engenharia (IME), a Escola de Saúde do Exército (EsSEx), a Escola de Formação Complementar do Exército (EsFCEx), a Escola de Sargentos das Armas (EsSA), a Escola de Sargentos de Logística (EsSLog) e a Escola de Aperfeiçoamento de Sargentos das Armas (EASA), ainda segundo o Livro Branco de Defesa Nacional.

A principal carreira do Exército Brasileiro é a carreira do oficial da Linha de Ensino Militar Bélico. Essa é a carreira do oficial combatente, do oficial que realiza a atividade fim da Instituição, a guerra, as operações militares, integrando as Armas de Infantaria, Cavalaria, Artilharia, Engenharia e Comunicações, o Serviço de Intendência e o Quadro de Material Bélico, todos formados na Academia Militar das Agulhas Negras (AMAN).

Essa carreira é a espinha dorsal da Instituição, que vai do tenente ao general-de-exército. Os integrantes dessa carreira, além de serem os que detém maior prestígio, são os que desempenham as funções-chave da Instituição: comandam as frações operacionais desde o posto de tenente, assessoram os oficiais mais antigos em função de comando, compõem os Estados-Maiores, exercem as funções de comando, chegam ao generalato e são os únicos a atingirem o último posto, general-de-exército, quando passam a integrar o Alto-Comando do Exército, dentre os quais será escolhido o comandante do Exército.

Há somente uma porta de entrada para essa carreira: a Academia Militar das Agulhas Negras (AMAN). A AMAN é a única escola do Exército a formar o oficial de carreira combatente que, por isso, será sempre identificado, ao longo da sua trajetória no Exército, como "Oficial de AMAN" ou "Oficial de Academia".

Existem, além da Academia, outras duas escolas pelas quais deverão passar os oficiais de AMAN no prosseguimento da sua carreira: a Escola de Aperfeiçoamento de Oficiais (EsAO), cursada por capitães, e a Escola de Comando e Estado-Maior do Exército (ECEME), para oficiais superiores nos postos de major e tenente-coronel. A EsAO é obrigatória para todos os capitães e condição para promoção a oficial superior (major). A ECEME é cursada por cerca de um terço de cada turma formada pela AMAN. O ingresso nessa escola de altos estudos militares é mediante concurso para as turmas que se encontram na fase final do posto de capitão e nos postos de major e tenente-coronel, sendo condição para o prosseguimento da carreira. Ao término do curso na ECEME, o oficial superior ingressa no Quadro do Estado-Maior do Exército (QEMA), passando a desempenhar as funções de assessor das altas autoridades militares, os generais. Os comandantes de Organizações Militares (OM) valor Unidade, os que exercem as principais missões no exterior e os que atingem o generalato são selecionados dentro desse universo de oficiais superiores.

2. A construção sociológica de uma Instituição

O Exército Brasileiro tem se apresentado, ao longo do desenvolvimento político do Brasil, como uma instituição atuante e participativa. Buscou, quase sempre, interferir no desenrolar das ações políticas nacionais ao longo da história, impondo, no Estado, a sua vontade institucional, sempre no sentido da promoção da ordem e do progresso para todo o país. Demonstrou, nessas ocasiões, ser detentor de uma forte capacidade de influenciar os principais processos que direcionaram as grandes decisões nacionais.

Surgiu, na Instituição Militar brasileira, em meados dos anos oitenta, ao que parece, uma tendência ao distanciamento da política. Entretanto, é fácil observarmos que, ao longo da história nacional, talvez este seja um posicionamento inédito do campo militar em relação à política nacional no Brasil.

O estudo sobre a trajetória de uma instituição que se formou e se desenvolveu unida à política nacional, mas que, nas últimas décadas, parece manter-se neutra dentro dessa esfera, se torna importante não somente para um entendimento mais acurado sobre a situação atual dessa instituição, e da própria política nacional que por tantas décadas necessitou da influência do campo militar, mas também, e talvez principalmente, para compreendermos as tendências que poderão nortear o prosseguimento da trajetória da Instituição Militar brasileira a partir do seu atual estágio de desenvolvimento, inserida hoje em uma conjuntura que, ao que parece, a impulsiona na direção da neutralidade política.

A trajetória do Exército Brasileiro revela de maneira muito clara a sua construção em instituição. Uma instituição não é uma organização qualquer, mas uma organização qualificada pelo fato de haver se desenvolvido por meio de uma trajetória rica em experiências, tanto internamente na relação entre seus integrantes quanto na sua relação com o ambiente que a circunda: enfrentou desafios, inclusive de sobrevivência, e os superou, e criou e refinou valores próprios, construindo uma identidade e uma cultura organizacional complexa e *sui generis*.

Uma instituição mostra-se substancialmente importante tanto para o meio social no qual está inserida quanto para cada um de seus integrantes, que a absorvem nas suas vidas como um dos aspectos mais relevantes das suas biografias, fazendo com que ela, a instituição da qual essas pessoas fazem parte, se inter-relacione com todos os demais aspectos das suas trajetórias pessoais de vida. Com efeito, esclarece Philip Selznick, citado por Margarida Kunsch:

Instituição é um organismo vivo, produto de necessidades e pressões sociais, valorizada pelos seus membros e pelo ambiente, portadora de identidade própria, preocupada não somente com lucros ou resultados, mas com a sua sobrevivência e perenidade e guiada por um claro sentido de missão. As pessoas constroem suas vidas em torno delas, identificam-se com elas e tornam-se dependentes delas.

Entendo o conceito de instituição nesses termos, e por isso vejo que o Exército Brasileiro desenvolveu uma trajetória na qual, muito precocemente na História do Brasil, construiu-se em instituição. E isso se deve ao fato de que muito cedo se viu, ainda no Brasil Império, aquinhoado com valores, tradições, conceitos, disposições e interesses institucionais que permitiram a construção de uma cultura institucional diferenciada em relação às outras organizações e instituições da sociedade mais ampla.

2.1. O amadurecimento sociológico da Instituição

Edmundo Campos Coelho realiza uma análise do Exército Brasileiro sob o referencial da teoria das organizações. O Exército, visto sob essa perspectiva, é uma organização que se desenvolveu ao longo de várias décadas e através de muitas experiências a ponto de construir-se como instituição. É, portanto, dotado de valores, princípios, crenças, atitudes, comportamentos, opiniões, percepções, sentimentos e objetivos singulares. Possui, por isso, uma visão de mundo própria que conforma seus objetivos e as formas pelas quais pode atingi-los. Essa visão de mundo direciona seus posicionamentos e procedimentos, caracterizando-o como uma instituição portadora de interesses específicos e autonomia na elaboração e consecução de seus propósitos.

A primeira fase do desenvolvimento do Exército Brasileiro como instituição se processou dentro de uma conjuntura que Edmundo Campos Coelho chama de *política de erradicação*. Esse período perpassa o Primeiro e o Segundo Império, caracterizando-se pela prevalência, por parte das elites civis, de atitudes hostis e de desconfiança em relação à existência de uma Força Armada permanente, disciplinada e profissional. A preferência era por uma milícia civil, composta por soldados-cidadãos sob comando regional, o que manteria enfraquecido o poder central. O Exército, relegado a um segundo plano e desprestigiado em face da Guarda Nacional, tinha um orçamento ínfimo, ficava restrito às fronteiras, afastadc, portanto, dos centros de decisão política, via seus quadros preenchidos pelas camadas inferiores da sociedade e era percebido como uma organização sem função específica e plenamente dispensável. A *política de erradicação* correspondeu à *fase de hibernação* do Exército, quando este se ajustou ao ambiente hostil e aprendeu a sobreviver sob condições ameaçadoras e em estado contínuo de perigo quanto à sua existência.

Essa atitude hostil das elites civis brasileiras em relação ao Exércitc, prossegue Edmundo Campos Coelho, promoveu, na Primeira República, como reação à marginalidade e à subalternidade com que era tratado, o surgimento de uma autoconsciência e uma autoestima que impregnou "o espírito militar da crença na deterioração da ordem civil e na superioridade moral da ordem militar." Tem início a *política de cooptação,* quando as elites civis implementam medidas no sentido de cooptar as elites militares no aparelho político. O Exército, neste período, vê-se abandonado tanto pelas elites civis quanto pelas elites militares, embriagadas que ficam estas pelas benesses do poder. Isso faz despertar, nos capitães e tenentes, um acentuado interesse pelas questões políticas, o que "não favorece o desenvolvimento de um pensamento ou doutrina militar que defina o papel do Exército na sociedade." Nesse ínterim, um grupo de oficias subalternos é mandado estagiar no Exército Alemão. Chamados pejorativamente de "jovens turcos", ao retornarem ao Brasil, dão início a uma etapa de intenso aperfeiçoamento profissional, cuja ideia básica define como função primordial do Exército a defesa externa, o que somente seria possível através da profissionalização de seus quadros e seu completo afastamento da política. Bem acolhida pelo governo a tese de profissionalização e apolitismo militar, foi escolhida a Missão Militar Francesa para implementar uma mentalidade militar brasileira voltada para a modernização e para o permanente aperfeiçoamento profissional. A *política de cooptação* correspondeu à *fase da ativação,* quando o Exército "adquiriu maior consciência de sua própria existência como entidade distinta na sociedade, diferente, sob vários aspectos, de outros grupos sociais". aumentando "o nível das atividades simbólicas coletivas que tornaram o Exército mais visível para seus próprios membros e para os demais segmentos da sociedade brasileira."

A Revolução de 1930 e o Estado Novo, de acordo com esse

autor, inauguram a terceira fase do desenvolvimento do Exército como instituição. A simbiose Exército-Estado dá início, pela primeira vez, sob forte influência da Missão Militar Francesa, a uma doutrina militar consistente e de efeitos duradouros. Essa doutrina e a política militar implementada consistiram em obra intelectual do general Góes Monteiro. Góes Monteiro era um oficial de Cavalaria de carreira obscura até o posto de tenente-coronel, em 1930, quando, neste ano, a conjuntura política nacional permitiu que se revelasse como um dos maiores pensadores militares do Exército Brasileiro. Rompendo com a tradição dominante, não faz referência a clichês do tipo "'coesão inabalável', 'passado glorioso', 'abnegação dos chefes', 'culto à disciplina' ou qualquer outra fórmula do estilo." Pelo contrário, sua crítica demonstra uma percepção aguçada e realista dos fatos. Chegou mesmo a afirmar que não conhecia "na história dos Exércitos do mundo nenhum que tenha história tão infeliz e melancólica como a do Exército Brasileiro." Considerava o Exército um instrumento essencialmente político, sendo, portanto, imprescindível "fazer a política *do* Exército, e não a política *no* Exército". O núcleo de seu pensamento se centrava na ideia de que somente seria possível um Exército disciplinado se se construísse antes uma nação disciplinada. Com efeito, entendia que

> o meio mais racional de estabelecer, em bases sólidas, a segurança nacional, com o fim sobretudo de disciplinar o povo e obter o máximo de rendimento em todos os ramos de atividade pública, é justamente adotar os princípios de organização militar, contanto que seja isenta do espírito militarista.

Essa fase foi decisiva no desenvolvimento do Exército, sendo chamada por Edmundo Campos Coelho de *fase institucional*, fase na qual se consolidou o fenômeno que ele chama de solidariedade militar.

> A organização militar atingira o grau de complexidade a partir do qual qualquer ação haveria de requerer o concurso de unidades com funções de tal maneira interdependentes que só o controle de órgãos centrais de coordenação, tais como os estados-maiores,

seria capaz de garantir condições de sucesso. A esta solidariedade orgânica sobrepôs-se, durante o Estado Novo – e pela primeira vez na história do Exército –, uma doutrina definidora do papel da organização militar na sociedade brasileira. O sistema de comunicações organizacional, já bem desenvolvido, foi mobilizado para a difusão desta doutrina e para a criação de um sentimento comunitário. A manipulação de elementos simbólicos concentrou-se na glorificação de um passado comum, dos heróis militares e seus feitos e na prática, então instituída, do culto às vítimas da Intentona Comunista. Criou-se, por estas vias, um clima de solidariedade que haveria de perdurar.

Correspondeu à esta *fase institucional* a *política laudatória,* política segundo a qual, no entendimento de Edmundo Campos Coelho, busca-se "exaltar todas as virtudes reais e imaginadas do Exército, ainda que a crença nelas seja nenhuma." Faz-se uso de todo tipo de clichê ou fórmula que envaideça a Organização Militar, a exemplo do conceito de "poder moderador", que se presta, segundo esse autor, a tantos propósitos. Os políticos civis percebem que a melhor estratégia de atingirem o poder e de lá permanecerem é a da exploração sem parcimônia do discurso laudatório, pois a história política nacional ensinou-os que é "imprescindível não alienar a simpatia dos militares", uma vez que "se indispor com os homens fardados significou para muitos políticos uma ameaça real às suas carreiras." Foi por meio da *política laudatória* que muitos civis fizeram do Exército um instrumento político para o atingimento de seus propósitos pessoais.

Nessa *fase institucional,* esclarece Edmundo Campos Coelho, iniciada em 1930 sob a batuta do general Góes Monteiro dentro da política e da doutrina por ele elaboradas, o Exército Brasileiro adquiriu a capacidade de organizar seus valores e objetivos de maneira autônoma diante dos demais grupos sociais e com independência em relação ao poder político. O Exército completa, assim, o processo por meio do qual se construiu como uma instituição autoconsciente na percepção de seus integrantes, tornando-se um centro específico de decisão em torno do qual a sociedade brasileira passou a ser cada vez mais dependente.

E conclui: "A Revolução de 1964, com a ascensão dos

militares ao poder, marcou o início de uma fase de simples sustentação e aprofundamento do processo de institucionalização, acrescentando-lhe um fator crucial, uma doutrina."

2.2. Um longo caminho de institucionalização

O Exército Brasileiro é uma instituição que tem grande apreço pela tradição. Convencionou sua origem nas distantes Batalhas de Guararapes, comemorando seu surgimento no dia 19 de abril de 1648 pela união das três raças na expulsão dos holandeses em Pernambuco, preexistindo, assim, à própria Independência. Tem como premissa primordial fincar seus valores, crenças e princípios em uma tradição antiga, imemorial se possível, que infunde no imaginário dos seus integrantes um sentimento de que seus rituais e símbolos remontam a um passado distante, o que ajuda a legitimar sua autoridade de instituição pública que tem por finalidade o uso legítimo da força física.

Mas de fato o Exército se construiu em instituição nacional bem cedo na História do Brasil, ainda no Primeiro Império, encontrando-se, no Segundo Império, já em pleno desenvolvimento e organizando-se. Dessa forma, estabeleceu-se prematuramente como instituição nacional no desenvolvimento político do Brasil, o que lhe propiciou a possibilidade de impor sua vontade nas questões mais relevantes do interesse nacional, possibilidade esta que se tornou uma realidade ainda no Império de D. Pedro II.

Oliveira Vianna adverte que os políticos civis, já àquela época, percebiam o Exército como uma instituição nacional dotada de capacidade para satisfazer seus interesses pessoais, bastando, para isso, que se utilizassem de sua habilidade política na exploração do potencial da Instituição. Os militares se mostravam alvo fácil de manipulação diante da sagacidade de políticos civis que, sem muito esforço, conseguiam não somente "amansá-los" como também "embravecê-los" a seu bel-prazer e de acordo com seus interesses, não se devendo falar, por isso, em uma política militar ou em um militarismo brasileiro.

Entretanto, prossegue Oliveira Vianna, não se pode

subestimar a força dos militares, que estiveram presentes em momentos políticos vitais da Nação, como a Abolição, a Independência e a República, e cuja participação foi de fato decisiva em todas essas ocasiões. Paradoxalmente, esses mesmos eventos entremostram a extrema vulnerabilidade militar às intrigas e artimanhas dos profissionais da política. Assim, em virtude de um vívido espírito de corpo e de uma ética firme e bem definida, a Instituição Militar era vista como um rico reduto disponível à exploração.

Oliveira Vianna entende que já se desenvolvia, assim, prematuramente no ambiente da caserna, uma convicção de que os militares seriam "puros", "sãos", "patriotas" e os civis "corruptos", "podres" e "sem nenhum sentimento patriótico". Percepção essa que dá início a um *sentimento de proeminência moral* e a uma mentalidade salvadora segundo os quais somente os militares, jamais os civis, estariam aptos a salvaguardar os mais profundos interesses da Nação. Por consequência, surge, então, uma política definida pelo princípio de que o homem d'armas, inobstante a farda e a espada, não deixa de ser um cidadão como outro qualquer. O cidadão fardado tinha não só o direito, mas o dever de imiscuir-se na política partidária e posicionar-se frente às questões públicas, assumindo opinião determinada, inclusive a favor ou contra o governo.

Contudo, o cidadão fardado, pela *superioridade da força física* proporcionada pelas armas e pela organização institucional, não tem vocação para lidar com questões da esfera política. É nesse sentido que Oliveira Vianna explica que

No fundo, querendo criar uma igualdade, eles estabeleciam uma desigualdade. Realmente se, dando o direito de sufrágio e de elegibilidade ao "cidadão armado", realizavam uma obra justa de equiparação entre as duas categorias de cidadãos; por outro lado, criavam, com esse aparente nivelamento de direitos políticos, uma perigosa situação de desequilíbrio entre o cidadão de farda e o cidadão de casaca, quando um conflito se abrisse entre um e outro. Porque, se este, o cidadão de casaca, tinha para ampará-lo a cana da sua bengala, aquele encontrava o seu apoio na lâmina da sua espada – e está fora de dúvida que a pequena minoria dos cidadãos, que manejavam instrumentos de ferro, haveria de acabar fatalmente dominando a grande maioria dos cidadãos que manejavam instrumentos de pau – o que não seria justo e muito menos democrático.

Além da desigualdade de força física entre as duas categorias de cidadãos, há que se observar o contexto psicossocial da caserna. O militar, pela conformação de seus valores e sentimentos, de suas crenças, opiniões e percepções, desenvolve uma *suscetibilidade muito aguçada,* à flor da pele mesmo, que o faz sentir-se ofendido nos seus brios ante a menor percepção de desfeita; sentimento que exige reparação rápida e satisfatória. Sente-se humilhado em circunstâncias as mais normais e rotineiras da vida pública, que oferece de trivial ao político seu instrumento de ofício mais comum: a tribuna. Da tribuna o político ataca e se defende. A tribuna é sua mais poderosa arma; o vernáculo e a eloquência, suas mais preciosas munições.

O militar não tem preparo para subsistir em ambiente como este. Foi formado e se mantém por toda a sua vida sobre os pilares da hierarquia e da disciplina, princípios que defende com ardor a todo custo, erigindo-os em valores supremos. Assim, não aceita passivamente que se lhe oponham verbalmente com veemência, linguagem própria do campo político, sem sentir-se profundamente ofendido e humilhado, aviltado mesmo no mais íntimo da sua honra e da sua dignidade pessoal.

Oliveira Vianna alerta para o fato da existência de "uma incompatibilidade radical entre a psicologia do militar e os princípios segundo os quais se desenvolvem as atividades dos partidos em nosso país", o que "torna as lutas políticas, em que aparecem militares, uma fonte de atritos temerosos."

Somado a isso, verificamos que o *espírito de corpo* se constitui em uma das mais básicas características da caserna, incutido no militar de maneira ininterrupta desde o momento em que adentra as fileiras da Instituição, cultuado sempre como um dos seus mais sublimes valores. Isso faz com que a ofensa a um militar tenha o condão de aglutinar todos os demais, ao sentirem-se eles próprios ofendidos, haja vista entenderem no mais profundo do seu íntimo que não o cidadão, mas a farda comum a todos fora o alvo do insulto.

Oliveira Vianna bem esclarece esse aspecto ao informar que o cidadão de farda, quando se desloca para a arena política, além de levar sua mentalidade de militar, "leva também a solidariedade da sua classe; de modo que a ofensa individual se torna instantaneamente ofensa coletiva, a ofensa ao militar se faz logo ofensa aos militares".

Esses quatro elementos: (1) *sentimento de proeminência moral*, (2) *força física superior*, (3) *aguçada suscetibilidade* e (4) *espírito de corpo*, elementos constitutivos da Instituição Militar, já se achavam em pleno desenvolvimento ainda no Brasil Império. Isto demonstra que o Exército Brasileiro, muito precocemente na História do Brasil, já se erigia em instituição apta, e sem outras que estivessem em condições de lhe serem concorrentes, a influenciar decisivamente os rumos que tomariam o desenvolvimento da própria Nação.

Assim, os característicos anseios do Exército pela centralização política do Brasil já se apresentam com nitidez no desenrolar dos acontecimentos da Primeira República. Uma instituição nacional fundamentada sobre os pilares da hierarquia e da disciplina, que tem na segurança e na ordem não somente suas finalidades precípuas, mas que delas também faz seus mais básicos atributos, e que busca a máxima eficiência na consecução de seus objetivos imediatos, tenderá a ver a centralização como um instrumento hábil e legítimo para o atingimento de seus objetivos, sempre no sentido da ordem e do progresso do país como um todo.

Além disso, temos que levar em consideração os quatro elementos que compuseram a formação do Exército durante o Império de D. Pedro II, fase que permitiu um amadurecimento prematuro em relação a muitas outras instituições fundamentais do Estado, conforme já salientei, que são: *sentimento de proeminência moral, força física superior, aguçada suscetibilidade* e *espírito de corpo*. A centralização, vista nesse contexto, talvez seja percebida pela Instituição como o único caminho, ou pelo menos como o mais certo e seguro, para se atingir os objetivos que vislumbra como os melhores para a Nação.

Isso porque, pela conjuntura que vimos, é possível que o Exército, naquela fase do desenvolvimento político do Brasil e do seu próprio como instituição, não só se julgasse o ator social brasileiro mais apto a distinguir e a definir os melhores caminhos a serem seguidos pela Nação, como também se sentisse o mais bem aparelhado para implementar as medidas necessárias à abertura desses caminhos e o melhor habilitado a garantir um imperturbável prosseguimento neles.

O movimento tenentista dos anos vinte, por haver saído das fileiras do Exército, deixa entrever, nas suas características mais básicas, a maneira como vinha se desenvolvendo o pensamento militar dentro da caserna. Boris Fausto, referindo-se a ele, o define como um movimento intrinsicamente militar, caracterizado por tendências reformistas autoritárias. Os integrantes do movimento punham sobre si a responsabilidade pela salvação nacional. Consideravam-se os guardiões das instituições republicanas, vendo o povo como um ente passivo e inexpressivo diante de qualquer acontecimento.

José Murilo de Carvalho chama a atenção para a natureza dual do comportamento político da população carioca no início do século passado, o que pode ajudar a elucidar a visão que os militares tinham dos civis àquela época. Esclarece que a população manifestava

> De um lado, a indiferença pela participação, a ausência de visão de governo como responsabilidade coletiva, de visão da política como esfera pública de ação, como campo em que os cidadãos se podem reconhecer como coletividade, sem excluir a aceitação do papel do Estado e certa noção dos limites deste papel e de alguns direitos de cidadão. De outro, o contraste de um comportamento participativo em outras esferas de ação, como a religião, a assistência mútua e as grandes festas em que a população parecia reconhecer-se como comunidade.

Em outro momento, esse autor informa que o Exército teria desenvolvido uma ideologia que o identificava com o povo. Apresenta como argumento uma assertiva de Raul Pompéia na qual declara que "O Exército brasileiro é muito povo para querer ser contra o povo e sobre o povo", uma vez que "o Exército é a democracia armada". Cita ainda Lauro Sodré, que via no Exército a única classe organizada do país, se constituindo na essência da Nação e de fato no próprio povo em armas, sendo preferível e necessária sua ação "diante da apatia do povo paisano." Para Lauro

Sodré, os militares sempre estiveram ao lado das causas populares e democráticas, consistindo em uma "agremiação de cidadãos unidos pelos laços da disciplina".

O tenentismo não tinha, segundo Boris Fausto, um caráter organizador do povo, mas meramente substitutivo. Havia mesmo uma grande desconfiança em relação aos civis, observada claramente na revolta do Forte Copacabana, conforme relata Afonso Arinos de Melo Franco, na qual sua deflagração foi realizada sem a menor consideração para com os correligionários civis, que foram surpreendidos com o evento. Até mesmo um militar como Otávio Rocha fora tratado com reserva e desconfiança pelo fato de também ser deputado.

Assim, no entendimento de Boris Fausto, cabia ao Exército o desempenho de uma missão regeneradora no qual o tenentismo teve como papel atacar as oligarquias por meio de um movimento centralizador e nacionalista. A centralização se fazia necessária e, de acordo com Juarez Tavares, teria por via a revisão constitucional que, por sua vez, deveria estabelecer uma padronização das constituições estaduais. Estas teriam por modelo a Constituição da República que instituiria a unificação da magistratura, da legislação processual, do ensino, do regime eleitoral e tributário.

A contínua centralização que vai sendo paulatinamente instaurada no Estado brasileiro após a Revolução de 1930, prossegue Boris Fausto, é institucionalmente garantida pelo Exército, cujas ações possibilitam a convivência das várias frações da classe dominante em atrito, que lutam entre si pelo ideal da conquista de uma hegemonia impossível. No entendimento de Góes Monteiro, "as Forças Armadas aparecem como a concentração da nacionalidade, diante da incapacidade da opinião pública do país para se organizar em forças nacionais".

O processo de centralização político e administrativo instaurado com a Revolução de 1930 desembocou, em sete anos de amadurecimento, no Estado Novo. Com efeito, em 1933, Getúlio Vargas, discursando na Paraíba, já dava mostras das tendências do regime que vigia e a que termo chegaria, ao declarar publicamente, segundo Boris Fausto, que era fato incontroverso a decadência da democracia liberal e individualista e a preponderância dos governos de autoridade, em conseqüência do natural alargamento do poder de intervenção do Estado, imposto pela necessidade de atender a maior soma de interesses coletivos e de garantir estavelmente, com o recurso das compressões violentas, a manutenção da ordem pública, condição essencial para o equilíbrio de todos os fatores preponderantes no desenvolvimento do progresso social.

Fala que encontrava eco, ainda segundo esse autor, no discurso do general Góes Monteiro, e respaldo na Instituição que ele representava, quando, concomitantemente, aconselhava os "tenentes" a acomodarem seu pensamento político a um "fascismo nacionalista", isto é, um "Fascismo brasileiro, nosso, com o intuito de fortalecer a unidade pátria", quer dizer, "um fascismo baseado no fortalecimento do Estado."

Maria do Carmo Campello de Souza explica que o aprimoramento e o fortalecimento do Exército no governo Vargas pós-Revolução de 1930 consistiram em um importante mecanismo de centralização ao enfraquecerem as milícias estaduais, tirando delas a autonomia de que gozavam na Primeira República. O Exército, assim, mesmo sem estar diretamente envolvido ou comprometido com o governo, colaborou com Getúlio Vargas de pelo menos duas maneiras: foi o garantidor da estrutura burocrática que permitiu o controle dos Estados, funcionando como um "poder moderador" entre estes e o governo federal, e posicionou-se como um fomentador do desenvolvimento industrial, principalmente em relação às áreas que eram necessárias ao seu próprio crescimento, como a da siderurgia e a do petróleo.

Estava aberto, dessa forma, o caminho para uma nova forma de Estado, centralizado, intervencionista e autoritário.

2.3. A consolidação sociológica da Instituição

Maud Chirio apresenta o Exército Brasileiro como um organismo vivo e em pleno funcionamento. Revela atritos, divisões, fraturas e fragmentações, mas também sua composição, isto é, a forma segundo a qual conseguiu resolver suas diferenças e restaurar seus pontos de ruptura. Essa autora apresenta uma organização em formidável movimento que, na sua trajetória, vai amadurecendo como instituição.

O "terremoto de 1969", apresentado por ela, talvez seja o melhor exemplo de como uma instituição imersa em crise profunda pode dela sair mais forte e mais coesa do que nela entrou. Experiência que facilmente poderia ter redundado em incapacidade para o atingimento de suas pretensões institucionais. Pretensões estas que, conforme demonstrou a realidade histórica, foram, nos anos seguintes, implementadas em um tal nível de sucesso que ainda hoje fazem sentir seus efeitos.

O AI-5, segundo Maud Chirio, foi um instrumento de coerção pouco empregado contra militares. No campo militar, teve o efeito de restabelecer a calma, sendo recepcionado por seus integrantes não pela via da repressão, mas da voluntária adesão. Entretanto, houve, em 1969, um caso gerador de discórdia, o do coronel Francisco Boaventura Cavalcanti Júnior. Boaventura, garantindo-se na sua conduta idealista e realizações passadas, alinhadas com os ideais revolucionários, e possuidor de uma folha irrepreensível de atividades, quebrou um dos mais sagrados princípios da Instituição: a hierarquia. Foi sumariamente afastado pelo AI-5. Entretanto, neste caso, não foi unânime, dentro do campo militar, a aceitação da aplicação deste instrumento de repressão, considerado exemplar para os "inimigos da revolução", mas impróprio para um oficial da estirpe de Boaventura. Isso gerou uma onda de descontentamento no meio da oficialidade.

O Exército, prossegue Maud Chirio, vivia um momento delicado, quando vários grupos internos digladiavam-se por prestígio e poder. O general-de-exército Augusto César Muniz de Aragão, quatro estrelas e, dessa forma, integrante do Alto-Comando do Exército, assumiu a posição dos oficiais insatisfeitos com a aplicação do AI-5 a Boaventura, cuja imposição fora obra do grupo que ele chamava de o palácio presidencial. Isso dá início a uma séria crise institucional, uma vez que, pela primeira vez, um general de quatro estrelas mobilizava a oficialidade contra o grupo palaciano, denunciando sua legitimidade para o exercício do poder. Muniz de Aragão é afastado, o que gera grande mal-estar entre a oficialidade do Exército, longe de viver a homogeneidade que aparentava.

A Presidência, prossegue ela, já vivia uma profunda crise de sucessão quando o AVC de Costa e Silva agravou a situação. O general Afonso de Albuquerque Lima, general-de-divisão, com apenas três estrelas portanto, oportunista reconhecido como nacionalista dotado de sólida legitimidade radical, tumultuava ainda mais a crise. Tendo pretensões à Presidência, fazia política dentro do campo militar, pois pelos meios institucionais, isto é, pela antiguidade, quando seria observada a precedência hierárquica, não lhe seria possível tornar-se presidente. Liderava, portanto, a facção que se opunha ao grupo palaciano.

Afastado Costa e Silva por motivos de saúde, continua Maud Chirio, agrava-se a crise da sucessão presidencial. Albuquerque Lima, que com seu discurso nacionalista e autoritário já havia conquistado o apoio de amplos setores da oficialidade, divulga um manifesto no qual propõe que a sucessão presidencial obedeça ao princípio da "aprovação unânime das Forças Armadas". Tal princípio significava a prevalência não das determinações dos chefes, isto é, dos mais antigos, mas da opinião dos líderes, quer dizer, dos militares mais "populares". Essa proposta aumentava a turbulência do momento, no qual o Exército apresentava visíveis sinais de fratura, e favorecia a possibilidade de Albuquerque Lima chegar à Presidência quebrando as normas institucionais da precedência hierárquica.

> Insubmissão de alguns oficiais subalternos, participação política reivindicada por outros, um coronel dissidente, Boaventura, como "vivandeira" dos quartéis, e um general de três estrelas que lembra os "generais do povo" de antes de 1964: os militares mais graduados têm motivos para pensar que a base da oficialidade ameaça seu poder. [...] a imagem de uma Vila Militar mais uma vez como um "barril de pólvora" e a evidente campanha que o general Albuquerque Lima realiza nos quartéis aceleram a elaboração, pelas altas autoridades militares, de um regulamento político da sucessão.
> [...]
> Eles [certos líderes militares] mobilizam um imaginário comum à maioria militar, incluindo sua elite: a necessidade do consenso nas Forças Armadas como garantia da revolução, a importância de preservar a calma castrense a fim de assegurar a estabilidade do poder, a valorização do carisma, da atenção aos subordinados

pelos chefes militares. Desse ponto de vista, a realização da "consulta" à oficialidade para decidir o sucessor de Costa e Silva não é uma vitória dos partidários de Albuquerque Lima: ela constitui a única opção legítima. Entretanto, por trás desses princípios amplamente consensuais, as práticas toleradas divergem: como fazer com que a necessária sondagem do "consenso militar" não se torne uma eleição inaceitável? Uma vez que a opinião de um major – e todos os protagonistas concordam nesse ponto – não pode pesar tanto quanto a de um general de exército, como ponderar sobre a patente, as tropas comandadas e o prestígio militar na determinação da legitimidade política? A partir de que patente é possível representar seus subordinados, logo, exprimir uma opinião e não mais ser representado?
[...]
O fato é excepcional por sua natureza, uma vez que reconhece uma forma de responsabilidade coletiva na oficialidade: o regime militar, instaurado sob o argumento do retorno da disciplina e do apolitismo no interior das Forças Armadas, resolve, assim, sua primeira crise importante suscitando uma participação política ativa em seu seio.

Coube, dessa forma, ao Alto-Comando do Exército, conforme esclarece Maud Chirio, a responsabilidade por solucionar a crise, cujos efeitos, inclusive, tiravam deste órgão de cúpula a força e a autoridade necessárias para uma solução legal e legítima dentro da estrutura normativa da Instituição. Reuniu-se, para decidir o que deveria ser feito, a 15 de setembro de 1969, uma comissão *ad hoc,* que ficou conhecida pelo nome de "Comissão dos 3M", em virtude dos nomes de seus membros, os generais-de-exército Jurandir Bizarria Mamede, Emílio Garrastazu Médici e Antônio Carlos Murici. A "Comissão dos 3M" decidiu, em função do delicado momento vivenciado pelo Exército Brasileiro, pela realização de uma *sui generis* "eleição intramilitar". Entretanto, a "Comissão dos 3M" também estabeleceu que os procedimentos desta "eleição intramilitar", fossem eles quais fossem, deveriam atender simultaneamente a duas lógicas aparentemente incompatíveis: a construção do consenso dentro das Forças Armadas, de um lado, e a assunção da Presidência por aquele que fosse o escolhido do Alto-Comando do Exército, de outro, com o consequente afastamento do general Albuquerque Lima, popular entre a jovem oficialidade.

O Alto-Comando do Exército (ACE), de acordo com Maud Chirio, reuniu-se em 17 de setembro, quando elaborou um modo de escrutínio complexo, mas que atendeu plenamente a todas as determinações da "Comissão dos 3M". A "eleição", cujo "eleitorado" era composto por todos os oficiais generais, em um total de 114 "eleitores", atribuía a cada um dos 11 generais-de-exército uma "circunscrição eleitoral". Cada circunscrição deveria fornecer ao Alto-Comando do Exército uma lista com três nomes sem ordem de preferência nem indicação de votos obtidos por cada um. O oficial mais citado seria o "eleito". Esta votação por lista atendeu às duas lógicas aparentemente incompatíveis impostas pela "Comissão dos 3M", dando primazia ao consenso ao mesmo tempo em que prestigiava o Alto-Comando do Exército ao eleger o seu escolhido. Este método possibilitou tal resultado pelo fato de que, nestas condições, para ser "eleito", o oficial não poderia estar envolvido em nenhum confronto de grupos rivais nem ser popular em algum lugar, haja vista ser necessário seu reconhecimento em todas as regiões. Não era o caso de Albuquerque Lima, que seria o "eleito" em uma votação igualitária entre todos os generais, isto é, caso não fosse realizada por "circunscrições eleitorais", devido à sua grande "popularidade" entre os oficiais do I Exército, no Rio de Janeiro, Grande Comando com maior número de generais. Foi, dessa forma, "eleito" um "personagem remoto com sólida reputação de revolucionário [...] e de homem de aparelho e dos segredos do Estado, após vários anos passados à frente do SNI." Assim, citado em 10 das 11 "circunscrições", o general-de-exército Emílio Garrastazu Médici superou largamente Albuquerque Lima, citado em apenas 5. Ainda Maud Chirio:

> Nenhum motim sucede a essa estranha eleição, embora a quase totalidade dos oficiais que manifestam publicamente seu protesto depois do golpe tenha assistido ao fracasso de seu líder. As poucas contestações militares que se seguem ao processo de seleção tendem a revelar a onipotência do Alto-Comando do Exército: nenhuma questiona a designação do general Médici para a Presidência nem abala sua validação pelo Alto-Comando das Forças Armadas, em 6 de outubro, e depois pelo Congresso, algumas semanas mais tarde.

[...]

Após o fracasso de seu líder, a massa de oficiais-generais e superiores em favor de Albuquerque Lima adota a discrição.

Uma única manifestação pública de contestação ao processo de sucessão presidencial por parte de oficial-general, registra Maud Chirio, ocorreu em 02 de outubro. O almirante Ernesto de Mello Batista, autor do manifesto, recebeu punição imediata e exemplar. Foi também o único caso de aplicação do AI-17, editado em 17 de outubro com a finalidade de "afastar temporariamente da ativa os militares 'revolucionários' arrebatados pelo entusiasmo contestatório." O AI-17 foi um instrumento que proporcionou à Presidência a possiblidade de restabelecer, de maneira imediata e eficiente, na Instituição Militar, "as fronteiras admissíveis da participação política, poupando-se [...] do escândalo de punições de 'revolucionários' pelo AI-5 (mais duras e desonrosas) e repetições do 'caso Boaventura'", haja vista serem temporárias as punições por ele estabelecidas, "dando aos punidos a oportunidade de retornarem ao serviço ativo tão logo fosse aplacado o seu entusiasmo contestatório. Estava implícito neste dispositivo o reconhecimento do mérito profissional de muitos dos punidos."

A solução adotada para a crise de sucessão foi aparentemente absurda para um exército, mas que pode ser considerada genial se observado o contexto social e político do momento e os efeitos imediatos e permanentes que produziu. A autoridade do Alto-Comando do Exército jamais seria outra vez contestada dentro da Instituição, sendo consolidados, definitivamente, os princípios basilares da hierarquia e da disciplina, tão bem expressos na famosa frase continuamente repetida dentro da caserna "manda quem pode, obedece quem tem juízo."

Maud Chirio registra, de maneira sistemática e cronológica, inúmeros episódios ocorridos dentro da caserna no período que vai de 1961 a 1978. Episódios que esclarecem acerca do desenvolvimento do Exército Brasileiro como instituição, resolvendo seus conflitos, suas dissidências e suas fraturas mais profundas, aparentemente por meios incompatíveis com os parâmetros militares, mas que, uma vez superados, como foi o do exemplo que acabamos de ver, possibilitaram uma trajetória que redundou na resolução da organização em uma instituição mais bem definida e bem menos heterogênea.

3. 1964

31 de março de 1964 foi um dia de perplexidade para a Nação brasileira. Perplexidade que aumentou nos anos que se seguiram. José Murilo de Carvalho confessa o choque com que o Exército, apoiado por políticos, manifestações religiosas e anticomunistas da classe média impactou a Nação com a derrubada do governo por meio de simples movimentação de tropas. "À primeira surpresa acrescentou-se outra: os militares não passaram o poder a seus aliados políticos como era a praxe. Vieram, viram, venceram e ficaram."

O jovem aluno do curso de sociologia e política da Faculdade de Ciências Econômicas da antiga Universidade de Minas Gerais, neste ano de 1964, teve seu interesse de pesquisador despertado para o estudo sobre os militares. Ano que surpreendeu o Brasil e que também deixou perplexo o mundo acadêmico. Pensavam estar às vésperas de grandes transformações sociais e próxima a realização do ideal socialista.

> De repente, o choque. O movimento militar, apoiado por políticos e por manifestações religiosas e anticomunistas da classe média, derrubou o governo com simples movimentação de tropas. O governo, os generais do povo, os sindicatos, os partidos e movimentos de esquerda, todos desapareceram, evaporaram, não ofereceram resistência. À primeira surpresa acrescentou-se outra: os militares não passaram o poder a seus aliados políticos como era a praxe. Vieram, viram, venceram e ficaram.

Perguntou-se o jovem pesquisador:

como foi possível que ninguém tivesse previsto aquele tipo de golpe, embora todos falassem, e muitos pensassem, em golpe? Como foi possível ignorar as mudanças por que passara esse ator político, responsáveis por sua nova postura?
[...]
por que não estudamos os militares?

Supunha esse autor que uma maior compreensão da Instituição Militar poderia ter contribuído para evitar os acontecimentos que precipitaram o movimento de 1964. Começou praticamente do zero. Descobriu que quase nada existia de estudos sobre os militares no Brasil. Parece ter encontrado grandes resistências, pois constatou que os pouquíssimos pesquisadores que se dedicavam ao assunto tinham que invariavelmente se desculpar pela escolha do tema. Tema que não tinha legitimidade acadêmica nem teórica e que era politicamente suspeito, uma vez que quem a ele se dedicava passava a ser percebido como simpático à Instituição Militar. Omissão acadêmica "escandalosa e chocante, tendo-se em vista a esmagadora, no sentido figurado e literal, presença militar na política dos países hispano-americanos desde a independência e, no Brasil, desde a República".

Esse autor entende que as Forças Armadas devem ser estudadas como organizações que possuem características e vida próprias e não como representantes de grupos sociais externos, como têm sido comumente vistas. Isso porque, ao identificá-las com a categoria das instituições totais de Erving Goffman, observa tratar-se de organizações que tentam envolver todas as dimensões da vida de seus integrantes, o que tem por consequência a formação de uma identidade forte e coesa. E identidade forte e coesa "aumenta o grau de autonomia da organização em relação ao meio ambiente".

O general Góes Monteiro, prossegue José Murilo de Carvalho, é identificado como o primeiro grande pensador do Exército Brasileiro, seguido posteriormente pela doutrina desenvolvida na Escola Superior de Guerra. Góes Monteiro implementou com sucesso aquilo que considerava a principal e mais premente tarefa a ser realizada na Instituição e por ela própria: o fortalecimento do Exército a ponto de torná-lo capaz de agir com independência e autonomia em relação ao Estado, à sociedade, ou qualquer outra força social que pudesse tolher, de alguma forma, qualquer de suas pretensões. Tarefa esta consubstanciada na sua conhecida frase de que "era necessário acabar com a política no Exército para se poder fazer a política do Exército".

A doutrina desenvolvida pela Escola Superior de Guerra, fundamento teórico da intervenção das Forças Armadas na política a partir dos anos cinquenta, seguindo na esteira de Góes Monteiro, foi obra intelectual do general Golbery do Couto e Silva. Conforme observa José Murilo de Carvalho,

> o projeto das Forças Armadas interventoras a serviço da ordem vem da década de 1930, e é de autoria do general Góes Monteiro. A doutrina Góes previa a eliminação da política dentro das Forças Armadas para que pudessem agir mais eficazmente como ator político.

Celso Lafer explica que o sistema político brasileiro, em função de suas características, subsistiu, no período anterior a 1964, em forma de um *pacto de dominação* capaz de conciliar diversos interesses. Esse *pacto de dominação,* por sua vez, era legitimado por meio de duas moedas, o *voto*, forte na República Populista, moeda esta que se expressava através do Congresso, e a *coerção organizada*, isto é, o poder militar, qualificado por alguns, conforme visto acima em Maria do Carmo Campello de Souza, como um moderador, usado esporadicamente com a chancela do Congresso, que lhe outorgava legitimidade. No início dos anos sessenta, a República Populista entra em crise e a moeda da *coerção organizada* prepondera.

O governo militar, prossegue Celso Lafer, deixou de fundamentar a utilização da moeda da *coerção organizada* no Congresso Nacional, como ocorrera durante todo o período da República Populista, desprestigiando a moeda do *voto,* representada pelo Congresso, forte naquele período. Os Atos Institucionais demonstram que a legitimidade buscada pelo governo militar para o emprego da *coerção organizada* não se encontrava mais no Congresso, como fica claro já no AI-1, ao estabelecer que "a revolução não procura legitimar-se através do

Congresso. Este é que recebe deste Ato Institucional, resultante do exercício do poder Constituinte, inerente a todas as revoluções, a sua legitimação."

Nada obstante, esclarece Celso Lafer, o governo militar não se utilizou da moeda da *coerção organizada* sem buscar uma legitimação para isso. Não fez uso da força física pelo simples uso da força física. Esta não foi tomada como um fim em si mesmo; porém buscou, em todo o período, uma legitimação para todas as suas ações.

A legitimidade e a legalidade são fundamentais para o Exército Brasileiro. Em todas as suas intervenções, o Exército buscou antes a segurança de estar agindo dentro da lei e legitimamente. O AI-1 mostra claramente essa preocupação do movimento de 64. Redigido pelo jurista Francisco Campos e assinado pelo Comando Supremo da Revolução no dia 09 de abril de 1964, não só fundamentou legalmente o movimento civil e militar, expressando a sua legitimidade, como também normatizou o seu desenvolvimento, estabelecendo, dentre várias outras diretrizes, um Poder Constituinte e eleições indiretas, realizadas pelo Congresso Nacional, para presidente da República, o que de fato ocorreu não só para o primeiro presidente-general como para todos os cinco, que cumpriram os seus mandatos e entregaram a Presidência aos seus sucessores eleitos pelo voto dos representantes do povo. Isto jamais teria ocorrido caso algum dos presidentes-generais tivesse a mínima pretensão de agir como ditador e se perpetuar no poder.

Hoje, no Brasil, fala-se abertamente em "ditadura militar" ao referir-se àquele período de exceção; entretanto, se se tratasse mesmo de uma ditadura, seria uma ditadura *sui generis*, pois "ditadura" institucionalizada pelo Congresso Nacional, instituição composta pelos representantes do povo e expressão da vontade popular, "ditadura" que se empenhou em observar os ditames da lei à época e amparar legalmente todos os seus atos, "ditadura" que se preocupou com a legitimidade em todos os seus movimentos, "ditadura" com oposição forte e ostensiva à qual foi pacificamente entregue o poder em 1985, e, ademais, "ditadura" sem ditador, com cinco presidentes-generais que cumpriram os seus mandatos e passaram o poder aos seus sucessores com o claro sentimento do dever cumprido e sem a mínima pretensão de se perpetuarem na função.

No entendimento de Celso Lafer, o fortalecimento da moeda da *coerção organizada* e o enfraquecimento da moeda do *voto* durante o governo militar, que se utilizou daquela de maneira generalizada, desprestigiando a segunda, teve sua legitimidade ancorada sob a forma de duas vertentes: uma negativa, "de negação ao caos, ao comunismo e à corrupção, vistos como características principais da República Populista dos anos 60"; outra positiva, direcionada aos governados, "pela racionalidade da administração econômica" e "pela eficácia da economia, isto é, pelo desenvolvimento". Interessante constatarmos na trajetória do Exército Brasileiro sempre presente o lema "Ordem e Progresso".

A legitimidade do regime fundava-se, portanto, ainda segundo Celso Lafer, na *"qualidade do exercício do poder"*, isto é, no desempenho do sistema político. O sistema político brasileiro pós-64 fica, dessa forma, dependente, para legitimar-se, da "racionalidade das decisões" do governo e de uma "expansão econômica acelerada" na sociedade.

Celso Furtado registra que o movimento de 1964, fruto de uma aliança firmada entre grupos oligárquicos, as classes médias urbanas e as Forças Armadas, "se fez em torno de um ideário liberal na substância e autoritário na forma".

Pretendia-se "desestatizar" a economia, voltar aos estímulos indiretos, controlar a inflação com instrumentos monetários, restabelecer um "clima atrativo" para o capital estrangeiro, impor uma disciplina rígida à classe assalariada. [...] Estava implícito na velha doutrina liberal assim revivida, que as tensões sociais que haviam marcado o processo político brasileiro no período anterior ao golpe, eram simples reflexo do "clima de subversão" permitido por dirigentes ocasionais que do mesmo tiravam partido.

Celso Lafer entende que o movimento militar se operou no sentido de os militares, integrantes da burocracia do Estado, terem se apropriado da atividade política como se esta fosse da mesma natureza da atividade burocrática. Assim, teriam promovido uma indistinção entre a atividade política e a atividade burocrática, o que teria como resultado imediato o corte dos canais de comunicação com o povo, isolando o Estado da sociedade. Dentro desse quadro, o futuro imediato estaria na dependência do comportamento dos militares.

Curiosamente, uma década após essas conjecturas, o Brasil discutia os termos de uma nova Constituição que daria forma aos contornos da chamada "democratização brasileira" que ainda hoje estaria se desenvolvendo. Em função desse contexto, segundo José Murilo de Carvalho, os militares devem ser estudados. A surpresa de 1964, pensa esse autor, revelou uma lacuna nas pesquisas acadêmicas sobre o tema. Os acontecimentos surpreenderam na proporção inversa ao conhecimento que se tinha sobre as Forças Armadas. Isso deve ser e está sendo revisto. É imperioso preencher essa lacuna, adverte José Murilo, pois, conforme ele mesmo já disse, a "presença militar na política dos países hispano-americanos desde a Independência e, no Brasil, desde a República" é uma realidade irrefutável com a qual esses países têm que saber lidar.

Inobstante isto, a legitimidade é um elemento que não pode deixar de ser observado em qualquer análise sobre militares no Brasil. Alfred Stepan destaca a grande importância da *legitimidade* para a Instituição Militar brasileira. Por isso, variáveis políticas são mais decisivas na determinação do papel desempenhado pelos militares na sociedade do que outros fatores organizacionais que as caracterizam internamente, tais como efetivo, forma de recrutamento ou presença nacional.

O Exército Brasileiro, segundo Stepan, tem sido politicamente a mais poderosa das Forças Singulares basicamente por três motivos: se posicionou politicamente, como Instituição, em vários momentos do desenvolvimento social do Brasil, tomando parte ativa em acontecimentos nacionais; dispõe-se geograficamente em todo o território nacional; e possui um efetivo significativamente superior ao das outras duas Forças.

Os oficiais do Exército, informa Stepan, são originários, na sua maioria, das classes médias e o seu ingresso na Instituição normalmente é percebido como indício de mobilidade ascensional. Esses jovens, muito cedo em suas vidas, passam a integrar uma estrutura organizacional regida por normas burocráticas e racionais capaz de eficientemente socializá-los segundo valores próprios, o que influencia a ação dos militares como instituição política.

Duas áreas dessa estrutura burocrática, prossegue esse autor, se destacam na socialização do oficial, promovendo tanto uma eficiente interiorização de valores quanto um forte alinhamento aos ditames da Instituição: os sistemas de *educação* e de *promoções*. "As normas burocráticas são obedecidas rigorosamente no tocante aos padrões educacionais do quadro de oficiais no Brasil." As promoções são condicionadas à realização de cursos em escolas específicas. Os oficiais destinados ao desempenho das mais importantes funções no Exército, únicos a atingirem o último posto, general-de-exército, e a integrarem o Alto-Comando do Exército, são os formados pela Academia Militar das Agulhas Negras (AMAN). Para ser promovido a oficial superior, o capitão deve realizar um curso de dois anos na Escola de Aperfeiçoamento de Oficiais e para exercer funções de comando de unidade e estado-maior e concorrer à promoção a general, o oficial superior deve submeter-se a um difícil exame de admissão à Escola de Comando e Estado-Maior do Exército e lá frequentar um curso de três anos. Isto tem por consequência o desenvolvimento, no oficial, de um forte espírito de corpo.

O desempenho do militar na realização desses cursos, esclarece Stepan, é igualmente importante para o seu *status* na carreira. Uma primeira colocação em qualquer deles gera um prestígio que será permanente a partir daí, quando o oficial passa a ser identificado pela elogiosa qualificação de "zero-um", portador da prestigiosa Medalha Marechal Hermes, que pode ser coroada, bicoroada ou tríplice coroada, dependendo do número de vezes em tenha sido zero-um nos cursos da carreira do Oficial de Academia (AMAN, EsAO e ECEME). O Exército fundamenta-se, assim, não somente sobre uma estrutura burocrática, mas sobre uma desenvolvida e eficiente estrutura burocrático-acadêmica. Estrutura que promove e constantemente reforça no oficial uma "servidão ao êxito" e uma consequente preservação da tradição. "Assim, qualquer sucesso real no Exército brasileiro depende de realizações acadêmicas."

A tese de Alfred Stepan parece centrar-se no histórico "padrão moderador" das relações entre civis e militares no Brasil, rompido pela primeira vez em 1964. Essas relações são definidas por uma permanente tensão existente na atividade política dos civis que exercem o poder: por um lado, devem saber usar a Força Armada como instrumento político e de manutenção da ordem interna e, por outro, devem impedir que o poder militar se confunda com o poder político.

Assim, no Brasil, no entendimento de Stepan, os presidentes, desde a Primeira República, sempre buscaram usar os oficiais do Exército como instrumentos de poder no exercício de seus governos, angariando o apoio deles para a consecução dos seus objetivos pessoais de maneira a frear o ímpeto de seus oponentes. A única exceção, segundo ele, de 1937 a 1964, foi Kubitschek. Nem mesmo "Goulart em nenhum momento pretendeu que os militares permanecessem fora da política." Os fatos históricos da primeira metade da década de 1960 comprovam que "na maioria dos problemas que seu governo teve de enfrentar, Goulart usou ativamente os militares como um de seus principais instrumentos políticos." Os generais nomeados por Goulart comandantes de Exércitos[24] eram para ele os mais eficientes instrumentos de pressão contra o Congresso.

Mesmo procedimento, segundo Stepan, caracterizou, desde o início da República brasileira, os civis contrários ao governo ou mesmo os que desejavam uma completa subversão do regime político no Brasil. Tanto os de oposição, que atuavam dentro das regras políticas estabelecidas, quanto os que pretendiam uma modificação profunda nos princípios de autoridade e de legitimidade vigentes, viam no Exército o instrumento que possibilitaria atingir seus fins ou o obstáculo que os frustrariam.

As próprias Constituições brasileiras, ainda no entendimento deste autor, garantiam às Forças Armadas uma participação política ativa, ao perpetuarem as cláusulas de serem elas instituições nacionais, permanentes e regulares, responsáveis pelo funcionamento adequado dos poderes constitucionais, isto é, do Executivo, do Legislativo e do Judiciário, devendo-lhes submissão somente "dentro dos limites da lei". Assim, a obediência das Forças Armadas aos governantes civis sempre estiveram condicionadas a um juízo de valor, que elas próprias, internamente, deveriam fazer, da legalidade dos atos dos que exercem o poder político.

Mas é importante observarmos, para uma melhor

---

[24] Hoje, esses grandes comandos são denominados Comandos Militares de Área.

compreensão do desenvolvimento político brasileiro, prossegue Stepan, que essas cláusulas não foram incluídas nas Constituições por ingerência dos militares. Essa inclusão foi, antes, uma escolha conceitual consciente da parte das camadas políticas civis acerca do papel que devem desempenhar os militares na sociedade brasileira. Dessa forma, "as atitudes civis para com os militares podem ser tanto ou mesmo mais importantes na determinação da dinâmica dos golpes do que a ideologia dos militares ou seus propósitos".

A retirada, na Constituição de 88, da cláusula de que a submissão das Forças Armadas aos poderes constituídos somente é devida "dentro dos limites da lei" parece ter trazido um maior conforto àqueles que temem a força militar. Entretanto, ao que tudo indica, pela índole das Forças Armadas brasileiras, a retirada dessa cláusula constitucional parece não ter o condão de fazer com que elas ajam ou se omitam contra a lei, ou fora dela, quando autoridades civis assim o desejarem.

Antes de 1964, continua Stepan, as Forças Armadas intervieram habitualmente no desenvolvimento do processo político brasileiro, até mesmo depondo presidentes. Entretanto, o que nunca antes ocorrera e não pudera ser previsto pelos civis naquela ocasião era a ruptura com o "padrão moderador" de atuação política dos militares. Havia uma nítida distinção, na percepção dos políticos, entre a legitimidade da intervenção militar e a ilegitimidade do governo militar. 1964 representa essa ruptura e o nascimento de um papel novo e até então desconhecido.

Muitos foram os motivos que levaram os militares a deporem o presidente João Goulart na interpretação de Stepan. Essa ação não se deu sem apoio civil. A corajosa decisão dos militares de deporem um presidente e assumirem as consequências desse ato foi fruto de um duplo processo: solicitação dos civis e construção de uma coalisão civil-militar. O apoio civil pode ser creditado ao generalizado

> estado de apreensão e a perda de confiança de muitos representantes das classes assalariadas e dos grupos empresariais, bem como de políticos de direita e de centro, já que muitos deles exigiram abertamente um presidente militar temporário depois que a revolução depusesse Goulart.

Alfred Stepan narra que o governador Carlos Lacerda, na noite de 1º de abril de 1964, "solicitou publicamente a antecipação da escolha de um presidente militar para a presidência, alguém que tivesse autoridade suficiente para governar o país e curar as feridas até que pudessem realizar-se as eleições presidenciais." Lacerda ainda escreveu neste mesmo dia que à exceção de dois governadores, que mais tarde mudaram de posição, "concordou-se em que o chefe do governo revolucionário seria um militar, a fim de garantir a unidade das Forças Armadas, impedir uma eventual usurpação e evitar uma competição entre os políticos em uma hora delicada para o país."

Stepan prossegue relatando que

A poderosa Federação e Centro das Indústrias do Estado de São Paulo enviou um telegrama ao Senado, solicitando a eleição de um oficial militar para presidente. Um dos principais jornais do país, *O Estado de São Paulo,* publicou um editorial onde argumentava em favor da escolha de um presidente militar para varrer os comunistas e porque o país precisava de um homem "sem ligações políticas".

A 3 de abril, a conservadora Sociedade Rural Brasileira publicou um manifesto, exigindo essencialmente um militar para presidente temporário e pedindo expurgos políticos. "A revolução apenas começou", anunciava. No mesmo dia, o grupo católico militante anticomunista de mulheres da classe média, a União Carioca Feminina, que havia sido elemento destacado na organização da maciça demonstração de 19 de março em São Paulo contra Goulart, publicou seu próprio manifesto, onde declarava que, embora a primeira batalha da revolução tivesse sido ganha, esta tinha de ser consolidada eliminando a corrupção e o comunismo. Elas endossavam especificamente a escolha do general Castello Branco para a presidência, porque era um general sem "ligações políticas".

Stepan constata que os militares, após tudo isso, vieram e ficaram. Não intervieram na política dentro do seu "padrão moderador", como haviam feito até ali. Assim, o apoio civil que deu legitimidade à deposição do presidente não se traduziu em apoio ao governo militar. Mais tarde, muitos dos políticos que haviam apoiado a intervenção militar transformaram-se nos mais intransigentes críticos do novo governo.

Preocupado com o fortalecimento da jovem democracia brasileira, que vem se desenvolvendo em um Estado historicamente tutelado pelas Forças Armadas, José Murilo de Carvalho chama a atenção para a necessidade imprescindível de se "aprender a navegar nessas águas revoltas e incertas", haja vista que o "ponto central dessa navegação tem a ver com o papel que se deve atribuir às Forças Armadas." Em regime democrático, no entendimento desse autor, a definição desse papel cabe tanto à sociedade e seus órgãos de representação quanto à Instituição Militar, sendo que isso somente pode ser feito por pessoas que se disponham a estudá-las para bem conhecê-las e compreendê-las. Falta, entretanto, um adequado esforço para se enfrentar esse grande desafio. O que ele observa entre as elites civis governantes é a carência de uma "mudança substantiva na postura tradicional de conivência e omissão."

José Murilo de Carvalho ainda alerta para o fato de que a negligência em se estudar os militares e a Instituição Militar no Brasil abre caminho para a possibilidade, por mais remota que possa parecer, da sociedade brasileira vir novamente a ser surpreendida por acontecimentos da mesma natureza dos ocorridos em 1964. Isto é, "Por falta de vontade política, de competência, de capacidade de antecipação, de *virtù,* como dizia Maquiavel, podemos ser novamente atropelados pelas rodas da *fortuna.*".

4. O desafio de prosseguir

José Murilo de Carvalho identificou três motivos principais para a existência de um verdadeiro veto no meio acadêmico aos estudos militares. O primeiro de natureza intelectual. Os esquemas de interpretação política empregados não viam os militares como um ator político que tivesse algum grau de autonomia. O segundo, de natureza política. Militares são identificados com ditaduras. Estudiosos sobre militares são identificados com militares. Paga-se alto preço, no meio acadêmico, pela ousadia de tentar estudá-los. O terceiro motivo é de natureza social. Com origem bem anterior a 1964, tem raízes históricas. Os intelectuais, no Brasil, provinham de um grupo socialmente superior, enquanto os militares tinham uma origem bem mais modesta. Os intelectuais desprezavam os militares tanto pelo fato de os considerarem como integrantes de uma classe social inferior quanto por lhes serem rivais na política pelo controle do Estado. "O resultado de todas essas resistências é a quase total ausência de estudos acadêmicos sobre militares".

Esse autor não somente desenvolveu e aprofundou temas importantes sobre a Instituição Militar como também identificou inúmeras lacunas ainda hoje inexploradas. Alerta para o fato de que os poucos estudos existentes restringem-se à intervenção militar na política, sendo tanto os militares quanto a Instituição Militar percebidos apenas como um fenômeno unidimensional, não sendo os militares tratados como seres humanos, mas unicamente como objetos políticos. Com efeito,

> Até agora, quase nada tem sido feito sob o ângulo sociológico fora do organizacional; quase nada sobre a família militar, o orçamento doméstico, o lazer, o cotidiano dos quarteis, as condições de vida, as relações sociais. Igualmente, quase nada existe sobre a dimensão cultural, os valores e a mentalidade militar".

Exemplo que deixa bem claro como são tratados esses aspectos na prática pode ser encontrado nas observações que esse mesmo autor faz acerca de estudos sobre a Guerra do Paraguai:

> A historiografia existente cobre razoavelmente bem o lado militar e político da guerra, sofrivelmente a dimensão econômica. A história social do conflito, no entanto, apenas começa a ser esboçada, cabendo aqui destacar a contribuição original de André Toral. Penso em temas como a vida dos soldados na frente de combate, o relacionamento com o inimigo, as relações entre praças

e soldados, entre livres e libertos, a presença maciça de mulheres, esposas e prostitutas, nos acampamentos, as doenças que afligiam os combatentes – o cólera, as febres, a sarna, a frieira, a gangrena – a fome que fustigava até as tropas aliadas, o impacto da guerra sobre os combatentes comuns, sobretudo os libertos, ao regressarem a suas famílias. Tudo isso constitui vasto campo de investigação que hoje pode ser feita profissionalmente, com pesquisa de arquivos e descoberta de novas fontes.

João Rodrigues Arruda realizou um estudo sobre o Exército Brasileiro como instituição política sob uma ótica distinta da maioria dos pesquisadores: enxerga o Exército de dentro para fora e não da posição do oficial, cujo enfoque é o normalmente levado em consideração, mas da posição do sargento. O autor foi militar da ativa na condição de praça por quase trinta anos. Incorporou às fileiras do Exército em 1957, como soldado, sendo transferido para a reserva remunerada em 1985, no posto de primeiro-tenente.

Segundo esse autor, dois fatores têm contribuído para um desequilíbrio no tipo de relação hierárquica entre oficiais e praças. O primeiro foi o tipo de processo de democratização que se vem operando no Brasil desde os anos oitenta. Especificamente com a Constituição de 1988, as Forças Armadas brasileiras têm vivenciado um fenômeno inédito: os subordinados hoje, sem nenhum constrangimento, ingressam com ações na Justiça, insurgindo-se contra decisões de seus superiores. E a Justiça, também pela primeira vez na história, tem atendido aos subordinados, interferindo em questões *interna corporis* consideradas sagradas até então, e obrigado os superiores a reformarem suas decisões de maneira a se ajustarem ao que consideram imperativos dos novos tempos.

O segundo fator de desequilíbrio, na visão de Arruda, diz respeito ao considerável aumento do nível de escolaridade das praças. A cada ano um maior número de sargentos tem ingressado em cursos de graduação em diversas áreas nas universidades brasileiras. Isso estaria modificando a forma de pensar desses militares, que passam a perceber a autoridade dos oficiais como uma dominação meramente fundamentada no arbítrio ou na força bruta. Ainda, segundo ele, a reação dos oficiais e da Instituição

Militar tem sido firme, pois têm entendido que os fundamentos da Instituição, a hierarquia e a disciplina, estão sendo perigosamente abalados. Reação que, por sua vez, tem provocado nos sargentos um crescente sentimento de insatisfação, pois passam a se perceberem oprimidos, desprestigiados e tratados com indignidade, de uma maneira que na concepção deles não mais corresponderia à realidade social do país. Pela fala de Arruda, vemos que a vitimização que grassa no Ocidente não deixou incólume nem o Exército Brasileiro.

Conforme entende o citado autor, essa questão parece revelar um desajuste entre a realidade social da Instituição e a realidade política do país. Isso, segundo ele, exigiria mudanças na estrutura da Instituição, cujas relações internas não poderiam mais estar fundamentadas sobre as mesmas premissas de outrora, quando a praça não tinha acesso às ideias do meio acadêmico, ou não as considerava aplicáveis à realidade da sua vida, e não tinha a quem recorrer quando entendia seus direitos desrespeitados. "Maior nível de conhecimento por parte dos subordinados não é incompatível com a disciplina. É, no entanto, incompatível com o arbítrio", endossa o autor que, contudo, ao aceitar as ideias que proliferam na sociedade mais ampla via meio acadêmico, não apresenta nenhuma solução, nem mesmo em forma de sugestão, para conciliar as ideias progressistas da intelectualidade ocidental, que nitidamente albergou, com os pilares fundamentais de uma instituição milenar como são os exércitos.

O desajuste do campo militar aos novos tempos, ainda no entendimento de Arruda, não estaria se manifestando apenas nas relações internas à Instituição Militar, entre o círculo dos oficiais e o círculo das praças. Ele entende que é característica de uma democracia a subordinação do poder militar ao poder civil. Entretanto, no Brasil, os mecanismos de controle civil, segundo ele, ainda seriam muito frágeis, o que o leva a sugestionar que a partir de 1985 vive-se no país não uma democracia plena, mas uma democracia tutelada. Os militares deixaram o exercício direto do poder político para os civis, todavia, não perdem a oportunidade para demonstrar, sempre que entendem necessário, serem não somente detentores de força suficiente para garantirem sua autonomia, mas também que dela efetivamente farão uso, caso haja interferência nos assuntos afetos a interesses considerados exclusivos do campo militar.

Foi o que teria acontecido, segundo esse autor, em 1999, no governo Fernando Henrique Cardoso, quando o brigadeiro Walter Brauer, comandante da Aeronáutica, fez censuras públicas à nomeação do senador Élcio Álvares para ministro da Defesa. Foi exonerado. Contudo, no seu discurso de despedida, fez severas críticas ao governo, sendo respaldado, também publicamente, pelo Alto-Comando da Aeronáutica. No ano seguinte foi vez do Exército fazer sua demonstração de força diante da autoridade do presidente da República, teoricamente seu comandante supremo. O general Gleuber Vieira, comandante do Exército, segundo Arruda, teria criticado a falta de verbas para a Força e o presidente decidiu exonerá-lo. Antes, porém, de consumado o ato, todos os generais do Exército, dos três postos, isto é, generais-de-exército, generais-de-divisão e generais-de-brigada (quatro, três e duas estrelas, respectivamente), chegaram de todos os rincões do país e aterrissaram em Brasília para uma reunião repentina com seu comandante. "Se para o bom entendedor meia-palavra basta, que dirá o coro de uma centena e meia de generais. Gleuber Vieira manteve o cargo."

Outro instrumento que, ainda segundo Arruda, foi utilizado pelos generais para manter o governo sob liberdade vigiada são os clubes de oficiais.

> Uma leitura atenta no termômetro da insatisfação militar indica que até certo nível falam aqueles que presidem as associações, com mais frequência militares da reserva. A partir daí, como se houvesse uma hierarquia política, o recado fica por conta dos generais da ativa.

Arruda ainda chama a atenção para um aspecto que considera muito importante: o "que deve garantir a normalidade democrática é a consciência das elites, civis e militares". Basta um estudo da história da legislação militar e da forma como ela é aplicada no caso concreto, na vida real, para se constatar a distância existente entre o campo militar e campo político no Brasil; aquele conservador, que pune o transgressor e, quando necessário, "corta a própria carne", como se diz na caserna, e este, os noticiários do dia o confirmam, para lá de progressista. Assim, da mesma forma como pensa José Murilo de Carvalho, João Rodrigues Arruda entende que a "responsabilidade por essa distorção não cabe apenas aos militares", sendo imprescindível a participação de todos, civis e militares, para o amadurecimento e o fortalecimento da chamada "jovem democracia brasileira". E para isso, entendo eu, se faz necessário pesquisar e conhecer os militares e a Instituição Militar tanto quanto os políticos e as instituições políticas brasileiras nas três esferas do poder.

Conclusão

O Exército Brasileiro vivencia neste início de século um grande dilema: conservar a sua identidade construída ao longo de muitas décadas em face de uma sociedade que atravessa um período de profundas e multiformes transformações. São duas realidades conflitantes que compõem o campo social dentro do qual transitam todos os militares: de um lado uma sociedade em descontrolada transformação, de outro uma Instituição que luta para conservar seus princípios, seus valores e suas crenças. Existem, dessa forma, dois movimentos em sentido oposto se enfrentando dentro do campo militar: um movimento de transformação e um movimento de conservação.

A família é uma instituição inescapável ao Exército. Ao mesmo tempo em que caracteriza o militar, uma vez que o bom oficial tem a sua própria família bem estruturada e organizada dentro da qual cada membro possui um papel social delimitado e que deve ser demonstrado publicamente em diversas ocasiões, é uma instituição da sociedade mais ampla cujos membros também integram as demais organizações e instituições da sociedade em transformação, tais como a universidade, a mídia, a política e a Justiça, esta última, com suas decisões inovadoras e muitas vezes desembaraçadas dos limites impostos pela letra da lei.

O oficial do Exército integra simultaneamente essas duas instituições: o Exército e a família, e tem grande apreço e respeito tanto por uma quanto pela outra. A família, dessa forma, o coloca em contato com as transformações da sociedade mais ampla, influenciando-o e fazendo penetrar no Exército as novas ideias, a transformação como valor e uma nova visão de mundo na qual impera o imprevisível, o inusitado e a insegurança acerca das questões da vida em sociedade. Por outro lado, a família também transita no campo militar, estando subordinada às normas sociais do Exército, instituição que vê com bons olhos o valor da transformação, mas com muita desconfiança a transformação como valor.

A pergunta que me propus a responder foi: *Como o Exército Brasileiro tem se posicionado em face das grandes transformações que se têm operado na sociedade ocidental nas últimas décadas?* Pergunta esta desenvolvida através de duas outras indagações derivadas: *Quais influências da sociedade mais ampla em transformação têm sido exercidas sobre a família militar e desta sobre o Exército Brasileiro?* e *Por quais meios o Exército Brasileiro tem procurado conservar seu* ethos *a ponto de ainda se auto-intitular "O Exército de Caxias"?*

Para respondê-las, dividi este livro em três partes. A primeira parte, do capítulo 1 ao capítulo 4, tratei da transformação como valor; e o objeto principal de estudo é a família do militar, instituição responsável pela penetração, no Exército, de muitas das transformações impostas pela sociedade mais ampla. Na segunda parte, capítulos 5 e 6, tratei do valor da transformação, valor este reconhecido e estimulado pela Instituição, mas que deve ser testado e provado antes da sua implementação. É nesta segunda parte que analisei o *ethos* militar e a sua manifestação no campo, na rotina do seu dia a dia, através dos instrumentos poderosos que a Instituição desenvolveu ao longo de muitas décadas no sentido de conservar suas características essenciais a ponto de ainda se considerar o "Exército de Caxias". Por fim, na terceira parte, capítulo 7, tentei uma síntese das duas primeiras ao analisar a trajetória sociológica do Exército por meio do confronto dos dois movimentos que se operam no campo militar: a transformação como valor e o valor da transformação, no período que se estende do Brasil Império ao início deste terceiro milênio. Esse confronto de movimentos antagônicos é a realidade sociológica do Exército Brasileiro que considerei a mais característica do campo militar da atualidade, o grande dilema das Forças Armadas no Brasil: caminhar entre a transformação, marca da sociedade mais ampla, e a conservação, peculiaridade da Instituição Militar.

Observei, em toda a pesquisa, que o Exército reconhecidamente tem por pilares a hierarquia e a disciplina, mas que essas duas características essenciais são a manifestação de dois outros conceitos, fundamentos de todo o edifício institucional: a *tradição* e a *autoridade*.

Tradição e *autoridade* são os conceitos que transpiram por todos os poros da Instituição Militar e se constituem na sua substância primordial. Eles estão por trás de tudo o que sucede no Exército Brasileiro e de tudo o que acontece através dele. A força vital da Instituição reside aqui. O Exército somente vivenciará uma transformação substancial quando estes dois conceitos forem abalados desde de dentro e desde a origem, e não de fora, conforme vimos.

Dessa forma, chegamos ao termo deste livro. A primeira parte, "Transformação: a transformação como valor", respondeu à primeira pergunta proposta: *Quais influências da sociedade mais ampla em transformação têm sido exercidas sobre a família militar e desta sobre o Exército Brasileiro?*

Verifiquei que as influências da sociedade mais ampla sobre a família do militar têm promovido mudanças profundas na carreira que é a espinha dorsal de toda a Instituição: a carreira do Oficial de AMAN. São mudanças que já se fazem sentir desde a formação do oficial na Academia, com o casamento de cadetes e a mudança de foco na "escolha da Arma", quando, nos últimos 25 anos, houve uma transferência de prestígio da atividade operacional para a atividade logística. As transformações institucionais que vêm do "mundo de fora" e penetram no "mundo de dentro" via família prosseguem no desenvolvimento da carreira abrangendo muitas esferas do campo militar, tais como a mobilidade geográfica; o concurso para a ECEME; a assunção de comando; o capital social da família militar; as relações familiares nas quais o sentimento de igualdade interfere na ideia de prioridade da carreira do homem sobre a da mulher; o perfil do militar casado em relação ao seu estado civil anterior; a facilidade do desfazimento do casamento pelo divórcio, o que afeta a disponibilidade do oficial para a Instituição; a própria disponibilidade do Oficial de AMAN para a Instituição; a interface que a família faz entre as ideias da sociedade mais ampla em transformação e o Exército com sua tendência à conservação; a especialização do oficial do QSG com o surgimento de um *profissionalismo civil com emprego no campo militar*, inclusive com a criação de uma carreira em "Y" para o Oficial de Academia a partir do posto de major, e uma consequente mudança nas relações entre o oficial QEMA e o QSG; dentre outras.

Da mesma forma como a primeira parte deste livro, "Transformação: a transformação como valor", respondeu à primeira pergunta proposta, a segunda parte, "Conservação: o valor da transformação", respondeu à segunda pergunta: *Por quais meios o Exército Brasileiro tem procurado conservar seu* ethos *a ponto de ainda se auto-intitular "O Exército de Caxias"?*

Verifiquei que, inobstante as influências da sociedade mais ampla em vertiginosas transformações estarem promovendo mudanças na Instituição Militar, o Exército Brasileiro tem se mostrado capaz de conservar e transmitir às novas gerações seus valores, suas crenças e suas tradições a ponto de ainda poder ser percebido como o "Exército de Caxias".

O Exército desenvolveu, desde o século XIX, poderosos instrumentos de socialização e os tem empregado de forma eficiente no sentido de se preservar do movimento avassalador de transformação que tem sido a marca da sociedade ocidental das últimas décadas. São alguns deles, vistos neste livro: seus fundamentos nos conceitos primordiais da *tradição* e da *autoridade*; sua característica estrutural de instituição totalizante; o esforço contínuo por todos os meios, inclusive através dos mais prosaicos acontecimentos da rotina da vida na caserna, de conservar e transmitir suas características às novas gerações; a caracterização, para o Oficial de AMAN, de dois mundos: o "aqui dentro", associado ao bom, à força e ao sucesso, e o "lá fora", associado ao mau, à fraqueza e ao fracasso; um padrão estrito de experiências vivenciadas pelo Oficial de Academia ao longo de todas as gerações; a definição precisa de conceitos e valores, de maneira que, para o militar, jamais exista um "isto *e* aquilo", mas sempre um "isto *ou* aquilo"; a distinção clara entre o comprometimento da carreira militar ante a flexibilidade do emprego ou do trabalho do mundo civil, cujas características bem delineadas e publicizadas induzem o jovem a já ingressar na Instituição voluntariamente comprometido com ela e com a sua carreira, que sempre se inicia como muito promissora; a "servidão ao êxito" inculcada no militar por meio de um rígido sistema de ensino próprio, que atua em todas as fases da vida do militar, vinculado a uma trajetória na carreira que proporciona um sistema de promoções seguro e previsível que anda *pari passu* com as atitudes e os comportamentos do militar dentro da linguagem do campo; o desenvolvimento de uma linguagem própria; o amálgama na figura do comandante ou do mais antigo dos três tipos de autoridade: a racional-legal, a tradicional e a carismática; dentre outras vistas ao longo deste livro.

Por fim, pude observar que o Exército Brasileiro vem se construindo socialmente como instituição, ao longo de dois séculos, através de um tênue percurso que, de um lado, tem o compromisso com a conservação e, de outro, procura adaptar-se às mudanças sem perder suas características fundamentais.

Conceitualmente, ficou claro, neste livro, que o Exército, por meio da sua trajetória, construiu-se em instituição, e instituição forte. Com efeito, conforme Philip Selznick, citado por Margarida Kunsch:

> *Instituição* é um organismo vivo, produto de necessidades e pressões sociais, valorizada pelos seus membros e pelo ambiente, portadora de identidade própria, preocupada não somente com lucros ou resultados, mas com a sua sobrevivência e perenidade e guiada por um claro sentido de missão. As pessoas constroem suas vidas em torno delas, identificam-se com elas e tornam-se dependentes delas.

Como bem salientei, uma instituição é uma organização que se desenvolveu por meio de uma trajetória rica em experiências, tanto internamente na relação entre seus integrantes quanto na sua relação com o ambiente que a circunda: enfrentou desafios, inclusive de sobrevivência, e os superou; criou e refinou valores próprios, construindo uma identidade e uma cultura organizacional complexa e *sui generis*.

A instituição, assim, mostra-se substancialmente importante tanto para o meio social no qual está inserida quanto para cada um de seus integrantes, que a absorvem nas suas vidas como um dos aspectos mais relevantes das suas biografias, fazendo com que ela, a instituição da qual fazem parte, se inter-relacione com todos os demais aspectos das suas trajetórias de vida.

A trajetória do Exército Brasileiro revela, de maneira muito clara, a sua construção em instituição ao se profissionalizar, se nacionalizar e se estatizar. E nessa construção, observei a existência de uma dialética entre o movimento de transformação, oriundo da sociedade mais ampla, e o movimento de conservação, que caracteriza a Instituição Militar brasileira. Essa dialética permite coadunar a qualificação do Exército Brasileiro como instituição que tende a conservar seus valores, crenças, princípios e disposições com o de instituição que vem se transformando ao longo dos anos com o intuito de se modernizar, buscando, por este meio, manter a conexão com a sociedade à qual tem por missão prover a segurança. Conforme vimos, este parece ser o fenômeno que subjaz no lema do Exército do ano de 2015: "Exército Brasileiro: mesmos valores, novos desafios".

Referências bibliográficas

ADÃO, Maria Cecília de Oliveira. **Aspectos da Adesão Feminina aos Valores Militares:** o casamento e a família militar. História [*online*]. 2010, vol.29, n.2, pp.116-134. ISSN 1980-4369. Disponível em: <http://www.scielo.br/pdf/his/v29n2/v29n2a07.pdf>. Acesso em: 05 out. 2017.

ARRUDA, João Rodrigues. **O uso político das Forças Armadas:** e outras questões militares. Prefácio de Wálter Fanganiello Maierovitch. Rio de Janeiro: Mauad X, 2007. 167 p.

BAUMAN, Zygmunt. **Comunidade:** a busca por segurança no mundo atual. Tradução de Plínio Dentzien. Rio de Janeiro: Jorge Zahar Ed., 2003. 141 p.

______. **Modernidade líquida.** Tradução de Plínio Dentzien. Rio de Janeiro: Jorge Zahar Ed., 2001. 280 p.

______. **O mal-estar da pós-modernidade.** Tradução de Mauro Gama e Cláudia Martinelli Gama. Rev. Téc.: Luís Carlos Fridman. Rio de Janeiro: Jorge Zahar Ed., 1998. 273 p.

BECK, Ulrich. **A reinvenção da política:** rumo a uma teoria da modernização reflexiva. In: BECK, Ulrich; GIDDENS, Anthony; LASH, Scott. Modernização reflexiva: política, tradição e estética na ordem social moderna. Tradução de Magda Lopes. São Paulo:

Editora da Universidade Estadual Paulista, 1997. 266 p. p. 11-71.

BERDIAEV, Nikolai Alexandrovich. **Uma nova idade média.** Edição de Jefferson Bombachim e Luiz Cezar de Araújo. Curitiba: Arcádia, 2017. 200 p.

BERMAN, Marshall. **Tudo que é sólido desmancha no ar:** a aventura da modernidade. Tradução de Carlos Felipe Moisés e Ana Maria L. Ioriatti. 9. reimp. São Paulo: Companhia das Letras, 1986. 362 p.

BURKE, Edmund. **Reflexões sobre a Revolução na França.** Tradução, apresentação e notas de José Miguel Nanni Soares. 1. ed. São Paulo: EDIPRO, 2014.

CADERNO DE APOIO AO CÔNJUGE DO CMT. Estado-Maior do Exército. 2018.

CARVALHO, José Murilo de. **Forças Armadas e política no Brasil.** 2. ed. Rio de Janeiro: Jorge Zahar Ed., 2006. 224 p.

________. **Os bestializados:** o Rio de Janeiro e a República que não foi. 3. ed. 1. reimp. São Paulo: Companhia das Letras, 1987.

CASTELLS, Manuel. **A sociedade em rede.** Tradução de Roneide Venancio Majer. 8. ed. rev.e ampl. São Paulo: Editora Paz e Terra, 2003. 575 p. v. 1.

CASTRO, Celso. **A invenção do Exército brasileiro.** Rio de Janeiro: Jorge Zahar Ed., 2002. 92 p.

______. **Em campo com os militares.** In: CASTRO, Celso. LEIRNER, Piero (Org.). Antropologia dos militares: reflexões sobre pesquisas de campo. Rio de Janeiro: Editora FGV, 2009. 242 p. p. 13-30.

______. **Exército e Nação:** estudos sobre a história do Exército Brasileiro. Rio de Janeiro: Editora FGV, 2012. 240 p.

______. Goffman e os militares: sobre o conceito de instituição total. In: **Militares e Política**, v. 1, p. 1-7, jul./ dez. 2007. Disponível em: <http://www.lemp.ifcs.ufrj.br/revista/anter.html>. Acesso em: 26 abr. 2017.

CAVILHA, Juliana. **Das entrevistas aos rituais: dialogando com os militares.** In: CASTRO, Celso. LEIRNER, Piero (Org.). Antropologia dos militares: reflexões sobre pesquisas de campo. Rio de Janeiro: Editora FGV, 2009. 242 p. p. 127-149.

______. **Histórias de quartel:** um estudo de masculinidades com oficiais fora da ativa. 2002. 128 f. Dissertação (Mestrado em Antropologia Social). Universidade Federal de Santa Catarina, Florianópolis-SC. 2002.

CHIRIO, Maud. **A política nos quarteis:** revoltas e protestos de oficiais na ditadura militar brasileira. Tradução de André Telles. Rio de Janeiro: Zahar, 2012. 261 p.

CHINELLI, Fernanda. **Eu adoro ser mulher de militar:** estudo exploratório sobre a vida das esposas de militares. In: I Encontro Nacional da Associação Brasileira de Estudos de Defesa. Artigo. São Carlos-SP: Universidade Federal de São Carlos, 19 a 21 set. 2007. Disponível em: <http://www.abedef.org/conteudo/view?ID_CONTEUDO=74>. Acesso em: 15 nov. 2017.

______. **Pesquisa e aliança:** o trabalho de campo com mulheres de militares. In: CASTRO, Celso. LEIRNER, Piero (Org.). Antropologia dos militares: reflexões sobre pesquisas de campo. Rio de Janeiro: Editora FGV, 2009. 242 p. p. 91-105.

COELHO, Edmundo Campos. **Em busca de identidade:** o Exército e a política na sociedade brasileira. Rio de Janeiro: Record,

2000. 206 p.

COMANDANTE RESPONDE. 5ª EDIÇÃO. In: *site* do Exército Brasileiro. Publicado em 14 set. 2015. Disponível em: <http://www.eb.mil.br/web/conversando-com-a-reserva/comandante-responde>. Acesso em: 11 mai. 2016.

______. 9ª EDIÇÃO. In: *site* do Exército Brasileiro. Publicado em 23 mar. 2016. Disponível em: <http://www.eb.mil.br/web/conversando-com-a-reserva/comandante-responde>. Acesso em: 11 mai. 2016.

COUTINHO, João Pereira. **As ideias conservadoras explicadas a revolucionários e reacionários.** São Paulo: Três Estrelas, 2014. 128 p.

D'ARAÚJO, Maria Celina. **Mulheres, homossexuais e Forças Armadas no Brasil.** In: Celso Castro, Victor Izecksohn e Hendrik Kraay. Nova história militar do Brasil. Ied. Rio de Janeiro: Editora da FGV, p. 439-459. 2004.

DAMATTA, Roberto. **A casa & a rua.** 5. ed. Rio de Janeiro: Rocco, 1997a. 164 p.

______. **Carnavais, malandros e heróis:** para uma sociologia do dilema brasileiro. 6. ed. Rio de Janeiro: Rocco, 1997b. 352 p.

______. **O que faz o brasil, Brasil?** Rio de Janeiro: Rocco, 1986. 126 p.

DIRETRIZ GERAL DO COMANDANTE DO EXÉRCITO 2011-2014. Disponível em: <http://www.cciex.eb.mil.br/arquivos/docs/publicacoes/diretrizes/diretrizcmt.pdf>. Acesso em: 12 mai. 2016.

DURAN, Débora. **Pesquisa na educação superior militar:** uma perspectiva pedagógica. In: Revista Brasileira de Estudos de Defesa. v. 3. n° 2. Jul./dez. 2016. p. 73-90. Disponível em: <https://rbed.abedef.org/rbed/article/view/73138/42025>. Acesso em: 28 nov. 2017.

ESCOLA DE COMANDO E ESTADO-MAIOR DO EXÉRCITO. Curso de Preparação à Escola de Comando e Estado-Maior do Exército. Guia do Aluno. 2017. Disponível em <http://cp.eceme.ensino.eb.br/docs/04_Guia_do_Aluno_2017.pdf >. Acesso em 02 nov. 2017.

EXCLUSÃO DA LISTA DE COMANDO, 2009. Disponível em: <http://www.militar.com.br/modules.php?name=Blog&op=fetch_ blog&blog_id=10361>. Acesso em: 15 jun. 2012.

FAUSTO, Boris. **A Revolução de 1930:** historiografia e história. 6. ed. São Paulo: Editora Brasiliense, 1979.

FONTOURA, Camila Bravo. **O Curso de Comando e Estado-Maior do Exército:** conteúdos e mudanças após a criação do Ministério da Defesa do Brasil. 2015. 266 f. Tese (Doutorado em Ciências Sociais). Pontifícia Universidade Católica do Rio de Janeiro, Rio de Janeiro-RJ. 2015.

FRIEDRICH, Carl J. **Tradição e autoridade em Ciência Política.** Tradução de Fernando de Castro Ferro. Rio de Janeiro: Zahar Editores, 1974. 152 p.

FURTADO, Celso. Da República oligárquica ao Estado militar. In: FURTADO, Celso et. al. **Brasil: tempos modernos.** 2.ed. Rio de Janeiro: Paz e Terra, 1977.

GIDDENS, Anthony. **As consequências da modernidade.** Tradução de Raul Fiker. São Paulo: Editora UNESP, 1991. 178 p.

______. **Sociologia.** Tradução de Ronaldo Cataldo Costa. Revisão técnica de Fernando Coutinho Cotanda. 6. ed. Porto Alegre: Penso,

2012. 847 p.

GOFFMAN, Erving. **Manicômios, prisões e conventos.** Tradução de Dante Moreira Leite. 8. ed. São Paulo: Perspectiva, 2008. 318 p.

GOMES, Júlio César. **Mulheres no Campo de Marte:** um estudo sobre o habitus de gênero na oficialidade do Exército Brasileiro. Rio de Janeiro: Ed. PUC-Rio, 2018. 160 p.

GONÇALVES, Leônidas Pires. **Entrevista concedida ao Dossiê GloboNews.** Exibido em abr. 2010. Disponível em <https://www.youtube.com/watch?v=pUC9SpfXMKo>. Acesso em 03 mai. 2017.

HARVEY, David. **A condição pós-moderna:** uma pesquisa sobre as origens da mudança cultural. São Paulo: Edições Loyola, 1994.

HOBBES, Thomas. **Leviatã, ou Matéria, forma e poder de um Estado eclesiástico e civil.** Tradução de Rosina D'Angina. Consultor jurídico: Thélio de Magalhães. 2. ed. São Paulo: Martin Claret, 2012. 568 p.

HOBSBAWN, Eric. Introdução: a invenção das tradições. In: HOBSBAWN, Eric; RANGER, Terence (Org.). **A invenção das tradições.** Tradução de Celina Cardim Cavalcante. Rio de Janeiro: Paz e Terra, 2006. 320 p.

HOLANDA, Sérgio Buarque de. **Raízes do Brasil.** Organização de Ricardo Benzaquem de Araújo, Lilia Moritz Schwarcs. Ed. rev. Edição comemorativa 70 anos. São Paulo: Companhia das Letras, 2006. 448 p.

HUNTINGTON, Samuel P. **O soldado e o Estado:** teoria e política das relações entre civis e militares. Tradução de José Lívio Dantas. Rio de Janeiro: Biblioteca do Exército, 1996. 548 p.

INFORMEX Nº 20. A PALAVRA OFICIAL DO EXÉRCITO. Plano de carreira dos oficiais. Publicado em 14 jun. 2017. Disponível em: <http://www.eb.mil.br/documents/16768/7902285/INFORMEX%20N%C2%BA%20020>. Acesso em: 13 nov. 2017.

LAFER, Celso. **O sistema político brasileiro:** estrutura e processo. 2. ed. São Paulo: Editora Perspectiva, 1978.

LIVRO BRANCO DE DEFESA NACIONAL. Brasil, 2012.

MANNHEIM, Karl. **Ideologia e utopia.** Tradução de Sérgio Magalhães Santeiro. 4. ed. Rio de Janeiro: Guanabara: 1986.

MAUSS, Marcel. **Sociologia e antropologia.** Tradução de Paulo Neves. São Paulo: Cosac Naify, 2003. 536 p.

MCCANN, Frank D. **Soldados da pátria:** história do Exército Brasileiro, 1889-1937. Tradução: Laura Teixeira Motta. São Paulo: Companhia das Letras, Rio de Janeiro: Biblioteca do Exército, 2009. 706 p.

MICHELS, Robert. **Sociologia dos partidos políticos.** Tradução de Arthur Chaudon. Brasília: Editora Universidade de Brasília, c1982. 243 p.

MILLS, C. Wright. **A elite do poder.** Tradução de Waltensir Dutra. Rev. Tec.: Otávio Guilherme Velho. 2. ed. Rio de Janeiro: Zahar Editores, 1968. 421 p.

MINISTÉRIO DA DEFESA. EXÉRCITO BRASILEIRO. ESTADO-MAIOR DO EXÉRCITO. Portaria nº 012-EME, de 29 de janeiro de 2014. Aprova o Manual de Fundamentos EB20-MF-10.101, O Exército Brasileiro, 1. ed. 2014. Disponível em: <http://www.eb.mil.br/documents/10138/6563889/Manual+-+O+Ex%C3%A9rcito+Brasileiro/09a8b0d2-81d0-4a69-a6ea-0af9a53eaf45>. Acesso em 11 abr. 2017.

MINISTÉRIO DA DEFESA. EXÉRCITO BRASILEIRO. ESTADO-MAIOR DO EXÉRCITO. Portaria n° 141-EME, de 29 de junho de 2015. Constitui Grupo de Trabalho para elaboração da Diretriz de Implementação da Carreira em "Y" no Exército Brasileiro. Disponível em: <http://www.sgex.eb.mil.br/sistemas/be/boletins.php>. Acesso em 30 set. 2016.

MINISTÉRIO DA DEFESA. EXÉRCITO BRASILEIRO. SECRETARIA-GERAL DO EXÉRCITO. COMISSÃO DE CERIMONIAL MILITAR DO EXÉRCITO. Portaria n° 156, de 23 de abril de 2002. Aprova o Vade-Mécum de Cerimonial Militar do Exército – Valores, Deveres e Ética Militares (VM 10). Disponível em: <http://www.sgex.eb.mil.br/index.php/vadem-mercum/86-cerimonial/vade-mecum/120-valores-deveres-e-etica-militares>. Acesso em: 22 out. 2015.

MIRANDA, Denis de. **A construção da identidade do oficial do Exército Brasileiro.** 2012. 173 f. Dissertação (Mestrado em Ciências Sociais). Pontifícia Universidade Católica do Rio de Janeiro, Rio de Janeiro. 2012.

MOLINA, Silvana de Fátima Lima. **Ter um filho oficial do Exército:** uma delegação transgeracional? 2006. 81 f. Dissertação (Mestrado em Psicologia Clínica). Universidade Católica de Pernambuco, Recife. 2006.

MOORE JÚNIOR, Barrington. **As origens sociais da ditadura e da democracia:** senhores e camponeses na construção do mundo moderno. Tradução de Maria Ludovina F. Couto. Lisboa: Cosmos/ Martins Fontes, 1975. 632 p.

O ESPADIM. In: *site* da Academia Militar das Agulhas Negras. Disponível em: <http://www.aman.ensino.eb.br/index.php/informacoes/o-cadete/o-espadim>. Acesso em: 08 dez. 2014.

PRESIDÊNCIA DA REPÚBLICA. CASA CIVIL. SUBCHEFIA PARA ASSUNTOS JURÍDICOS. Ato Institucional nº 1, de 09 de abril de 1964. Dispõe sobre a manutenção da Constituição Federal de 1946 e as Constituições Estaduais e respectivas Emendas, com as modificações introduzidas pelo Poder Constituinte originário da revolução Vitoriosa. Disponível em: <http://www.planalto.gov.br/ccivil_03/AIT/ait-01-64.htm>. Acesso em: 07 nov. 2019.

PRESIDÊNCIA DA REPÚBLICA. CASA CIVIL. SUBCHEFIA PARA ASSUNTOS JURÍDICOS. Decreto nº 4.346, de 26 de agosto de 2002. Aprova o Regulamento Disciplinar do Exército (R4) e dá outras providências. Disponível em: <http://www.planalto.gov.br/ccivil_03/decreto/2002/d4346.htm>. Acesso em: 10 nov. 2017.

RAPOSO, Eduardo. **Banco Central do Brasil – o leviatã ibérico:** uma interpretação do Brasil contemporâneo. São Paulo: Hucitec; Rio de Janeiro: PUC-Rio, 2011. 294 p.

______. Competição política desestabilizadora: a crise do Estado. In: RAPOSO, Eduardo (Coord.). **1964, 30 anos depois.** Rio de Janeiro: Agir, 1994. 286 p. p. 21-33.

RAPOSO, Eduardo de Vasconcelos; CARVALHO, Maria Alice Rezende de; SHAFFEL, Sarita Lea. *Survey*: **"O que pensam os Oficiais do Exército Brasileiro.** Grupo: Sociologia das Forças Armadas PUC-Rio. Rio de Janeiro: Ed. PUC-Rio, 2017. 133 p.

______. **Para pensar o Exército Brasileiro no século XXI.** Rio de Janeiro: Ed. PUC-Rio, 2019. 136 p.

ROUQUIÉ. Alain. Papéis e comportamento políticos das Forças Armadas na América Latina (1930-1945). Algumas reflexões para um estudo comparativo. Tradução de César de Queiroz Benjamin. In: **A REVOLUÇÃO de 30:** seminário internacional realizado pelo Centro de Pesquisa e Documentação de História Contemporânea da

Fundação Getúlio Vargas. Brasília, D.F.: Ed. Universidade de Brasília, c1982. 722 p. (Coleção Temas Brasileiros, 54). p. 189-210.

SANTOS, Everton Araujo dos. **O carisma do comandante.** Rio de Janeiro: Ed. PUC-Rio, 2018. 152 p.

SCRUTON, Roger. **O que é conservadorismo.** Tradução de Guilherme Ferreira Araujo. 1. ed. São Paulo: É Realizações, 2015. 328 p.

SELZNICK, Philip. **A liderança na Administração.** Rio de Janeiro: FGV, 1972 apud KUNSCH, Margarida Maria Krohling. **Planejamento de relações públicas na comunicação integrada.** Ed. rev., atual e ampl. São Paulo: Summus, 2003. 422 p.

SENNET, Richard. **A corrosão do caráter:** as consequências pessoais do trabalho no novo capitalismo. Tradução de Marcos Santarrita. 14. ed. Rio de Janeiro: Record, 2009. 204. p.

SILVA, Cristina Rodrigues da. **A casa e o quartel:** uma análise antropológica sobre o Exército e a Família na Academia Militar das Agulhas Negras. 2010. 168 f. Dissertação (Mestrado em Antropologia Social). Universidade Federal de São Carlos, São Carlos-SP. 2010.

SILVA, Ester Nunes Praça da. **Dinâmicas conjugais e individualidades:** a experiência de mulheres casadas com militar. In: Congresso Internacional Interdisciplinar em Ciências Sociais e Humanas. Artigo. Niterói-RJ: ANINTER-DH/ PPGSD-UFF, 03 a 06 nov. 2012.

SILVEIRA FILHO, Luiz Cesário da. **Passagem de comando.** 2009. Disponível em: <http://www.heitordepaola.com/publicacoes_materia.asp?id_artigo =756>. Acesso em: 18 ago. 2016.

SOUZA, Jessé. Colaboradores Brand Arenari (et al.). **Os batalhadores brasileiros:** nova classe média ou nova classe trabalhadora? Belo Horizonte: Editora UFMG, 2010. 354 p.

SOUZA, Maria do Carmo C. Campello de. **Estado e partidos políticos no Brasil (1930 a 1964).** São Paulo: Editora Alfa-Ômega, 1983.

STEPAN, Alfred. **Os militares na política:** as mudanças de padrões na vida brasileira. Tradução de Ítalo Tronca. Rio de Janeiro: Editora Artenova S.A.: 1975. 223 p.

VIANNA, Oliveira. **O ocaso do Império.** 4. ed. rev. e atual. Recife: FUNDAJ, Editora Massangana, 1990.

______. Introdução de José Murilo de Carvalho. 3. ed. Rio de Janeiro: ABL, 2006. 189 p.

WEBER, Max. **Economia e sociedade:** fundamentos da sociologia compreensiva. Trad.: Regis Barbosa e Karen Elsabe Barbosa. Rev. téc.: Gabriel Coln. 3. ed. Trad. 5. ed., rev, anot e org por Johannes Winckelmann. Brasília: Editora Universidade de Brasília, 2000. 464 p. v. 1.